CW01668003

„Pastorul Jim Cymbala e… tă de
Dumnezeu și care, cu cr… ântul
Său. În cartea sa *Înflăcă*… ernic
pentru toți cei care întâr… ti un
lider în biserică și te sim… frânt
în fața problemelor pe ca… ui lui
Dumnezeu, această carte este pentru tine. Pe parcursul acestor pagini, pastorul Cymbala vorbește ca un mentor înțelept și evlavios, abordând tema durerii pe care orice slujitor al Domnului o resimte ca urmare a lipsei de rezultate, a slabei rodiri și a respingerii; ne învață principii esențiale pentru o lucrare reușită și ne împărtășește din experiența lui legată de credincioșia lui Dumnezeu. Mă rog ca cei care se simt tentați să renunțe la chemarea pe care o au să citească această carte, să îmbrățișeze sfaturile înțelepte ale pastorului Cymbala și să capete forțe noi de a continua împlinirea planului lui Dumnezeu în viața lor."

dr. Charles Stanley, fondator al Touch Ministries
și pastor emerit al bisericii First Baptist Atlanta

„În cartea *Înflăcărat de Duhul,* Jim Cymbala tratează fără ocolișuri criza prin care trec pastorii și liderii din America. O învățătură biblică sănătoasă și inspirație spirituală!"

dr. Tony Evans, președinte Urban Alternative
și pastor senior Oak Cliff Bible Fellowship

„Autorul ne amintește că Dumnezeu e suveran și că e în controlul tuturor lucrurilor. Veți găsi pace, sfaturi practice și putere de a-L lăsa pe Dumnezeu să reaprindă în voi pasiunea pentru chemarea primită de la El, spre propășirea lucrării Împărăției. Urmăriți-i pe Jim Cymbala și apostolul Pavel pe parcursul paginilor acestei cărți impresionante, știind că ei Îl urmează pe Cristos, arătându-ne cum să protejăm adevărul nepieritor al lui Isus Cristos în Biserica de azi."

Ron Brown, director executiv al Teen Challenge of Southern
California, vorbitor internațional în conferințe pentru pastori
și lideri creștini

„Jim Cymbala are darul rar întâlnit de a se exprima simplu și de a ajunge la inimile lucrătorilor creștini. Această carte este scrisă pentru a-i încuraja și a-i reorienta pe cei obosiți și confuzi, date fiind așteptările și presiunea la care sunt supuși din ce în ce mai mult în cultura noastră. Veți fi binecuvântați citind aceste pagini. Nu o țineți doar pentru voi, oferiți-i-o apoi și pastorului vostru sau oricui vrea să aprindă flacăra ce-i pâlpâie în inimă."

Erwin W. Lutzer, pastor emerit al Moody Church, Chicago

Isus îți reînnoiește chemarea și înviorează Biserica

Înflăcărat de Duhul

JIM CYMBALA
PASTOR AL BISERICII BROOKLYN TABERNACLE, NEW YORK
ÎMPREUNĂ CU JOHN BLATTNER

Traducere de Narcisa Țiulete

CASA CĂRȚII
Oradea, 2023

Ediția originală a cărții a fost publicată cu titlul *Fan the Flame*.
Copyright © 2022 by Jim Cymbala
Publicată cu permisiune din partea The Zondervan Corporation L.L.C., un imprint al HarperCollins Christian Publishing Inc.
Toate drepturile rezervate.

Toate drepturile asupra ediției în limba română aparțin editurii Casa Cărții. Orice reproducere sau selecție de texte din această carte este permisă doar cu aprobarea în scris a editurii Casa Cărții, Oradea.

Citatele biblice au fost preluate din versiunea Bibliei în limba română, traducerea Dumitru Cornilescu, cu excepția celor precizate.

Înflăcărat de Duhul
de Jim Cymbala
Copyright © 2023 Casa Cărții
OP 2, CP 30,
410670, Oradea
Tel./Fax: 0359 800 333; 0728 874 975; 0259 469 057
E-mail: info@ecasacartii.ro
www.ecasacartii.ro

Descrierea CIP a Bibliotecii Naționale a României
CYMBALA, JIM
Înflăcărat de Duhul : Isus îți reînnoiește chemarea și înviorează Biserica / Jim Cymbala și John Blattner; trad. de Narcisa Țiulete. - Oradea: Casa Cărții, 2023
ISBN 978-606-732-249-1

I. Blattner, John
II. Țiulete, Narcisa (trad.)

2

Traducerea: Narcisa Țiulete
Editarea: Dan Daragiu
Tehnoredactarea: Vasile Gabrian
Coperta: Marius Bonce

Tiparul executat la Metropolis srl, str. Nicolae Jiga 31, Oradea
Tel./Fax: 0259 472 640

Soției mele, Carol,
care a pus umărul
la înaintarea Împărăției lui Dumnezeu
prin talentul ei muzical

Cuprins

Capitolul 1

O poveste cu două plecări

Însă din Milet, Pavel a trimis la Efes și a chemat pe prezbiterii bisericii. Când au venit la el, le-a zis: „Știți cum m-am purtat cu voi în toată vremea, din ziua dintâi în care am pus piciorul pe pământul Asiei."
Fapte 20:17–18

Într-o duminică de martie, în anul 2020, la finalul slujbelor de biserică, împreună cu Carol, soția mea, am plecat într-o excursie de patru zile în Florida. A doua zi, unul dintre pastorii mei asociați în Brooklyn (biserica Brooklyn Tabernacle din New York, n.ed.), m-a sunat și mi-a spus că pandemia de COVID-19 a condus la închiderea școlilor și a tribunalelor. Newyorkezii se vedeau astfel nevoiți să rămână închiși în casele lor. Nimeni nu părea să știe ce urma să se întâmple. Un lucru era sigur: biroul nostru de la biserică era închis și toate întâlnirile fuseseră anulate până la noi dispoziții.

În lunile care au urmat, câteva creșteri severe ale numărului cazurilor de COVID-19 au făcut ravagii în orașul în care m-am născut și am crescut. Astfel, minivacanța planificată pentru patru zile s-a transformat, fără voia noastră, într-un exil de mai mai bine de un an departe de Brooklyn Tabernacle, biserica pe care eu și Carol o conducem de peste 50 de ani.

În timp ce eram blocați în Florida, am fost contactați de mai mulți lideri din diverse culte religioase care ne-au întrebat dacă am vrea să ne întâlnim cu câteva grupuri de pastori. Ne-am arătat disponibili și, pentru câteva luni de zile, aproape în fiecare săptămână, ne-am întâlnit cu pastori aparținând mai multor denominațiuni, împreună cu soțiile acestora, dar și cu lideri ai unor biserici independente. Le-am ascultat poveștile despre cum au intrat în lucrarea creștină și am vorbit despre situația lor prezentă, speranțele lor și stresul prin care treceau în acel moment.

După ce am auzit multe povești și am vizitat unele dintre cele mai cunoscute biserici din zonă, am simțit în inimă o adâncă povară pentru biserica lui Cristos și pentru liderii ei. Am cunoscut mulți oameni sinceri, care doreau să vadă cum lucrarea pe care o făceau ei și bisericile lor ar putea face diferența în comunitățile în care se aflau. Frustrările și efectele descurajării lor erau evidente.

În urma experienței dobândite cu biserica Brooklyn Tabernacle, pe care am înființat-o cu mai puțin de douăzeci de oameni, eu și Carol știam câte ceva despre provocările pe care le aduce cu sine lucrarea lui Dumnezeu. Însă, participând la câteva slujbe ale bisericilor din acea zonă, mi-am dat seama că există și alte probleme. În urma acestei experiențe, am stat multe ore înaintea lui Dumnezeu, cu Biblia deschisă, pentru a auzi ceea ce mi-ar putea oferi Duhul Sfânt ca sfat pentru pastori și bisericile lor, astfel încât aceștia să aibă parte de un nou început.

Noi, creștinii, suntem în aceeași echipă. Dacă unul suferă, toți ar trebui să simțim asta; dacă unul e binecuvântat, toți ar trebui să ne bucurăm. Cartea aceasta reprezintă efortul meu sincer de a aduce încurajare trupului lui Cristos și, mai ales, liderilor bisericii. Nu este o formulă magică sau vreo viziune personală ceea ce vreau să vă transmit. Este doar o încercare sinceră de a reconsidera ce facem și de ce facem, în lumina Cuvântului lui Dumnezeu.

Ce se întâmplă aici?

În fiecare zi, în toată America, oamenii părăsesc bisericile. Din multe motive. Circumstanțele vieții lor se modifică. Își schimbă locul de muncă și se mută. Trec prin probleme personale. Își pierd credința. Renunță pentru că se simt înstrăinați sau ceva le-a pricinuit o supărare. Oricare ar fi motivul, fiecare caz în parte are o poveste. Iată una dintre ele.

Matt și Sarah (numele nu sunt reale) L-au găsit pe Domnul în biserica noastră din Brooklyn. Au fost născuți din nou, s-au botezat și au început să frecventeze biserica, să Îl slujească pe Domnul, să studieze Biblia, să aibă părtășie cu alți credincioși, să vină la întâlnirile de rugăciune: o poveste frumoasă a harului lui Dumnezeu.

Când lui Matt i s-a oferit ocazia de a lucra în alt stat, prioritatea lor a fost să găsească o biserică acolo. Au prosperat în noul loc de închinare pentru câțiva ani. Dar, după cinci ani, lucrurile au început să se schimbe, la început, câte puțin: de exemplu, în laudă și închinare accentul se punea mai mult pe realizarea artistică. În loc să rămână o manifestare simplă a credinței, unde oamenii Îl laudă pe Dumnezeu așa cum ar trebui, închinarea începuse să semene mai mult cu un concert. Echipa de închinare cânta parcă prea ușuratic cântecele pe care le exersase în timpul săptămânii. Formația se descurca perfect. Dar, după o vreme, devenise evident că cei mai mulți oameni din congregație nu știau cântecele. Cam 20% încercau să cânte, în timp ce restul se uitau și băteau din palme. În loc ca adunarea să-și îndrepte închinarea spre Dumnezeu, se urmărea ca cei prezenți să fie distrați, binedispuși. Închinarea nu-I mai era adresată lui Dumnezeu, ci adunării.

Se schimbase și modul de a predica. Accentul cădea mai puțin pe proclamarea Cuvântului lui Dumnezeu și mai mult pe prezentarea planurilor, obiectivelor și viziunii bisericii. Predicile deveniseră mai degrabă discursuri motivaționale, iar pastorul, un mentor, un îndrumător. Serviciile duminicale erau planificate cu minuțiozitate și realizate abil, cu pricepere. Dar când plecau acasă după slujba de duminică, Matt și Sarah nu se simțeau mai aproape de Isus decât atunci când veneau la biserică.

Au încercat să participe la câteva întâlniri de grupuri mici pe care biserica le organiza. Cele mai multe erau evenimente în care lumea socializa și vorbea despre lucruri lipsite de importanță. Se făcea puțin studiu biblic, iar rugăciunea aproape că lipsea. La unele întâlniri de grup mic se serveau băuturi alcoolice. Acest lucru i-a îngrijorat pe Matt și Sarah, fiindcă unul dintre ei provenea dintr-o familie în care abuzul de alcool era o problemă serioasă. Cu cât observau mai mult felul în care vorbeau oamenii – limbajul pe care îl foloseau și subiectele pe care le discutau – cu atât mai mult Matt și Sarah se gândeau: „Stai puțin! Astfel obișnuiam să trăim noi înainte de a-L găsi pe Cristos. Ce se întâmplă aici?"

Apoi, Sarah a observat că Matt nu este în regulă. În viața lui au început să se strecoare obiceiuri vechi. La scurt timp și-a dat seama că trimitea mesaje altor femei. Sarah avea nevoie disperată de ajutor. Dar biserica nu i-l putea oferi pentru că nu exista o practică, o preocupare pentru membrii săi. Prin urmare, nu se găsea niciun lider cu autoritate spirituală, care, asemenea unui păstor iubitor, să scoată din „turmă" pe cel aflat în nevoie și să-i spună: „Trebuie să stăm de vorbă. Trebuie să ne rugăm împreună". Au încercat să vadă cum stau lucrurile și la alte biserici din zonă, dar nici acestea nu se deosebeau prea mult de a lor. Sănătatea spirituală a lui Matt continua să se degradeze, iar Sarah și cei doi copii ai lor suportau cu greu consecințele.

Când Sarah m-a contactat, ea și Matt erau deja divorțați. Mai mult decât atât, relația lui Matt cu copiii se destrămase. În ultima confruntare cu fiul său adolescent, Matt i-a zis băiatului:

— Să nu cumva să mă minți!

La care fiul lui a replicat prompt:

— Tu îmi spui mie să nu mint, după tot ce i-ai făcut mamei?

Încă nu știu cum se va încheia această poveste. Matt s-a izolat complet de Sarah. Recent, i-am lăsat un mesaj, spunându-i: „Sunt aici. Ne știm de mult timp. Nu mai ești omul pe care îl cunoșteam. Nu vreau să te cert sau să-ți predic. Vreau doar să știi că sunt gata să te ajut." Până acum, în timp ce scriu aceste cuvinte, încă nu mi-a răspuns. Nu consider biserica lui Matt și Sarah, sau pastorul acesteia, singurii responsabili pentru ce s-a întâmplat. În cele din urmă, fiecare trebuie să își ducă „până la capăt mântuirea [...] cu frică și cutremur" (Flp. 2:12). Totuși, nu pot să nu mă gândesc unde ar fi fost Matt și Sarah acum, dacă biserica lor le-ar fi oferit mai multă zidire spirituală, în loc de simplă distracție de duminică.

De asemenea, nu cred că povestea acestui cuplu este un caz izolat. Un recent sondaj Gallup a relevat faptul că, pentru prima dată de când au început să se elaboreze asemenea studii în anii '30, numărul americanilor care declară că sunt afiliați unei biserici, unei sinagogi sau unei moschei este mai mic de 50%[1]. Prezența efectivă la biserică este chiar mai mică de atât. Conform unui studiu recent, doar aproximativ o treime dintre americani au participat în anul 2020 la slujbe religioase în fiecare (sau aproape în fiecare) săptămână; mai mult de 50% spun că au participat „rareori" sau „niciodată"[2]. Nu sunt aceste tendințe negative uimitoare? Dar așa se prezintă situația în toată America. Liderii din aproape toate cultele religioase protestante importante raportează același lucru: membrii bisericii pleacă dintr-un motiv sau altul, iar drept rezultat, multe adunări locale se închid. Bisericile din orice denominațiune fac tot posibilul pentru a planta biserici noi și a asimila alte biserici independente. Dar un lucru e clar: în prezent, în America, numărul celor ce pășesc în biserici este mai redus astăzi ca oricând. Apoi, există cazul așa-numiților „mileniali dispăruți". În 2002, milenialii formau cea mai mare parte a audiențelor în „bisericile contemporane". La acea vreme, ei nu aveau mai mult de 20–22 de ani; astăzi, aceiași mileniali ar fi în vârstă de cel mult 45 de ani, sunt căsătoriți și au, probabil, un copil sau doi. Dar unde sunt ei? Mulți s-au mutat din bisericile contemporane pe care le frecventau, cedând locul unei noi generații de tineri în jurul vârstei de 20-25 de ani. Însă nu există dovezi că au migrat *in corpore* către alte congregații, de vreme ce bisericile creștine înregistrează o scădere generală în participarea la slujbe. Statisticile ne arată că majoritatea covârșitoare nu mai frecventează deloc biserica. Dar de ce? De ce au plecat din bisericile unde L-au cunoscut pe Cristos? Poate pentru că nu se mai încadrează în categoria de vârstă la care acele biserici s-au raportat ca stil atunci când s-au înființat. Dacă e adevărat, atunci avem o problemă reală. Bisericile noastre au nevoie de oameni de *toate* vârstele. De fapt, pe măsură ce credincioșii cresc în Domnul (și în vârstă), pot să slujească poporul lui Dumnezeu cu înțelepciunea lor.

Descurajați, dezamăgiți, aproape înfrânți

Din păcate, nu doar cei ce frecventează biserica lipsesc de la slujbe. Aș vrea să vă împărtășesc o poveste despre un pastor căruia îi voi spune Evan. Cazul lui e tipic pentru mulți pastori cu care am vorbit în ultimii ani. Iată ce s-a întâmplat:

> Pastor Jim, fac acest lucru de 18 ani. Când am început, voiam să-L slujesc pe Domnul. Am vrut să fiu o binecuvântare pentru oameni. Și m-am străduit din răsputeri. Am condus chiar și proiectele de renovare a bisericii. Am zugrăvit pereții în diverse culori, cunoscând recomandarea specialiștilor în creșterea bisericii despre cum să creezi o atmosferă adecvată. Am cheltuit o mică avere pe un nou sistem de lumini. Avem multe activități. Dar nu am noi convertiți. Oamenii vin și pleacă. Ca pe o ușă rotativă. Dar vieți schimbate? Nu văd asta.
>
> Am prezentat multe „viziuni noi" comitetului și bisericii. M-am inspirat de la experții care susțin că știu ce funcționează. Dar nu funcționează pentru mine. În momentul acesta, prezența la biserică și colecta sunt în scădere drastică. Cum să plătesc taxele de școlarizare ale copiilor? Nu vreau să îmi pierd asigurarea de sănătate. Sincer să fiu, iau serios în calcul să renunț la lucrarea pastorală și să îmi câștig traiul vânzând asigurări de viață.

Povestea lui Evan este tragică. Din nefericire, este și destul de obișnuită. Conform unui sondaj desfășurat de Barna Group, cca 1500 de pastori părăsesc lucrarea creștină în fiecare lună[3]. Și mai grăitor este faptul că jumătate dintre pastorii intervievați spun că ar părăsi lucrarea creștină dacă ar avea o altă sursă de venit care să le asigure existența. Este cu adevărat copleșitor! Iar stresul își pune amprenta asupra familiilor pastorilor. De fapt, peste 80% dintre soțiile clericilor doresc ca soții lor să renunțe la slujirea în cadrul bisericii.

Statisticile sunt cumplite. Alte sondaje arată o imagine mai puțin sumbră, dar chiar dacă am înjumătăți cifrele, tot cutremurătoare ar fi. Lăsând la o parte sondajele și statisticile, experiența îmi spune că mulți pastori sunt descurajați, dezamăgiți și aproape înfrânți.

Vă sună cunoscut? Efortul depus în „via Domnului" ani de-a rândul, fără roade spirituale vizibile, poate fi descurajant. Chiar și pentru un lider cu o chemare autentică, lipsa roadelor spirituale duce la frustrări și deprimări ascunse. Vine o zi în care acesta nu mai poate masca realitatea. Oricât ar încerca să se ascundă, demoralizarea lor îi afectează pe toți cei din jur. Poate că cel mai tragic aspect este că le afectează familiile.

Ani de zile am simțit o povară aparte pentru bărbații și femeile din lucrare. Sunt binecuvântat pentru că am avut șansa de a fi invitat de multe ori să vorbesc în cadrul unor conferințe și cursuri dedicate liderilor. Am avut, de asemenea, numeroase ocazii de a sta de vorbă în grupuri restrânse de pastori – cu unul, doi, cinci sau zece în același timp, provenind din toate mediile confesionale și teologice. Le-am ascultat poveștile, deseori veneau chiar împreună cu soțiile lor. I-am întrebat cum au fost chemați în lucrare, ce dificultăți întâmpină și cum cred ei că vrea să-i folosească Dumnezeu în continuare. Multe din experiențele lor sunt o adevărată sursă de inspirație. Biserici binecuvântate apar în peisajul spiritual actual.

Cu toate acestea, tonul multor altor pastori se schimbă pe măsură ce conversațiile se adâncesc. Le împărtășesc din încercările și descurajările cu care eu și Carol ne-am confruntat de-a lungul anilor. Apoi îmi dezvăluie și ei din experiența lor. Încet și ezitant la început, dar, pe măsură ce barierele de comunicare sunt depășite, nestingherit. Înfrângeri, frustrări, probleme personale, tensiuni în familie. Deseori curg lacrimi. Cele mai frecvente și, în același timp, cele mai copleșitoare momente sunt cele în care ei mărturisesc că simt cum au eșuat și L-au dezamăgit pe Dumnezeu. Încearcă să-și revigoreze credința și să persevereze; însă este o luptă grea atunci când te ocupi doar de „a face biserică." Și prea mulți simt că vor să renunțe.

Cine pe cine părăsește?

Cele două plecări despre care v-am povestit în acest capitol sunt interconectate. Pe de o parte, avem oameni care părăsesc bisericile pentru că acestea și-au pierdut chemarea și puterea spirituală. Slujbele par a fi un spectacol religios superficial, oferind puțină hrană spirituală. Pe de altă parte, avem lideri din ce în ce mai descurajați și obosiți. De ce? Să fie din cauză că fac tot ce le stă în putință pentru a construi biserici cu „uși rotative" pe care intră și ies oameni la fiecare câțiva ani? Avem nevoie de umilință pentru a recunoaște că este posibil să ne aflăm pe un drum greșit. Poate că ceea ce clădim noi nu este ceea ce avea Isus în minte pentru Biserica Lui.

Vă spun o lecție pe care am învățat-o în baschet: când arunci la coș, dacă nu ții mingea corect, dacă îți miști cotul în afară, dacă nu continui mișcarea potrivită – nu contează dacă ai pantofi sport Air Jordans de trei sute de dolari – cel mai probabil, mingea nu va intra în coș. Când cei mai buni jucători de golf din lume se simt ieșiți din formă, ei merg la un antrenor. Ce credeți că le spune antrenorul prima dată? „Arată-mi cum ții crosa. Vreau să văd poziția picioarelor când ești gata să lovești." De ce? Fiindcă aceste elemente sunt fundamentale. Acestea sunt baza.

Chiar dacă ai fi Tiger Woods*, dacă nu ai bazele bine fixate, nu vei reuși să lovești mingea cu crosa spre ținta dorită.

Este imperios necesar a ne confrunta cu realitatea. Imaginează-ți un meci de fotbal în care echipa ta este condusă la o diferență mare de scor după prima repriză; trebuie să ai curajul de a privi spre tabela de marcaj.

Este o diferență între credință și fantezie ori imaginație. Creștinii părăsesc biserica în număr mare, iar liderii își pierd curajul și își abandonează slujba; este evident deci că ceva nu este în regulă, și trebuie să avem inimile deschise spre a schimba cursul lucrurilor.

Din când în când trebuie să facem un pas înapoi și să ne întrebăm: „Am pus temelia corect?" Mai degrabă, ar trebui să cercetăm Scripturile și să căutăm pe Domnul în privința propriei noastre slujiri. Facem lucrurile așa cum le-a gândit El? Acest lucru este esențial, fiindcă biserica pe care vrem să o edificăm este a Lui, nu a noastră. Toată tehnologia, iluminatul ambiental și sistemele audio remarcabile nu ne vor ajuta, dacă nu construim conform planului lui Dumnezeu. Ascultați cum vorbește apostolul, inspirat de Duhul, despre responsabilitatea de a zidi biserica:

> După harul lui Dumnezeu care mi-a fost dat, eu, ca un meșter-zidar înțelept, am pus temelia, și un altul clădește deasupra. Dar fiecare să ia bine seama cum clădește deasupra. Căci nimeni nu poate pune o altă temelie decât cea care a fost pusă și care este Isus Hristos. Iar dacă clădește cineva pe această temelie aur, argint, pietre scumpe, lemn, fân, trestie, lucrarea fiecăruia va fi dată pe față: ziua Domnului o va face cunoscut, căci se va descoperi în foc. Și focul va dovedi cum este lucrarea fiecăruia (1 Cor. 3:10–13).

Calitatea lucrării fiecărui lider va fi încercată în foc la sfârșitul zilei. Cât de trist ar fi să descoperim că lucrarea noastră s-a

* Tiger Woods este considerat de către cei mai mulți specialiști cel mai bun jucător de golf din lume (n.ed.)

dovedit a fi din „lemn, fân sau trestie" – materiale inferioare și ieftine – în loc de aur, argint și pietre scumpe. Imaginați-vă că ați alocat ani întregi de muncă doar pentru a realiza că focul sacru al lui Dumnezeu a mistuit tot. O, Doamne, Te rugăm, ajută-ne!

Ar fi înțelept să luăm în considerare că poate exista o cale de a înfăptui lucrarea lui Dumnezeu, cu ajutorul Lui, pentru gloria Sa, într-o manieră superioară oricăror formule care ne-au captivat, dar ne-au îndepărtat de viziunea lui Isus pentru *Biserica* Lui. Astfel de formule nu fac decât să aducă mai puține roade, să genereze mai multă descurajare și frustrare și – mai grav – să ofere mai puțină glorie lui Dumnezeu. Isus a spus: „Dacă aduceți mult rod, prin aceasta Tatăl Meu va fi proslăvit" (Ioan 15:8).

Dumnezeu ne așteaptă pe mulți dintre noi, liderii bisericii de azi, să ne rupem din programul nostru aglomerat și să primim un cuvânt proaspăt și o direcție nouă de la El. Cum ar putea El, care L-a dat pe singurul Său Fiu, să nu ne ofere resurse și puteri noi pentru lucrarea la care ne-a chemat? Oare Tatălui nostru Îi place să ne frustreze cu promisiuni pe care nu le onorează? Niciodată! El lucrează pentru cei care Îl așteaptă (Is. 64:4), iar puterea Sa eliberată printre noi poate să realizeze mai mult într-o lună decât pot face oamenii într-un an. Uităm deseori că: „Dacă nu zidește Domnul o casă, degeaba lucrează cei ce o zidesc" (Ps. 127:1).

Atenție la devieri

Din discuțiile mele cu alți pastori, am observat că există anumite „devieri" care îi scot pe lucrătorii și liderii de biserici de pe pistă.

Tradiția

Istoria poate să ofere învățăminte. Dar există riscul ca aceasta să devină copleșitoare deoarece Dumnezeu acționează în moduri diferite, în momente diferite. Istoria Bisericii și mărturiile din trecut pot deveni obstacole în încercarea noastră de a urma îndrumările proaspete ale Duhului Sfânt.

Mulți lideri rămân blocați încercând să reproducă modelele învățate în copilărie în cadrul bisericii, indiferent dacă acestea au adus roade spirituale sau nu. Nostalgia îi împiedică să fie receptivi la schimbare și la creștere. Rareori primesc astfel revelații proaspete ale adevărului din Cuvântul lui Dumnezeu. Sunt reticenți la orice schimbare a metodelor cu care au fost obișnuiți în copilărie.

Totuși, să nu uităm că în istorie, atât femeile cât și bărbații care au adus schimbări semnificative pentru Dumnezeu nu s-au temut niciodată să facă pași noi în credință. Au fost dispuși să se lase conduși de Dumnezeu, iar rezultatul a fost o transformare radicală a lumii.

Gândiți-vă la binecunoscutul misionar în China, Hudson Taylor. Când a refuzat să urmeze tradiția stabilită și, în schimb a ales să adopte portul și cultura chineză, a fost vehement criticat. În cele din urmă, a fost folosit cu multă putere de Dumnezeu și a deschis calea unei abordări noi a lucrării de misiune. În același mod, și noi trebuie să fim curajoși în a-L urma pe Dumnezeu.

Ultimele tendințe

Interesul pentru a urma mereu cele mai recente tendințe poate fi problematic, fiind opusul încercării de a trăi mereu în trecut, și e la fel de dăunător. Vă voi prezenta un exemplu care subliniază cât de absurdă – și cât de dăunătoare – poate fi urmărirea celor mai noi trenduri în lucrare.

Eram pastor de vreo opt sau nouă ani când m-a vizitat un pastor mai în vârstă, din altă zonă a orașului. Era cucerit de principalele filosofii cu privire la creștere bisericii, din vremea respectivă.

— Știi, Jim, biserica ta este pentru mine o anomalie. Nu mai înțeleg nimic, mi-a spus el.

L-am întrebat ce vrea să spună. Care era „anomalia" ce-l nedumerea?

— Uită-te la oamenii din biserica ta, la corul soției tale, a continuat el. Aveți afro-americani, locuitori din Indiile de Vest, latino-americani, caucazieni, asiatici. Este un grup de oameni divers. Problema este că principiul numărul patru din programul de creștere al bisericii pe care îl urmez spune că bisericile cresc mai rapid atunci când sunt omogene – din aceeași cultură sau etnie.

— Frate, cu tot respectul, toată lumea știe ce înseamnă asta, i-am răspuns.

Și aici s-a încheiat discuția.

Acum, nu neg că are dreptate. Cine se aseamănă se adună. Asta este întodeauna adevărat într-un sens firesc. Dar Evanghelia nu este așa. Evreii și neevreii, adică neamurile, se urau acum două mii de ani, dar Evanghelia a dărâmat zidul acela. Când s-au adunat ca familia lui Dumnezeu, în ciuda diferențelor dintre ei, a fost un semn al puterii Evangheliei. Atunci când dragostea lui Dumnezeu umple viețile noastre, diferențele rasiale și etnice dispar.

Așa-zisa industrie a creșterii bisericilor oferă numeroase opțiuni pe care liderii din întreaga țară le aleg în căutarea a ceea ce lumea numește „succes". Luați, de exemplu, marketingul și rețelele sociale în era digitală. Acestea pot fi utile, dar sunt doar instrumente de comunicare. Ele singure nu pot construi o biserică spirituală. Biserica este clădită de Evanghelia curată a lui Cristos și de Duhul care lucrează printre membrii Săi.

Politica

Derapajul politic poate să fie subtil. Indiscutabil, suntem chemați să fim o lumină în lume și, fără îndoială, Biserica, în unele dintre cele mai inspirate momente ale sale, a avut slujitori creștini umili, care s-au pus la dispoziția celor săraci, i-au sprijinit pe cei asupriți și au pledat pentru dreptate. Cu toate aceste, Biblia susține că numai Isus poate transforma inimi și că însăși esența Evangheliei constă în aceasta. Modificările la nivel instituțional și guvernamental în sine nu au puterea de a genera dragoste și unitate între oameni. Pericolul politicului constă în faptul că de multe ori suntem seduși de exact acele structuri și forțe politice pe care simțim că trebuie să le schimbăm.

Liderii creștini formează uneori coaliții cu politicienii de rang înalt și, în acest fel, ei pot derapa de pe linia predicării Evangheliei. Politicienii cinici apreciază acești lideri nu dintr-un interes pentru Cristos, ci pentru că simt că aceștia le vor aduce „votul evanghelic" într-un fel sau altul. Tragedia constă în faptul că segmente întregi ale bisericii ajung apoi să se identifice cu un anumit partid politic. Frați și surori, acest lucru nu este niciodată benefic. Când biserica este asociată cu un partid politic, ne pierdem capacitatea de a fi ascultați de dragul Evangheliei, din cauza animozităților pe care le presupune politica. Nu doar că nu reușim să schimbăm aceste instituții politice, dar ele sfârșesc prin a ne contamina cu intoleranța și veninul care au caracterizat politica încă de la înființarea națiunii noastre. Astfel, biserica se implică în treburile acestei lumi, ajungând chiar să lupte împotriva sau alături de oameni care nu Îl cunosc pe Domnul. Lucrul acesta aduce prejudicii mărturiei noastre pentru Cristos și ne împiedică lucrarea pentru Împărăția lui Dumnezeu. Apostolul Pavel a spus: „În adevăr, ce am eu să judec pe cei de afară? Nu este datoria voastră să judecați pe cei dinăuntru?" (1 Cor. 5:12).

Am primit recent un apel sfâșietor de la un credincios care locuiește la periferia orașului New York. Persoana respectivă nu frecventează biserica noastră, dar urmărește mesajele noastre devoționale online în care parcurgem cărțile Bibliei. Omul și-a exprimat durerea că biserica la care participă s-a implicat în politică și s-a îndepărtat de Biblie. Predicile par să se axeze mai mult pe „Dumnezeu și țară" decât pe Isus și mântuirea sufletelor. Mi-a transmis: „Vremea e prea târzie pentru așa ceva. Trebuie să Îl predicăm pe Isus!"

Nu există dovezi că apostolii din primul secol au încercat să îmbunătățească Imperiul Roman sau vreo provincie din acesta. Dumnezeu nu este interesat să construiască sau să promoveze o țară anume. El are intenția de a-Și zidi Biserica. Isus a spus că doar urmașii Săi sunt sarea pământului și lumina lumii. Democrații sau liberalii ori progresiștii nu sunt sarea. Republicanii, conservatorii sau libertarienii (filozofie și mișcare politică ce susține libertatea ca principiu de bază, n.ed.) nu sunt lumina. *Creștinii sunt*. Misiunea noastră nu este să ne atragem bunăvoința regilor sau a președinților, ci să ducem mesajul lui Cristos tuturor.

Credincioșii din întreaga lume *ar trebui* să aibă un simț patriotic, dar nu în felul în care este înțeles în mod obișnuit acest termen. Patriotismul poate părea admirabil, însă creștinii nu sunt în primul rând cetățeni ai Americii, Coreei, Ghanei sau Argentinei.

Naționalitatea nu ne este dată de țara natală, dacă noi credem în Cuvântul lui Dumnezeu: „Voi însă sunteți o seminție aleasă, o preoție împărătească, *un neam sfânt*, un popor pe care Dumnezeu Și l-a câștigat ca să fie al Lui, ca să vestiți puterile minunate ale Celui ce v-a chemat din întuneric la lumina Sa minunată; pe voi, care odinioară nu erați un popor, dar acum sunteți poporul lui Dumnezeu; pe voi, care nu căpătaserăți îndurare, dar acum ați căpătat îndurare" (1 Pet. 2:9–10, caracterele cursive de aici și din toate citatele din Scriptură din această carte au fost folosite de autor cu scopul de a face unele sublinieri).

Petru ne reamintește că suntem parte a „națiunii sfinte" a lui Dumnezeu, în timp ce Pavel ne spune că „cetățenia noastră este în ceruri" (Flp. 3:20). Toate națiunile au istorii nefericite, marcate de trădare, imperialism în diverse forme, rasism și alte probleme. Însă națiunea noastră sfântă are un Rege care o stăpânește, și acesta se numește Isus! Desigur, poporul Său, indiferent de rasă sau etnie, este răspândit pe întregul pământ, dar noi suntem cei care alcătuiesc acea națiune sfântă pe care Dumnezeu o construiește și o prețuiește.

Cultura

Uneori, pentru a face biserica „accesibilă" și „relevantă" pentru cei din jurul nostru, încercăm să încorporăm elemente din cultura seculară care să-i facă să se simtă bineveniți. Însă și aici este foarte ușor să fim ademeniți de gândirea firească și să întoarcem spatele modului în care Dumnezeu acționează.

Nu demult, când slujbele bisericii noastre au fost închise din cauza pandemiei, eu și familia mea am mers la o biserică binecunoscută. A fost, o spun răspicat, jenant. Ne-am simțit mai degrabă ca la un talk-show de seară decât la un slujbă de închinare. La amvon, în dimineața aceea, era un conferențiar renumit, iar mesajul său a fost pigmentat cu glume colorate și anecdote licențioase, indecente. Chiar și nepotul meu de 11 ani și-a dat seama că era ceva nepotrivit. Mama lui, fiica mea, a stat ca pe ace toată slujba. Dar în jurul nostru oamenii râdeau. Când s-a terminat întâlnirea, pastorul a făcut o încercare jalnică de a conferi o nuanță spirituală atmosferei create. Câțiva oameni au ieșit în față pentru ca cineva să se roage pentru ei, în timp ce din boxe se auzea o muzică pop laică, iar publicul se grăbea spre ieșire. Nu a fost tocmai atmosfera potrivită pentru a te apropia de Dumnezeu!

Întâlnesc deseori probleme similare – deși nu neapărat ieșite din comun – când vizitez alte biserici. Pare că pastorii au încetat să mai fie preocupați de a afla cum vrea Cristos să fie Biserica Lui și, în schimb, au început să-i întrebe pe oameni cum ar vrea *ei* să fie aceasta. Este o religie a consumului, a consumerismului, mai bine zis, oferind oamenilor ceea ce își doresc, în loc de ceea ce Dumnezeu vrea să le ofere. Dacă ai întreba un lider: „Crezi cu adevărat că asta contribuie la creștere spirituală și e pe placul lui Dumnezeu?", răspunsul lui ar fi probabil: „O, ești demodat. Aceea este o gândire învechită." Dar eu nu sunt „de modă veche" și nu vreau să fiu nici de „modă nouă". Și Dumnezeu nu este nici învechit, nici nou. Dumnezeu este adevăr etern, iar Domnul Isus Cristos este „același ieri și azi și în veci" (Evr. 13:8).

Oricine crede în Isus și iubește Cuvântul lui Dumnezeu ar trebui să resimtă o neliniște profundă față de cei care încearcă să redefinească esența Bisericii lui Cristos sub pretextul de a „rămâne relevanți" sau a se conforma cerințelor grupului lor țintă „modern". Domnul a vorbit cu claritate atunci când s-a referit la natura Trupului lui Cristos. Un grup de oameni care se adună într-o clădire o dată pe săptămână pentru a se distra nu reprezintă Biserica lui Cristos. Mai degrabă, Biserica este un organism spiritual supranatural, creat prin Evanghelie și putere divină, devenind locul în care sălășluiește Duhul Sfânt. Redefinirea Bisericii creștine este, în ochii lui Dumnezeu, un lucru deosebit de grav.

Chemarea noastră sacră

Când stau de vorbă cu lucrători creștini care suferă, se simt descurajați și sunt la un pas de a renunța, le spun adesea:

— Uite, nu te cunosc bine. Dar, e adevărat că într-un moment în care erai doar tu cu Dumnezeu ai primit chemarea Lui pentru viața ta? Iar tu ai capitulat înaintea Sa. Ai spus: „Doamne, iată-mă. Te voi sluji." Atunci nu ai avut nicio îndoială că Dumnezeu ți-a vorbit. Acum trebuie să te oprești și să te întrebi: „M-a chemat cu adevărat Dumnezeu să fac asta?" Fiindcă primul pas pentru a depăși frustrarea și confuzia în care te afli este să te întorci în timp la acel moment și să te consacri din nou înaltei și sfintei chemări care ți-a fost adresată, indiferent ce s-ar întâmpla.

Reflectarea asupra schimbării direcției la mijlocul drumului poate fi copleșitoare pentru orice pastor. Dar Dumnezeu este credincios. El ne-a lăsat Duhul harului care ne conduce, tronul harului la care putem alerga când suntem în nevoie și cuvântul harului, pe care să-l împărtășim cu cei ce au nevoie de Cristos.

Pe măsură ce împlinim chemarea sacră a Domnului în viața noastră, ne vedem încurajați de apostolul Pavel: „De aceea, preaiubiții mei frați, fiți tari, neclintiți, sporiți totdeauna în lucrul Domnului, căci știți că osteneala voastră în Domnul nu este zadarnică" (1 Cor. 15:58).

De notat că aceste cuvinte nu au fost adresate *liderilor* bisericii din Corint, ci întregii adunări, cu încrederea că fiecare membru va fi implicat activ în lucrarea Domnului, așa cum Pavel presupunea.

Indiferent dacă suntem lideri sau oameni obișnuiți din băncile bisericii, la sfârșitul vieții, toți vrem să-L auzim pe Domnul spunându-ne: „Bine, rob bun și credincios [...] intră în bucuria stăpânului tău!" (Mt. 25:23).

Pastorul model

Dumnezeu ni l-a lăsat prezentat pe apostolul Pavel ca pe un model de slujitor al Evangheliei, potrivit pentru orice zile și vremuri în care trăim.

Niciunul dintre cei doisprezece apostoli nu și-a expus viața în scrierile Noului Testament precum apostolul Pavel. Citim despre convertirea sa dramatică – de la persecutor al Bisericii la urmaș al lui Cristos – și apoi cum l-a folosit Dumnezeu pentru a întemeia Biserica primară, aproape fără resurse: nici bani, nici clădiri, nici măcar Evanghelia scrisă. Nu exista Noul Testament, în principal pentru că Pavel și ceilalți autori creștini nu-l scriseseră încă. În cartea Faptele apostolilor, când se convertește, lumina reflectoarelor se mută de pe biserica din Ierusalim pe Pavel. Pavel în Antiohia. Pavel și Barnaba în prima călătorie misionară. Pavel și Sila. Pavel în Grecia. Pavel în Ierusalim. Pavel în Roma. De ce această schimbare de accent? Pare că Dumnezeu ne îndreaptă privirea către Pavel ca pe un model în slujire. Tehnologia se schimbă. Cultura se schimbă. Dar principiile lucrării creștine nu se schimbă niciodată. Ceea ce era adevărat pentru Pavel acum două mii de ani ni se aplică și nouă astăzi.

Mereu m-a fascinat discursul lui Pavel adresat prezbiterilor bisericii din Efes, consemnat în Faptele apostolilor 20. Pe vremea aceea, nu se puteau face selfie-uri. Cu toate acestea, cred că acest mesaj ne oferă o imagine de ansamblu a modului în care Pavel aborda lucrarea lui Dumnezeu și ce considera el important.

La începutul celei de-a treia călătorie misionară, Pavel a petrecut trei ani în Efes. Timp de trei luni, a predicat zilnic în sinagogă. Dar când a întâmpinat opoziție acolo, s-a mutat într-un loc de întâlnire laic cunoscut sub numele de școala lui Tiran, unde i-a învățat pe efeseni și a dezbătut Scripturile cu aceștia timp de doi ani „așa că toți cei ce locuiau în Asia, iudei și greci, au auzit Cuvântul Domnului" (Fapte 19:10). De acolo, călătoria sa l-a dus în Grecia. Și apoi, la Ierusalim. Dar mai întâi, a făcut o oprire în Milet, de unde „a trimis la Efes și a chemat pe prezbiterii bisericii" (Fapte 20:17) pentru ceea ce s-ar putea numi un discurs de rămas-bun.

Pavel cunoștea bisericile din Efes și din împrejurimi pentru că ajutase la înființarea lor. Îi cunoștea și pe prezbiterii bisericilor din Efes, pe care îi văzuse cu mai puțin de un an în urmă. Le cunoștea nivelul de maturitate spirituală, punctele forte și slăbiciunile, precum și provocările cu care trebuiau să se confrunte.

Și mai știa ceva. Duhul Sfânt îi descoperise lui Pavel că aceasta avea să fie ultima dată când le mai vorbea. El le-a spus astfel: „Și acum, știu că nu-mi veți mai vedea fața, voi toți aceia în mijlocul cărora am umblat propovăduind Împărăția lui Dumnezeu" (Fapte 20:25). Gândiți-vă ce emoții profunde trebuie să fi avut Pavel când și-a deschis inima. Imaginați-vă că trebuie să le vorbiți copiilor voștri pentru ultima oară. Ce cuvinte ați folosi? Nu ar fi momentul potrivit pentru o discuție lipsită de importanță. O predică în trei puncte urmată de o concluzie ar fi ultimul lucru la care v-ați gândi. Cuvintele v-ar porni direct din inimă, din adâncul sufletului. Acela ar fi momentul potrivit pentru a spune tot ce nu ați vrea să rămână nespus înainte de a muri. Pavel știa că aceasta era ultima sa oportunitate de a-i învăța, a-i mustra și încuraja pe acești prezbiteri cu privire la modul în care să aibă grijă de Biserica lui Cristos, încă imatură, care se afla în responsabilitatea lor.

Faceți ce m-ați văzut pe mine făcând

Așadar, care au fost primele lui cuvinte?

„Știți cum m-am purtat cu voi în toată vremea, din ziua dintâi în care am pus piciorul pe pământul Asiei" (Fapte 20:18). Observați că Pavel nu a spus: „Vă aduceți aminte cât de dinamică a fost predica mea?" Extraordinar, nu-i așa? Nici măcar nu a menționat despre vindecări sau alte miracole care au avut loc sau despre cum s-a înmulțit numărul celor care frecventau biserica, și generozitatea lor. Pavel a început prin a arăta spre modul în care trăise printre ei și exemplul pe care îl dăduse prin comportamentul său. El le sugera ca ei să-i calce pe urme, așa cum el însuși Îl urma pe Domnul său. S-a făcut model pentru felul în care acei lideri ar trebui să trăiască și să slujească.

Este un lucru extraordinar care ne amintește că modul în care trăim și interacționăm cu biserica poate întări sau slăbi autoritatea noastră spirituală. Faptele noastre vorbesc mai tare decât o fac predicile noastre. Un stil de viață retras, exclusivist, departe de turmă va face mai dificil pentru ei să creadă că îi iubim și că le înțelegem provocările spirituale. Dar sunt riscuri și atunci când interacționăm cu ei. Cunosc situații în care un răspuns aspru sau o glumă nepotrivită au afectat grav credibilitatea unui lider. Avem nevoie de înțelepciunea lui Solomon pentru a ne ajuta să trăim printre oamenii pe care îi slujim fără a ne pierde autoritatea spirituală.

Voi folosi discursul lui Pavel din Faptele apostolilor 20 ca șablon pentru această carte. Vom încerca să înțelegem ceea ce a făcut Pavel în Efes și cum putem învăța din exemplul său. Pe măsură ce parcurgem anumite fragmente ale discursului lui Pavel către prezbiterii bisericii din Efes, să nu presupunem că înțelegem chiar și cele mai familiare expresii, căci Dumnezeu ar putea să aibă lecții actuale pentru noi tocmai în pasajele biblice pe care le trecem atât de ușor cu vederea. Sper că veți citi această carte cu aceeași atenție și duh de rugăciune cu care am încercat să o scriu. Să ținem cont mereu că ceea ce a avut de înfruntat Pavel a fost o provocare mai îngrijorătoare decât avem noi de înfruntat astăzi.

Când Pavel a vizitat Efesul, acesta era un oraș mare din Imperiul Roman, situat pe teritoriul Turciei de azi. Deși se afla la câțiva kilometri de coastă, un canal larg ducea către celebru său port. În inima orașului se înălța Templul opulent al zeiței Artemis (zeița vânătorii în mitologia greacă, n.ed.), una dintre cele șapte minuni ale lumii antice. În același loc se găsea și imensul său teatru în aer liber, care putea găzdui douăzeci și cinci de mii de spectatori. Efes era capitala proconsulară a Asiei și sediul guvernului. Prima vizită a lui Pavel a fost scurtă, însă a doua sa ședere acolo a adus trei ani de slujire roditoare. În cea mai mare parte, Pavel a locuit aproape în exclusivitate în oraș, în timp ce convertiții săi se răspândeau în zonele din jur, plantând biserici pe măsură ce înaintau cu Evanghelia.

Pavel a găsit Efesul un oraș bogat și cosmopolit, încărcat de superstiții (armata romană lua adesea ciudate decizii militare încercând uneori să descifreze simbolurile din excrementele de găină), idolatrie (pantheonul roman includea sute de zeități) și alte vicii păgâne comune Imperiului Roman (amantele trăiau adesea în aceeași casă cu soția și copiii). Nu exista nicio influență iudeo-creștină în cultura lor. Fără o comunitate creștină semnificativă (dacă exista vreuna), Pavel s-a confruntat cu misiunea descurajatoare de a le transmite mesajul străin al unui tâmplar evreu care a murit în Ierusalim. Opoziția față de munca lui s-a dezvoltat rapid, totuși Pavel a rămas neclintit pe drumul său și a văzut un răspuns uimitor la Evanghelie prin puterea Duhului Sfânt.

Împotriva tuturor probabilităților, Dumnezeu l-a folosit pe Pavel pentru a stârni o trezire spirituală puternică în acea cetate păgână. Așadar, de ce nu ar putea Domnul să ne folosească pe noi în același fel pentru a aprinde un foc oriunde ne-a așezat? De ce nu am putea vedea și noi descoperiri spirituale astfel încât lumea din jurul nostru să poată simți căldura dragostei lui Dumnezeu? Rugăciunea mea este ca lecțiile pe care Pavel le-a predat să ne ajute să devenim liderii care ne-am dorit dintotdeauna să fim și, chiar mai important, liderii care știm că *Dumnezeu* vrea să fim.

Capitolul 2

Inima lucrării creștine

Am slujit Domnului cu toată smerenia, cu multe lacrimi [...]
Fapte 20:19

Haideți să ne întoarcem la scena pe care v-am prezentat-o la sfârșitul capitolului anterior. Pavel își ia la revedere de la prezbiterii din Efes, iar el le amintește de lucrarea sa în mijlocul lor. Într-una din epistolele sale, Pavel se identifică drept „rob al lui Isus Hristos" (Rom. 1:1). În limba greacă există două cuvinte pentru termenul *rob*. Unul dintre ele se referă la cineva care acceptă în mod voluntar angajarea în slujba cuiva. Gândiți-vă, de exemplu, la majordomii și servitoarele angajate la Palatul Buckingham. Dar cuvântul grecesc folosit aici, *doulos*, este tradus uneori ca „slujitor rob". Un slujitor rob este un sclav, o persoană a cărei întreagă viață se desfășoară la mila și capriciile altei persoane. Ce face un sclav? Se supune stăpânului său. Punct. Nu există discuții. Nici agende personale sau priorități individuale. Un slujitor rob nu are drepturi. Atunci când Pavel le spunea prezbiterilor că în timpul celor trei ani petrecuți în Efes, el a *slujit* Domnului (Fapte 20:19), le trasmitea că așa arată a fi rob al lui Isus Cristos. Sclavia, în mod obișnuit, înseamnă o viață mizerabilă, desigur, cu excepția cazului în care stăpânul tău este Isus Cristos – Cel care a murit pentru tine, te iubește și Se îngrijește de fiecare aspect al vieții tale. Atunci este cea mai glorioasă viață de pe pământ.

Biserica pe care Dumnezeu o clădește nu este o democrație. Nu are un guvern al oamenilor, făcut de oameni, pentru oameni. Avem o astfel de formă de guvernare aici, pe pământ. Dar Împărăția lui Dumnezeu este exact asta: un regat, o monarhie absolută. Prin autodeclararea sa ca rob, Pavel spune: „Eu Îi aparțin lui Cristos. Sunt la ordinul Lui. Vreau să îndeplinesc voia Sa pentru viața mea. Nu sunt aici pentru faimă sau avere. Nu caut să mă fac plăcut oamenilor. Singurul meu scop în viață este să-L aud pe El spunând: «Bine, rob bun și credincios!»"

Conducerea este esențială

Deși este dificil să fii lucrător creștin, este în același timp și un imens privilegiu. Ar trebui să ne amintim mereu că tot ce se întâmplă astăzi la Casa Albă, în Congresul american sau pe Wall Street pălește în comparație cu lucrarea importantă pe care ne-a încredințat-o Dumnezeu. Munca noastră, spre deosebire de toate celelalte forme de slujire și conducere, are consecințe eterne. Probabil ați văzut pictura cu Isus stând lângă clădirea Națiunilor Unite, bătând la ușă să intre. Dar marea dorință a lui Cristos nu este să intre la Națiunile Unite. Ceea ce Își dorește cel mai mult este să fie mai bine primit în bisericile noastre. Iar tu și cu mine suntem în poziția perfectă pentru a ajuta la îndeplinirea acestei dorințe. Tot ce trebuie să facem este să ne supunem planului Său pentru lucrările și bisericile noastre.

Ar trebui să înțelegem că starea spirituală a oricărei biserici depinde în mare măsură de felul în care pastorii ei o conduc. Este dificil pentru o biserică să se poată ridica la un nivel superior celui atins de păstorul ei în ceea ce privește creșterea spirituală și maturitatea. Dacă pastorul este „căldicel" (termen folosit de Isus în Apoc. 3:16, n.ed.) ori lipsit de preocupare cu privire la lucrurile lui Dumnezeu și ale Duhului Sfânt, ce speranță mai există ca biserica să ardă pentru Cristos?

Mulți dintre noi am citit predicile și am studiat viețile marilor predicatori din trecut. Este un exercițiu înțelept, în viziunea mea. Dar nu vom afla niciodată cât de eficient este un pastor, nici atunci și nici acum, decât dacă umblăm printre membrii bisericii lui. În orice biserică vor exista întotdeauna oameni superficiali, neduhovnicești, însă dacă toată biserica se regăsește într-o asemenea stare și este lipsită de zel, înseamnă că pastorul a pășit într-un fel sau altul într-o zonă de neasumare a responsabilităților sale. Predicile rostite cu elocință sau pregătite meticulos nu produc întotdeauna o adunare plină de Duh și asemănătoare cu Cristos. Martin Luther s-a mâniat odată atât de tare din cauza lipsei de râvnă și pasiune pentru Cristos a bisericii sale din Wittenberg, Germania, încât a intrat în grevă pentru săptămâni întregi și a refuzat să mai predice!

Pe de altă parte, Pavel a scris bisericii din Corint: „Începem noi iarăși să ne lăudăm singuri? Sau nu cumva avem trebuință, ca unii, de epistole de laudă, către voi sau de la voi? Voi sunteți epistola noastră, scrisă în inimile noastre, cunoscută și citită de toți oamenii. Voi sunteți arătați ca fiind epistola lui Hristos, scrisă de noi, ca slujitori ai Lui, nu cu cerneală, ci cu Duhul Dumnezeului celui Viu; nu pe niște table din piatră, ci pe niște table care sunt inimi de carne" (2 Cor. 3:1–3).

Ce mărturie! Erau „o epistolă a lui Cristos", ca rezultat al lucrării lui Pavel.

Avem un privilegiu imens în calitate de slujitori ai Evangheliei, dar odată cu acesta vine și o mare responsabilitate. După cum a spus și Iacov: „Frații mei, să nu fiți mulți învățători, căci știți că vom primi o judecată mai aspră" (Iac. 3:1). Cu cât păstoresc mai mult biserica, cu atât apreciez mai mult minunata responsabilitate a slujirii. Liderii spirituali sunt implicați în chestiuni ce țin de viața veșnică și moartea veșnică. Fie că slujim oameni bogați și profesioniști sau pe cei lipsiți de un adăpost, puterea lui Isus este singurul lucru care îi poate salva, înainte de a fi prea târziu. Nu suntem eroi atunci când predicăm Evanghelia; suntem robi care facem ceea ce ni s-a poruncit să facem. De aceea, a spus Pavel: „Dacă vestesc Evanghelia, nu este pentru mine o pricină de laudă, căci trebuie s-o vestesc; și vai de mine, dacă nu vestesc Evanghelia!" (1 Cor. 9:16).

Putem avea încredere că Dumnezeu nu ne-ar chema și nu ne-ar trimite să lucrăm fără a ne pune la dispoziție toate resursele cerului. Nu ne împarte sarcini pentru ca apoi să ne lase să ne descurcăm singuri. Atunci când răspundem chemării Lui și ieșim în lume ascultându-I poruncile, putem fi siguri că El ne pune la dispoziție tot ce avem nevoie, dacă-I cerem în rugăciune. De multe ori uităm asta. Cu siguranță, am făcut-o și eu când eram mai tânăr. Doar pentru că muncim mai mult, ne străduim mai mult și gândim mai mult, nu înseamnă că vom clădi Împărăția. Numai puterea și resursele lui Dumnezeu o vor face.

Cu siguranță, vor apărea obstacole. Uneori vom face eforturi uriașe pentru a ajuta pe cineva, doar pentru a constata că face doi pași înainte și unul înapoi. Alteori, va face un pas înainte și doi sau chiar trei înapoi, și asta ne va descuraja. Satana va veni și ne va spune că totul e fără speranță și că ar trebui să renunțăm. În astfel de momente, trebuie să ne lăsăm încurajați încă o dată de apostolul Pavel: „De aceea, preaiubiții mei frați, fiți tari, neclintiți, sporiți totdeauna în lucrul Domnului, căci știți că osteneala voastră în Domnul nu este zadarnică" (1 Cor. 15:58).

Prin harul lui Dumnezeu, trebuie să continuăm să facem ceea ce facem cu credincioșie, sârguință și tenacitate. Fiecare predică, fiecare sesiune de consiliere, fiecare slujbă de înmormântare, fiecare vizită la spital are o importanță deosebită. Aceste lucruri contează pentru oameni și contează pentru Domnul. Am învățat mai demult că am trei lucruri de făcut în lucrare: *să predic, să mă rog și să muncesc din greu* [cei trei „p" în limba engleză: preach, pray, plod, n.ed.]. Uneori, doar de asta e nevoie: să tragi din greu. Mergi înainte zi de zi, săptămână de săptămână și an după an. Vorba unui slogan popular: „Just do it." Deși uneori poate părea că nu faci niciun progres, din când în când vei avea șansa de a te uita în urmă pentru a te bucura de ceea ce a făcut Dumnezeu. Fii conștient că în fiecare zi ai o lucrare pe care Dumnezeu ți-a încredințat-o, iar efortul depus nu este niciodată în zadar.

Oameni, nu programe

Niciodată să nu uiți că Dumnezeu folosește oameni, nu programe pentru a aduce împărăția Lui pe pământ. El nu a căutat niciodată metode sau tehnici ingenioase pentru a-Și realiza lucrarea. Dar biserica devine tot mai asemănătoare cu America cea corporatistă, reducând fiecare activitate la o metodă, o formulă, un design de marketing pentru „brand-ul" nostru. Mesajul pe care îl auzim din multe părți este: „Iată formula. Urmează acești pași și nu vei da greș." În ultimii ani, au tot apărut și dispărut formule noi, fiecare promițând să fie *răspunsul*. Dar cum ar putea fi o formulă de la Dumnezeu dacă va fi înlocuită câțiva ani mai târziu? Adevărul este că Dumnezeu nu folosește formule sau metode. El folosește oameni. Folosește oameni slabi, oameni simpli, oameni păcătoși. De ce? Fiindcă asta e tot ce are!

> De pildă, fraților, uitați-vă la voi care ați fost chemați: printre voi nu sunt mulți înțelepți în felul lumii, nici mulți puternici, nici mulți de neam ales. Dar Dumnezeu a ales lucrurile nebune ale lumii, ca să facă de rușine pe cele înțelepte. Dumnezeu a ales lucrurile slabe ale lumii, ca să facă de rușine pe cele tari. Și Dumnezeu a ales lucrurile josnice ale lumii și lucrurile disprețuite, ba încă lucrurile care nu sunt, ca să nimicească pe cele ce sunt; pentru ca nimeni să nu se laude înaintea lui Dumnezeu (1 Cor. 1:26–29).

Primii ucenici pe care i-a ales Isus au fost pescari și vameși. A ales oameni neputincioși, care aveau să depindă de Duhul Sfânt în toate lucrurile: bărbați și femei a căror rugăciune ar fi: „O, Doamne, ajută-mă!" Personal, simt că Dumnezeu m-a folosit cel mai mult atunci când am atârnat de un fir de ață.

Indiferent de poziția de conducere pe care o ocupi, te afli acolo doar pentru că ai o chemare divină. În epistola sa către Efeseni, Pavel s-a prezentat drept: „apostol al lui Isus Hristos, *prin voia lui Dumnezeu*" (Ef. 1:1). Nicio școală biblică, niciun comitet sau confesiune nu poate transforma pe cineva într-un adevărat slujitor al Evangheliei lui Isus Cristos. Chemarea și darurile spirituale trebuie să vină în primul rând de la Dumnezeu.

Frecvent absorbim ideea că este sesnțial să primim acceptare, să fim integrați, conform curentului cultural în care ne găsim. De exemplu, înțelepciunea obișnuită susține că numărul de diplome obținut de cineva este direct proporțional cu pregătirea sa într-un anumit domeniu. Dar, a deține mai multe diplome nu rezultă întotdeauna într-o lucrare mai eficientă. Mă gândesc la un tânăr care a intrat în biroul meu acum câțiva ani. Era un tip sincer, educat la seminar, dornic să-I slujească Domnului.

— Pastor Jim, a spus el, pot să fiu sincer?

— Desigur, i-am spus eu. Ce te frământă?

— Sunt la o răscruce. Vreau să fiu folosit de Dumnezeu. Problema este că ... Părea că își caută cuvintele. Problema este că am diplomă de master, dar am ocazia să urmez și doctoratul. Ce crezi că ar trebui să fac? Decizia asta nu îmi dă pace.

— Ascultă, frate, i-am răspuns. Eu nu știu ce plan are Dumnezeu pentru viața ta. Chiar nu știu. Dar, dă-mi voie să îți spun despre lumea în care trăiesc eu și cum o percep. Tu stai aici în biroul meu. Dacă te uiți pe geam, vei vedea mii de oameni plimbându-se, oameni care au nevoie de Isus. Unii sun treji, alții nu. Unii sunt heterosexuali, alții sunt homosexuali. Unii sunt bogați, în timp ce alții trăiesc pe străzi. Dacă se gândesc la Dumnezeu în vreun fel, ultimul lucru care le trece prin cap este: „Doamne, sunt disperat. Am nevoie de ajutor. Te rog, trimite pe cineva cu doctorat să mă salveze." Fiecare slujitor trebuie să fie călăuzit de Dumnezeu în deciziile legate de educația lui, însă, fără îndoială, cea mai mare nevoie a zilelor noastre este nevoia de lucrători simpli, înarmați cu Duhul, care cunosc Biblia și sunt plini de dragoste.

V-ați dat seama care este calitatea pe care o caută Dumnezeu cel mai mult? Nu este inteligența sau priceperea academică. Nu este elocvența. Nu este o personalitate captivantă. Nu, calitatea pe care Dumnezeu o caută cel mai mult este *disponibilitatea față de*

El. Dacă suntem supuși, asemenea robilor, El ne poate folosi. Dar dacă avem propriile noastre agende, niciunul din talentele sau abilitățile noastre nu va face prea mult pentru a schimba lumea din jurul nostru. Duhul Sfânt caută oameni care Îl iubesc pe Dumnezeu și sunt disponibili să fie folosiți de El. „Căci Domnul Își întinde privirile peste tot pământul, ca să sprijine pe aceia a căror inimă este întreagă a Lui" (2 Cron. 16:9).

Smerenia adevărată

Pavel a spus: „Am slujit Domnului cu toată smerenia" (Fapte 20:19). Cât de ciudat sună aceste cuvinte! Câți dintre noi am începe să descriem lucrarea pe care o facem vorbind în primul rând despre smerenia noastră? Dar trebuie să înțelegem ce înseamnă adevărata smerenie. Andrew Murray spunea că „smerenia nu este neapărat o virtute alături de celelalte, ci este rădăcina tuturor, pentru că doar ea adoptă atitudinea corectă înaintea lui Dumnezeu și Îi permite Lui, ca Dumnezeu, să facă totul."[1]

Majoritatea dintre noi leagă smerenia de conștientizarea faptului că suntem păcătoși. Ne putem gândi la cuvintele lui Isaia: „Vai de mine! Sunt pierdut, căci sunt un om cu buze necurate" (Is. 6:5). Nu există nicio îndoială că recunoașterea propriilor eșecurilor ne ajută să ne temperăm orgoliul. Dar smerenia trebuie să fie mai mult decât doar o conștientizare a vinovăției, deoarece Isus nu avea păcat pentru care să Se simtă vinovat, și totuși a fost cel mai umil om care a umblat vreodată pe pământ. Apostolul Pavel vorbește despre smerenia lui Isus, în epistola sa către Filipeni:

> El, măcar că avea chipul lui Dumnezeu,
>   totuși n-a crezut ca un lucru de apucat
>   să fie deopotrivă cu Dumnezeu,
> ci S-a dezbrăcat pe Sine însuși
>   și a luat un chip de rob,
>   făcându-Se asemenea oamenilor.

La înfățișare a fost găsit ca un om,
S-a smerit
și S-a făcut ascultător până la moarte,
și încă moarte de cruce (Flp. 2:6-8).

Singura modalitate de a cunoaște adevărata smerenia este să privim la Isus, care era mereu conștient de dependența Sa totală față de Tatăl. El spunea: „Fiul nu poate face nimic de la Sine" (Ioan 5:19). Așa ar trebui să trăim și noi fiecare zi, urmând exemplul Domnului nostru. Ar trebui să fie și modul în care abordăm slujirea noastră. Când ne ridicăm să predicăm, trebuie să știm că nu avem nimic de oferit decât dacă revarsă mai întâi Dumnezeu ceva în noi. Această conștientizare a faptului că suntem un vas gol reprezintă esența smereniei adevărate.

Dar putem lesne să devenim plini de noi înșine și să pierdem acea dependență de Domnul, sinceră, ca a unui copil. Iată un gând îngrijorător: dacă cineva e posedat de un demon, demonul acela poate fi alungat. Dar dacă suntem plini de noi înșine, este o altă problemă și, poate mai dificilă. Deseori mă întreb ce gândesc îngerii când se uită în jos și ne văd atât de siguri pe noi, chiar dacă fiecare suflare a noastră este un dar de la Dumnezeu și ne poate fi luată în orice moment.

Adevărul este că, dacă ne credem speciali, în afara lui Dumnezeu, El trebuie să ne golească înainte să ne poată folosi. Dar dacă ne recunoaștem nevoia, El ne va umple și vom fi pregătiți pentru a fi folosiți. Un scriitor puritan a spus cândva că principala treabă a lui Dumnezeu în fiecare zi este să-i coboare pe cei mândri și să-i înalțe pe cei smeriți. El face asta pentru a ne aduce într-un loc de binecuvântare, de vreme ce „Dumnezeu stă împotriva celor mândri, dar dă har [numai] celor smeriți." (Iac. 4:6 NKJV). Nu e de mirare că Scriptura ne învață: „Smeriți-vă, dar, sub mâna tare a lui Dumnezeu, pentru ca, la vremea Lui, El să vă înalțe" (1 Pet. 5:6). Isus a ilustrat acest principiu printr-o pildă:

Când ești poftit de cineva la nuntă, să nu te așezi la masă în locul dintâi; ca nu cumva, printre cei poftiți de el, să fie altul mai cu vază decât tine, și cel ce te-a poftit și pe tine și pe el să vină să-ți zică: „Dă locul tău omului acestuia". Atunci, cu rușine, va trebui să iei locul de pe urmă. Ci, când ești poftit, du-te și așază-te în locul cel mai de pe urmă; pentru ca atunci când va veni cel ce te-a poftit să-ți zică: „Prietene, mută-te mai sus. " Lucrul acesta îți va face cinste înaintea tuturor celor ce vor fi la masă împreună cu tine. Căci oricine se înalță va fi smerit; și cine se smerește va fi înălțat (Luca 14:8–11).

Mândria nu are nevoie de Dumnezeu, dar smerenia ne ajută să ne rugăm. Când suntem conștienți cât de slabi suntem, atunci apelăm la promisiunea purtării de grijă divine și ne rugăm cu adevărat. Și atunci Dumnezeu poate să lucreze în noi și prin noi. Cât de trist este că nu ne folosim mai des de purtarea Lui de grijă, așa cum sugerează autorul Epistolei către evrei: „Să ne apropiem, dar, cu deplină încredere de scaunul harului, ca să căpătăm îndurare și să găsim har, pentru ca să fim ajutați la vreme de nevoie" (4:16).

Când suntem ispitiți să subliniem cât de bine cântă echipa noastră de închinare sau cât de uimitor arată sediul bisericii, cu toate facilitățile pe care le oferă, trebuie să ne amintim că Dumnezeu nu va împărți niciodată slava Sa cu nimeni. Tot ce deținem și toate darurile noastre vin de la El. Clădirea în care se întâlnește biserica Brooklyn Tabernacle astăzi e destul de frumoasă. Dar ce voi face când voi sta înaintea lui Dumnezeu? Îi voi arăta clădirea mea? El locuiește în ceruri! Prima mea carte, *Vânt proaspăt, foc proaspăt*, a câștigat premiul cartea creștină a anului. Sunt recunoscător că oamenilor le-a plăcut și au considerat-o utilă. Dar când va reveni Isus, Îl voi impresiona cu premiul meu? El a scris Biblia!

Este, probabil, cel mai bine, ca regulă generală, să nu ne facem prea multă reclamă, nici nouă, nici slujbelor noastre, nici bisericilor noastre. „Să te laude altul, nu gura ta, un străin, nu buzele tale" (Prov. 27:2). Să ne concentrăm, în schimb, asupra lui Isus și asupra lucrurilor minunate pe care le-a făcut pentru noi. Le spun public noilor membri, în momentul în care se alătură bisericii: „Suntem atât de fericiți că Dumnezeu v-a trimis aici ca să fiți împreună cu noi. Dar vă rugăm să nu vorbiți în jur despre biserica noastră. Acest lucru L-ar întrista pe Duhul Sfânt, și atunci ce vom face? Invitați, bineînțeles, oamenii la programele bisericii. Dar înălțați-L pe Cristos, nu pe pastor sau biserica." Nu ar fi minunat dacă nu am mai scoate în evidență biserica, confesiunea sau „marca", și, în schimb, am fi preocupați să ne lăudăm numai în Domnul?

Atunci când suntem plini de noi înșine și înțelepți în proprii noștri ochi, este imposibil ca Dumnezeu să ne împuternicească și să ne folosească. Însă, atunci când suntem slabi și goi, Dumnezeu poate face lucruri mari prin noi, pe măsură ce ne asumăm rolul de robi credincioși. Pavel a spus: „Am slujit Domnului cu toată smerenia" (Fapte 20:19). Comparați această atitudine cu aroganța lumii din jurul lui. Gândiți-vă la grandoarea Imperiului Roman, cu Cezar intrând victorios în cetatea Romei, într-un car de aur, tras de patru cai albi. Apoi, întrebați-vă unde este Imperiul Roman astăzi? În schimb, Biserica lui Isus Cristos, înălțată de bărbați și femei, oameni simpli și devotați, umple pământul.

Pastorul în lacrimi

Pavel le-a mai spus încă ceva conducătorilor din Efes: „Am slujit Domnului [...] *cu multe lacrimi*" (Fapte 20:19). Când a fost ultima oară când ai auzit un slujitor creștin spunând asta? Nu se potrivește cu imaginea pastorului contemporan. Credem că lucrătorul creștin este cineva care predică și oficiază nunți și înmormântări. Mulți pastori se consideră ei înșiși un soi de directori sau președinți de companii, care gestionează o echipă și un buget sau supraveghează proiectul unei clădiri. Câți ar avea curajul să-și contureze identitatea prin lacrimile pe care le-au vărsat pentru ceilalți? Dar tocmai asta face Pavel, și el transmite aceeași emoție mai târziu în discursul său: „De aceea vegheați și aduceți-vă aminte că, timp de trei ani, zi și noapte, n-am încetat să sfătuiesc *cu lacrimi* pe fiecare din voi" (Fapte 20:31). Evident, Pavel simțea că e important să le reamintească acestor lideri de lacrimile lui.

Într-o zi, în urmă cu mai mulți ani, Domnul m-a trezit printr-un pasaj din Scriptură. În prima sa epistolă către Tesaloniceni, Pavel scria: „ca o doică ce-și crește cu drag copiii [...] în dragostea noastră fierbinte pentru voi" (2:7–8). Este imaginea unei mame care își deschide bluza și își pune bebelușul cu tandrețe la sân. Citind aceste cuvinte, am simțit că Dumnezeu îmi arăta un lucru ce lipsea din propria mea slujire. Știam că Pavel predicase Evanghelia. Știam că asculta de îndemnurile Duhului Sfânt. Dar acum am văzut și că iubea oamenii cu adâncă gingășie și intensitate. Acesta era secretul predicilor și lucrării sale care pătrundeau adânc în inimile ascultătorilor. Inima, chiar mai mult decât mintea, este cheia unui mesaj eficient, transmis în numele lui Cristos.

Am realizat, de asemenea, că atunci când ne vom înfățișa înaintea lui Isus la sfârșitul vieții, nu vom avea nimic de oferit decât oamenii care L-au găsit ca Mântuitor. Aceștia sunt singurele noastre trofee. Așa cum le spunea Pavel celor cărora le slujea: „Căci cine este, în adevăr, nădejdea sau bucuria, sau cununa noastră de slavă? Nu sunteți voi, înaintea Domnului nostru Isus Hristos, la venirea Lui? Da, voi sunteți slava și bucuria noastră" (1 Tes. 2:19–20).

Câți dintre noi ne autoevaluăm lucrarea în acești termeni? Din contră, mulți lideri au fost învățați că nu ar trebui să se apropie prea mult de turmă, ci să păstreze distanța, pentru că aceasta ar fi singura modalitate prin care oamenii i-ar respecta. Dar nu așa vedea Pavel lucrurile: „Astfel, în dragostea noastră fierbinte pentru voi, eram gata să vă dăm nu numai Evanghelia lui Dumnezeu, dar chiar și viața noastră, atât de scumpi ne ajunseserăți" (1 Tes. 2:8). Odată, el i-a numit pe credincioșii săi: „Copilașii mei, pentru care iarăși simt durerile nașterii, până ce va lua Hristos chip în voi!" (Gal. 4:19).

Îmi aduc aminte de momentul în care am întâlnit o femeie în holul bisericii. Știam că e membră a adunării noastre, dar dintr-un motiv sau altul, nu mai interacționasem cu ea de ceva timp. Primul lucru la care m-am gândit când am văzut-o a fost:

„Arată de parcă ar fi îmbătrânit cu 15 ani. Încărunțise destul de mult." Când i-am strâns mâna, i-am simțit-o rece și aspră.

— Pastor Cymbala, mi-a spus ea, aș vrea să cunoașteți pe cineva.

Lângă ea stătea un tânăr de douăzeci și ceva de ani.

— Acesta este fiul meu, Reginald, continuă femeia. E primul din familia noastră care a obținut vreodată o diplomă de bacalaureat. Și acum merge la facultatea de Drept!

I s-au umplut ochii de lacrimi. Mai târziu aveam să aflu prin câte trecuse pentru ca toate acestea să fie posibile. Avusese trei joburi și renunțase la multe plăceri ale vieții, totul de dragul fiului ei. După ce băiatul a venit pe lume, în urma unei nașteri complicate, femeia a îndurat apoi și mai multe dificultăți în viață pentru a-l crește și a-l ajuta să reușească. Sunt sigur că a vărsat multe lacrimi pentru el. Dar credeți că a avut vreodată regrete? Nu. Atunci când iubești pe cineva, ești pregătit să te sacrifici pentru acea persoană, iar cu inima îi vei fi tot timpul alături, oriunde s-ar afla. O astfel de slujire nu ține seamă niciodată de prețul ce trebuie plătit și nici nu devine o rutină plictisitoare.

Apostolul Pavel a iubit oamenii din tot sufletul. Nu e de mirare că a ajuns la inima lor. Iubirea găsește întotdeauna o cale. Să-I cerem lui Dumnezeu să ne dea o inimă ca a Lui pentru oameni.

Povestea lui David

Am spus povestea aceasta de multe ori, dar aș vrea să o spun și aici, în contextul lucrării pastorale. Nu știu dacă se întâmplă și acolo unde trăiți dumneavoastră, dar în New York City, oameni care rar pășesc într-o biserică apar brusc la slujbele noastre de Crăciun și de Paște. De obicei, mulți dintre cei ce vin nu sunt creștini. Nu știu unde își petrec timpul în restul anului, dar în aceste două zile ies din umbră. De Paște, un lung șir de oameni se formează în jurul clădirii, la fiecare dintre programele bisericii noastre.

În astfel de zile, prin mesajele transmise, facem din împărtășirea Evangheliei o prioritate. Departamentul muzical pregătește un decor de Paște sau de Crăciun, însoțit de muzică specială și câteodată de una sau două mărturii ale unor persoane care au avut experiențe deosebite atunci când s-au convertit. Eu închei slujba cu mesajul Evangheliei și îi invit pe oameni să vină în față, astfel încât să pot să mă rog pentru ei. Ne rugăm împreună, aflăm unele lucruri despre ei și le cerem câteva date pentru a-i putea contacta ulterior. Sentimentul resimțit este întotdeauna împlinitor. Dar este și epuizant.

Îmi amintesc în mod deosebit o anume zi de Paște. Ajunsesem la finalul celui de-al treilea program. Îmi petrecusem cea mai mare parte a zile în picioare, așa că m-am așezat pe marginea scenei, mi-am slăbit cravata, am descheiat gulerul cămășii și am răsuflat ușurat.

Atunci l-am văzut.

La câțiva metri de mine, pe culoar, se afla un bărbat de culoare, înalt, pe care nu-l mai văzusem niciodată. Părea să aibă puțin peste 50 de ani. Stătea acolo și mă fixa cu privirea, îmbrăcat sărăcăcios și ținând în mână o șapcă murdară. Recunosc că m-am gândit atunci: „O, nemaipomenit. Slujba s-a încheiat, sunt obosit, și acum voi fi abordat pentru bani de un om al străzii." Această situație nu este neobișnuită datorită zonei în care își are sediul biserica noastră. Avem un protocol pe care îl respectăm când se întâmplă așa ceva. Nu vrem să dăm bani cuiva care îi va irosi satisfăcându-și viciile. Dar nu aveam chef să trec prin întregul protocol. Am presupus că-i voi da câțiva dolari și atât.

S-a apropiat.

Vedeam că-i lipsesc dinți, avea părul încâlcit și barba nerasă de câteva zile. Nu se putea spune când se spălase ultima oară. Era cam la un metru și jumătate distanță de mine când m-a lovit ... mirosul. Poate cel mai respingător miros pe care l-am simțit vreodată: o combinație de fecale, urină, transpirație și alcool.

— Cum te cheamă? l-am întrebat eu.

— David.

— Unde ai dormit azi-noapte?

— Într-un camion gol.

— De ce nu ești într-un adăpost?

În acest moment mă luptam din greu cu duhoarea. Era prea mult.

— Nu vreau în adăpost.

Aveam să aflu că lui David nu-i plăcea ideea de a sta într-un adăpost. Așa că s-a tot plimbat dintr-un loc în altul. Mai târziu mi-a spus că odată a stat într-un apartament abandonat, dormind pe o saltea foarte murdară uitată acolo. Când a ațipit, țigara pe care o fuma în acel moment a căzut pe saltea. Ca prin minune, fratele său a intrat în cameră chiar în momentul în care salteaua era cuprinsă de flăcări.

— De când stai pe străzi?

— De vreo doi ani.

Am aflat mai târziu că zăcuse întins în propria-i urină pe trotuar, lângă clădirea noastră. A auzit muzica, s-a ridicat și s-a oprit afară, lângă o ușă laterală, ascultând. A auzit Evanghelia. Îi era rușine să fie văzut de toți oamenii, așa că a așteptat până când slujba s-a încheiat, înainte de a intra.

M-am gândit: „Cât ar trebui să-i dau?" Am scos din portofel o bancnotă de zece dolari și am vrut să i-o întind. Dar el mi-a împins mâna înapoi.

— Nu vreau banii tăi, a spus. Îl vreau pe acel Isus despre care vorbeai. Eu o să mor pe străzi.

Și, pur și simplu, în acel moment, inima mi s-a topit. Am început să plâng ușor. Știți cine mai avea nevoie de Isus în acel moment? Eu. M-am rugat în sinea mea: „Doamne, iartă-mă. Ai trimis pe cineva pe care trebuie să-l ajut, iar eu am încercat să îl alung cu o bancnotă de zece dolari". Domnul părea să spună: „Jim, dacă ai vreun scop în lucrarea Mea, ar trebui să aibă de-a face cu acest miros. Așa miroase lumea pentru care am murit Eu".

Chiar atunci David a început să plângă încet. Își încolăci brațele în jurul meu, eu îl strângeam la piept și am început amândoi să ne legănăm ușor. Nu știu cât timp a trecut. El plângea, eu plângeam. Și vă pot spune că în acea clipă, mirosul pe care îl găsisem atât dezgustător devenise o minunată mireasmă pentru mine.

A fost începutul unei relații îndelungate între David și biserica noastră. El rămâne special pentru familia mea. L-am condus la Cristos și l-am înscris într-un program de dezintoxicare, chiar de a doua zi. Când a ieșit, i-am oferit un loc de muncă în biserica noastră. Trebuia să văd cum se descurcă și doream să fiu lângă el. S-a curățat și și-a reparat dinții. S-a dovedit că avea doar treizeci și doi de ani și era chiar chipeș.

David a petrecut Ziua Recunoștinței și Crăciunul la noi acasă în acel an. De Crăciun, mi-a oferit în dar o batistă. Doar o simplă batistă albă. Am prețuit-o. A fost cel mai frumos cadou de Crăciun pe care l-am primit în acel an.

Timpul a trecut, iar David a cunoscut o frumoasă tânără africană în biserica noastră. S-au căsătorit. Eu am oficiat cununia religioasă. De fapt, am fost la un pas să le *stric* ceremonia. În clipa în care David și cu mine am urcat pe scenă, am observat mireasa intrând, l-am privit pe el, splendid și îmbrăcat elegant, parcă desprins din paginile unei reviste de modă, și am fost copleșit. Am plâns ca un copil. M-am adunat pentru un timp. Dar când am ajuns la jurăminte și am început să spun: „De bună voie și nesilită de nimeni, îl iei pe acest bărbat ...", am fost din nou cuprins de emoții și am plâns. Se pare că slujirea Domnului cu lacrimi include și lacrimi de bucurie, nu doar de durere.

Este demn de repetat ceea ce a spus Pavel tesalonicenilor: „Căci cine este, în adevăr, nădejdea sau bucuria, sau cununa noastră de slavă? Nu sunteți voi, înaintea Domnului nostru, Isus Hristos, la venirea Lui?" (1 Tes. 2:19).

Cred că în mintea lui Pavel, unele dintre pietrele prețioase ale acelei cununi erau lacrimile vărsate pentru oamenii pe care i-a iubit atât de mult.

Capitolul 3

Prin multe dureri, batjocuri și prigoniri

Am slujit Domnului ... în mijlocul încercărilor pe care mi le ridicau uneltirile iudeilor.
Fapte 20:19

Bangladesh este o țară din sudul Asiei, care a făcut parte inițial din India. A devenit provincie pakistaneză, când India a fost împărțită în 1947 și a fost redenumită Pakistanul de Est în 1955. În 1971, această provincie a devenit națiunea independentă Bangladesh. Astăzi, aproximativ 90% din populație este musulmană, în timp ce creștinii reprezintă doar 0,5%.

Am vizitat Bangladeshul acum câțiva ani. O organizație misionară m-a invitat să mă alătur ei în călătoria în această țară pentru a instrui și a încuraja pastorii creștini locali, confruntați cu un mediu dificil și ostil într-o națiune cu majoritate musulmană. Înainte de sosirea mea, mi s-a povestit despre un pastor local ale cărui experiențe erau teribil de tulburătoare. Așteptam cu nerăbdare să-l întâlnesc, totuși, eram ușor neliniștit, având în vedere problemele cu care se confruntase recent.

La întâlnire, pastorii și ceilalți lideri ai bisericii locale urmau obiceiul de a se așeza pe podea în fața celor ce-i învățau Cuvântul lui Dumnezeu. Au fost mai mulți vorbitori, apoi a venit rândul meu. A fost o onoare să încerc să încurajez lideri care se confruntau zilnic cu misiunea descurajatoare de a-L proclama pe Isus Cristos în acest câmp de misiune.

Când timpul alocat intervenției mele s-a încheiat, a intervenit o pauză de 15 minute. Apoi, toți am fost conduși afară, spre câteva mese lungi, unde ni s-au oferit sticle cu apă. În timp ce beam apă, unul dintre colaboratorii mei mi-a șoptit că bărbatul despre care auzisem era așezat în celălalt capăt al mesei. M-am apropiat și m-am întors ușor către el, astfel încât să-l pot saluta prin intermediul traducătorului. Devenea evident că povestea pe care o auzisem era adevărată.

Acest tânăr pastor curajos predicase Evanghelia lui Cristos într-un sat din Bangladesh. Dumnezeu i-a binecuvântat eforturile, iar o femeie musulmană căsătorită L-a acceptat pe Isus ca Domn și Mântuitor. La întoarcerea acasă, în satul din apropiere, femeia i-a spus soțului ei despre decizia de a deveni creștină. Acesta a fost cuprins de furie. După ce a amenințat-o, a procurat un pistol încărcat și a plecat în căutarea pastorului care îi predicase soției sale. L-a găsit și, apropiindu-se de el în timp ce propovăduia Cuvântul, l-a împușcat de mai multe ori în față. În mod miraculos, acest pastor devotat nu a fost ucis, dar a rămas grav rănit și avea nevoie de intervenții medicale de urgență.

Când totul s-a încheiat și el s-a vindecat, acest om al lui Dumnezeu, care acum era în fața mea în tabăra din Bangladesh, s-a întors imediat în satul în care fusese împușcat, proclamând în continuare dragostea lui Dumnezeu găsită în Isus Cristos. Vorbeam de curaj! În timp ce-i priveam fața plină de cicatrici, desfigurată, îmi era greu să îmi imaginez un asemenea devotament pentru Isus. Cu toate acestea, zâmbea și era plin de bucuria Domnului.

Încercări grele

Apostolul Pavel cunoștea și el ce înseamnă să suferi pentru numele lui Cristos. Așa cum am văzut mai devreme, el a înființat biserica din Efes în timpul unei călătorii misionare și a trăit acolo timp de trei ani. A slujit ca rob al lui Cristos, cu smerenie și lacrimi. Dar povestea nu se oprește aici: Pavel spune că a făcut toate acestea în mijlocul „încercărilor" teribile cauzate de conspirațiile adversarilor săi evrei. Cu alte cuvinte, el și-a dus misiunea la îndeplinire, fiind complet conștient că lucrează în mijlocul vrăjmașilor care plănuiau să-l persecute și chiar să-l omoare.

Acum, înțeleg că noi toți cei care slujim Domnului avem luptele noastre, mici și mari. Ne confruntăm uneori cu opoziție. Nimeni nu își dorește să fie disprețuit. E dureros să fii atacat în mediul online. Dar câți dintre noi am avut de înfruntat situații în care oameni cu influență își doreau să ne vadă morți?

Pavel, desigur a avut un exemplu de urmat într-o astfel de situație: Isus a întâmpinat aceeași situație. Chiar la începutul lucrării Sale, știa că fariseii plănuiau să-L omoare. Când l-a vindecat pe omul cu mâna uscată – și pe deasupra, în ziua de Sabat – Matei ne spune că „Fariseii au ieșit afară și s-au sfătuit cum să omoare pe Isus. Dar Isus, ca Unul care știa lucrul acesta, a plecat de acolo." (Mt. 12:14–15). Observați afirmația pe care o face Matei: *Isus, ca Unul care știa lucrul acesta.* El Și-a petrecut restul vieții slujind, având convingerea deplină că dușmanii Săi Îl urau de moarte. Ce tensiune emoțională presupunea aceasta pentru bărbatul care era pe deplin Dumnezeu, dar în același timp, pe deplin om?

O comoară în vase de lut

Pavel ne învață că, departe de a fi dezirabile, prezența obstacolelor și a opoziției este parte integrantă din ceea ce înseamnă a-L urma pe Isus. Și în acele situații dificile, Dumnezeu este glorificat prin slujitorii Săi credincioși: „Comoara aceasta o purtăm în niște vase de lut, pentru ca această putere nemaipomenită să fie de la

Dumnezeu, și nu de la noi. Suntem *încolțiți* în toate chipurile, dar nu la strâmtoare; în grea cumpănă, dar nu *deznădăjduiți*; prigoniți, dar nu părăsiți; *trântiți jos*, dar nu omorâți. Purtăm întotdeauna cu noi, în trupul nostru, omorârea Domnului Isus, pentru ca și viața lui Isus să se arate în trupul nostru" (2 Cor. 4:7–10).

Cu alte cuvinte, necazurile și opoziția sunt de așteptat și arată clar lumii întregi că orice înțelepciune și putere pe care le arătăm în slujirea noastră provin de la Dumnezeu, nu de la noi.

Chiar dacă majoritatea dintre noi nu am fost nevoiți să trecem prin ceea ce a trebuit să îndure acest pastor din Bangladesh, adevărul este că există suferință pentru toți cei care Îl slujesc pe Domnul. Iar liderii, în mod special, sunt țintele lui Satan. Eu și Carol am avut parte de asta. În trecut, am vorbit despre fiica noastră cea mare, care s-a îndepărtat de Dumnezeu când avea aproximativ 18 ani și a născut un copil în afara căsătoriei. Adesea nu știam unde se afla și ce făcea. Am încercat tot ce îmi puteam imagina pentru a-i reaminti cât de mult o iubeam, dar eforturile mele păreau să înrăutățească situația. Am traversat un coșmar de doi ani și jumătate. În acest timp, Carol s-a îmbolnăvit serios, iar asta a afectat-o nu doar fizic, ci și mental și emoțional, până în punctul în care spunea uneori că nu vrea să mai trăiască.

De-a lungul tuturor acestor încercări, nervii mei erau la pământ. Cu toate acestea, trebuia să mă prezint în fața adunării în fiecare săptămână. Știam că și ei trec prin problemele lor. Nu veneau la biserică în fiecare duminică pentru a auzi despre ale mele. Desigur, existau oameni în jurul nostru care ne iubeau și aveau grijă de noi. Dar când oamenii vin la biserică, nu putem să ne concentrăm doar pe perioada grea pe care o traversăm. Ei au propriile lor încercări și vor să participe la o slujbă care îi înalță spiritual și le aduce speranță și încurajare.

Nu putem sta în fața oamenilor și să spunem: „Bună dimineața! E minunat să vă văd pe toți. Mă bucur că sunteți aici. Dar știți ce? Am avut o săptămână groaznică. Cineva mi-a lovit mașina, o țeavă s-a spart în casă și subsolul s-a inundat. Așa că nu am nimic de spus azi. Nu am avut timp să studiez sau să mă rog. Să aveți o zi bună! Sunteți liberi." Nu putem face asta. Nu ne este permis să ne mâhnim fiindcă am avut o săptămână proastă. Indiferent de provocările cu care ne confruntăm, suntem chemați să trecem prin probleme cu o atitudine de genul: „Uite, poate că am fost „numărat în picioare"*, dar Dumnezeu m-a păzit să nu fiu făcut K.O.**"

Ce mai învățăm din mărturia lui Pavel? Aflăm că putem fi cu adevărat în voia lui Dumnezeu, unși de Duhul Sfânt, și totuși înconjurați de probleme și confuzie. Unele biserici americane sunt asediate de un fals model de creștinism bazat pe „control"*** sau „victorie", care susține că dacă ai credință și ești uns, orice ușă se va deschide în fața ta, obstacolele vor dispărea și dușmanii tăi vor fugi. Ceea ce vrea să spună această ideologie este că dacă *nu* ți se deschide orice ușă, dacă obstacolele *nu* dispar, atunci sigur faci ceva greșit. Dar nu asta spune Dumnezeu. Atât exemplul Domnului Isus cât și al apostolului Pavel ne arată clar că putem fi în voia lui Dumnezeu și totuși să trecem prin încercări grele. Pavel le-a spus corintenilor că intenționează să rămână în Efes pentru o vreme: „căci mi s-a deschis aici o ușă mare și largă și sunt mulți potrivnici" (1 Cor. 16:9). Unele traduceri spun că Pavel și-a propus să își continue lucrarea „*deși* mulți mi se opun" (în versiunea New Living Translation). Pavel a acceptat pur și simplu opoziția ca parte a slujbei sale.

Și așa trebuie să facem și noi. Carol și cu mine am avut multe uși deschise de-a lungul anilor, dar știți ce? Pe oricare ușă am intrat am întâlnit adversități, probleme, lipsuri financiare, dezamăgiri – și lista continuă. Nu mă îndoiesc că și voi aveți propriile voastre liste.

---

* Expresie împrumutată din box (Knocked down), folosită atunci când un pugilist este numărat de arbitru în picioare, în urma unor lovituri dure ale adversarului, după care poate continua totuși lupta (n.ed.).

** *Ibid.* K.O. (Knocked out) – expresia se folosește atunci când boxerul este doborât, ca urmare a loviturilor adversarului, este numărat de arbitru la pământ, dar nu mai poate continua lupta (n.ed.).

*** Sau „dominare" (n.tr.).

Dar să aruncăm o privire asupra listei lui Pavel. Comparându-se cu niște auto-intitulați „super-apostoli" care aduceau tulburări în biserica din Corint, Pavel a spus:

> Sunt ei slujitori ai lui Hristos? – vorbesc ca un ieșit din minți – eu sunt și mai mult. În osteneli, și mai mult; în temnițe, și mai mult; în lovituri, fără număr; de multe ori în primejdii de moarte! De cinci ori am căpătat de la iudei patruzeci de lovituri fără una; de trei ori am fost bătut cu nuiele; o dată am fost împroșcat cu pietre; de trei ori s-a sfărâmat corabia cu mine; o noapte și o zi am fost în adâncul mării. Deseori am fost în călătorii, în primejdii pe râuri, în primejdii din partea tâlharilor, în primejdii din partea celor din neamul meu, în primejdii din partea păgânilor, în primejdii în cetăți, în primejdii în pustiu, în primejdii pe mare, în primejdii între frații mincinoși; în osteneli și necazuri, în priveghieri adesea, în foame și sete, în posturi adesea, în frig și lipsă de îmbrăcăminte! Și, pe lângă lucrurile de afară, în fiecare zi mă apasă grija pentru toate bisericile (2 Cor. 11:23–28).

Ce slujitor astăzi ar îndrăzni să recunoască astfel de experiențe negative? Am ajuns să credem că durerea sau necazul sunt semne ale unei credințe slabe sau ale unei înfrângeri. Ideea nu este că ar trebui să ne întrecem în a avea cea mai lungă listă de încercări și necazuri. Totuși, Pavel se lăuda chiar cu împrejurările pe care noi am vrea să le evităm cu orice preț: „Dacă e vorba să mă laud, mă voi lăuda numai cu lucrurile privitoare la slăbiciunea mea" (2 Cor. 11:30). Pavel știa că în slăbiciunea sa, puterea lui Dumnezeu este făcută desăvârșită.

Recâștigarea chemării

Un obstacol cu care se confruntă fiecare lider este descurajarea. Am auzit deseori: „Jim, pot să-ți spun ceva? Mă simt înfrânt. Mă găsesc în fața bisericii predicând, afișând o față zâmbitoare, dar în sufletul meu sunt descurajat, istovit, dorind să fug de toate. Nu știu ce să fac. Sunt la capătul puterilor."

Ni se întâmplă tuturor. Uneori Satan atacă și încearcă să ne doboare cu o singură lovitură. Dar, de cele mai multe ori, strategia lui este, pur și simplu, să ne țină sub presiunea problemelor financiare, pastorale sau familiale – ceas de ceas, zi de zi, săptămână de săptămână, lună de lună. Planul lui este să ne slăbească și să ne epuizeze până când, în cele din urmă, ne prăbușim. Eu numesc această stare sindromul alergării, al extenuării și al renunțării. *Alergăm întruna* să predicăm, să învățăm și să ajutăm oamenii, până când *ne extenuăm* spiritual și foarte curând ne dorim *să renunțăm* la toate.

Suntem unde trebuie. Vă amintiți povestea lui Ilie? După multe lupte spirituale, a primit vești că Izabela vrea să îl omoare. Iată ce s-a întâmplat mai departe:

> Ilie, când a văzut lucrul acesta, s-a sculat și a plecat, ca să-și scape viața. A ajuns la Beer-Șeba, care ține de Iuda, și și-a lăsat slujitorul acolo. El s-a dus în pustiu unde, după un drum de o zi, a șezut sub un ienupăr și dorea să moară, zicând: „Destul! Acum, Doamne, ia-mi sufletul, căci nu sunt mai bun decât părinții mei." S-a culcat și a adormit sub un ienupăr.
>
> Și iată, l-a atins un înger și i-a zis: „Scoală-te și mănâncă." El s-a uitat, și la căpătâiul lui era o turtă coaptă pe niște pietre încălzite și un urcior cu apă. A mâncat și a băut, apoi s-a culcat din nou.
>
> Îngerul Domnului a venit a doua oară, l-a atins și a zis: „Scoală-te și mănâncă, fiindcă drumul pe care-l ai de făcut este prea lung pentru tine." El s-a sculat, a mâncat și a băut; și, cu puterea pe care i-a dat-o mâncarea aceasta, a mers patruzeci de zile și patruzeci de nopți până la muntele lui Dumnezeu, Horeb" (1 Împ. 19:3–8).

Cum ar putea Ilie să fie un puternic profet al lui Dumnezeu și, totuși, să fugă pentru a-și salva viața atunci când era amenințat de Izabela? Era om.

Dar observați ce s-a întâmplat.

În primul rând, Dumnezeu a trimis un înger ca să-i slujească lui Ilie. Lecția pe care o învățăm aici este că, chiar și în momentele cele mai grele Dumnezeu știe ce ni se întâmplă și ne vine în ajutor.

În al doilea rând, îngerul i-a adus lui Ilie pâine și apă. Ilie a mâncat și a băut și apoi s-a culcat. Acest episod ne oferă sfaturi prețioase despre ce înseamnă a avea grijă de trupurile noastre. Hrana și odihna ne întăresc. Un slujitor al Domnului mai în vârstă mi-a spus cândva: „Jim, amintește-ți asta: uneori, voia perfectă a lui Dumnezeu pentru noi este să tragem un pui de somn." Comentatorii biblici cred, de asemenea, că hrana pe care îngerul i-a oferit-o lui Ilie poate fi considerată un simbol al hranei spirituale de care avem nevoie – retrăgându-ne, cufundându-ne în Cuvânt și bând cu sete din Duhul lui Dumnezeu.

În al treilea rând, Ilie a fost revigorat până în punctul în care a fost capabil să călătorească patruzeci de zile și patruzeci de nopți până la muntele Horeb, unde Dumnezeu i-a vorbit printr-un „susur blând" (1 Împ. 19:12), spunându-i ce avea de făcut mai departe.

Dumnezeu a făcut ceva similar atunci când Pavel a plantat o biserică în Corint. În mijlocul opoziției, care părea să-l însoțească mereu pe apostol, Domnul i-a vorbit într-o vedenie de noapte: „Nu te teme; ci vorbește și nu tăcea, căci Eu sunt cu tine; și nimeni nu va pune mâna pe tine, ca să-ți facă rău: vorbește, fiindcă am mult norod în această cetate" (Fapte 18:9–10).

În urma acestei înștiințări, Pavel a rămas în Corint încă un an și jumătate, zidind și întărind spiritual biserica de acolo. Un cuvânt personal de la Domnul l-a ajutat pe Pavel să înfrunte frica și oboseala spirituală. Nu era vorba despre o nouă doctrină sau un alt adevăr adăugat la Scriptură. A fost un cuvânt specific de la Domnul pentru slujitorul Lui credincios, doar în timpul șederii lui în Corint. În alte locuri, Pavel a fost atacat cu consecvență și a suferit mult.

Într-o manieră asemănătoare, Timotei a primit personal cuvinte de la Dumnezeu cu privire la darurile și chemarea sa, despre care Pavel i-a amintit în anii următori: „Porunca pe care ți-o dau, fiule Timotei, după prorociile făcute mai înainte despre tine, este ca, prin ele, să te lupți lupta cea bună" (1 Tim. 1:18) și „Nu fi nepăsător de darul care este în tine, care ți-a fost dat prin prorocie, cu punerea mâinilor de către ceata prezbiterilor" (1 Tim. 4:14).

Amintirea chemării și darurilor pe care Dumnezeu le-a plasat în viețile noastre la începutul slujirii noastre ne oferă deseori o sursă puternică de inspirație ca să luptăm „lupta cea bună" (1 Tim. 1:18). I-a vorbit vreodată Dumnezeu inimii tale într-un mod asemănător? A existat vreun astfel de moment în seminarul teologic, la școala biblică sau în timpul tău de părtășie cu Dumnezeu când ai simțit că El îți transmite un mesaj profetic cu privire la ce-ar dori să facă prin tine? Uneori ne irosim chemarea nu pentru că Dumnezeu S-a răzgândit, ci pentru că suntem atât de obosiți, nedumeriți și descurajați încât o pierdem din vedere. Dar să ne reamintim acum de chemarea primită și să Îl rugăm pe Dumnezeu să o restaureze în inimile noastre. Putem să ne-o regăsim, rugându-ne cu David: „Adu-Ți aminte de făgăduința dată robului Tău, în care m-ai făcut să-mi pun nădejdea!" (Ps. 119:49).

Înnoiți din zi în zi

Care este secretul? Cum a găsit apostolul Pavel putere și perseverență în mijlocul tuturor necazurilor prin care a trecut, și ce putem învăța din experiența lui? Să privim la cuvintele sale: „De aceea, noi nu cădem de oboseală. Ci, chiar dacă omul nostru de afară se trece, totuși omul nostru *dinăuntru* se înnoiește *din zi în zi*. Căci întristările noastre ușoare, de o clipă, lucrează pentru noi tot mai mult o greutate veșnică de slavă. Pentru că noi nu ne uităm la lucrurile care se văd, ci la cele ce nu se văd; căci lucrurile care se văd sunt trecătoare, pe când cele ce nu se văd sunt veșnice" (2 Cor. 4:16–18).

Secretul lui Pavel a fost reînnoirea spirituală „din zi în zi". Nu săptămână de săptămână sau lună de lună. *Zi de zi.*

De-a lungul anilor, Domnul a făcut ca acest pasaj biblic să-mi fie de un real ajutor. Trebuie să îți propui zi de zi să Îl urmezi pe

Isus. Vă aduceți aminte de mana din pustiu? Israeliții se aflau într-o situație disperată. Nu aveau hrană suficientă și își manifestau nemulțumirea înaintea lui Moise și Aaron. Domnul i-a zis lui Moise: „Iată că voi face să vă plouă pâine din ceruri. Poporul va ieși afară și va strânge, cât îi trebuie pentru fiecare zi" (Ex. 16:4).

Purtarea de grijă zi de zi a lui Dumnezeu a fost importantă. În fiecare zi, poporul trebuia să adune mană doar pentru *ziua aceea*. Moise le-a poruncit ca nimeni să nu păstreze mana până a doua zi dimineața, cu excepția celei de-a șasea zile, când puteau să adune mană pentru două zile, astfel încât să se poată odihni în ziua de Sabat (Ex. 16:19). Când unii dintre oameni au ignorat această poruncă, păstrând o porție de mană peste noapte, au descoperit dimineața că „a făcut viermi și s-a împuțit" (Ex. 16:20).

Acest principiu se transpune și în Noul Testament. Însuși Isus, atunci când îi învăța pe ucenici cum să se roage, a spus: „Pâinea noastră *cea de toate zilele* dă-ne-o nouă astăzi" (Mt. 6:11).

Azi înseamnă totul

Harul lui Dumnezeu lucrează în același fel. În fiecare zi, Dumnezeu ne dă ce avem nevoie pentru acea zi. Mana de ieri nu ne va ajuta azi. Mana de azi nu ne ne va ajuta mâine. Nu e ca o mașină, căreia îi umplem rezervorul azi și o putem conduce toată săptămâna. Trebuie să-L urmăm pe Isus azi. Chiar în acest moment. Ziua de ieri s-a dus. N-o mai putem schimba. Și s-ar putea ca ziua de mâine să nu o mai prindem. Mulți dintre noi trecem prin viață plini de amărăciune pentru ce a fost în trecut sau temători pentru ce s-ar putea întâmpla în viitor. Dar atunci când suntem concentrați pe ziua de ieri sau îngrijorați pentru ziua de mâine, cea de *azi* zboară repede, îi ratăm oportunitățile și pierdem din vedere purtarea de grijă promisă de Dumnezeu. Astăzi este singura zi pe care o avem. E singura zi în care putem împlini voia lui Dumnezeu, aducându-I slavă.

Revenind, când Îl putem auzi pe Dumnezeu, urmându-I vocea? Ieri? E prea târziu. Mâine? Nu încă. Astăzi este totul. Când israeliții urmau Cortul lui Moise prin pustiu, singurul lor itinerar era stabilit de norul după care trebuiau să se ghideze zi de zi. Când norul se deplasa, se deplasau și ei; când se oprea, la fel făceau și ei. „Tăbărau atâta vreme cât rămânea norul deasupra Cortului [...] Dacă norul se oprea de seara până dimineața și se ridica dimineața, atunci porneau și ei. Dacă norul se ridica după o zi și o noapte, atunci porneau și ei" (Num. 9:18, 21). Când putem să ne pocăim și să primim iertare? Când putem cerceta adânc în Cuvânt? Când putem schimba slăbiciunea noastră cu puterea lui Dumnezeu? Astăzi e singura zi pe care o avem la dispoziție. De aceea a spus Pavel că trebuie să ne înnoim în fiecare zi în omul dinlăuntru. Mai mult, astăzi este singura zi în care putem răspândi Evanghelia. „Iată că acum este vremea potrivită; iată că acum este ziua mântuirii" (2 Cor. 6:2).

Ce înseamnă, în mod practic, a fi înnoit în fiecare zi? Cum definim acest lucru și cum ne ocupăm de el este profund personal și probabil diferit pentru fiecare dintre noi. Mă gândesc cu plăcere la George Müller, renumitul om al credinței, directorul orfelinatului Ashley Down din Bristol, Anglia. Dumnezeu îi comunicase să nu ceară niciodată bani. Așa că, timp de zeci de ani, el a îmbrăcat sute, uneori mii de copii, fără să știe cum vor fi plătite facturile. Imaginați-vă că vă treziți dimineața știind că aveți de hrănit sute de copii flămânzi, dar aveți mâncare suficientă doar pentru micul dejun. Nimic pentru prânz sau cină. Müller a spus: „Am văzut mai clar ca niciodată că primul și cel mai important lucru de care trebuie să mă ocup în fiecare zi e să mă bucur în Domnul din tot sufletul."[1] A reușit acest lucru începând fiecare zi singur cu Domnul, cerându-I să-i vorbească prin Cuvânt și rugăciune. La fel ca Müller, și noi trebuie să ne găsim propria modalitate de a ne înnoi lăuntric în fiecare zi. Trebuie să primim puteri proaspete, petrecând timp cu Isus, fără grabă, cu inima receptivă.

Reîncărcarea zilnică

O altă problemă des întâlnită în lucrarea creștină este epuizarea: fizică, mentală sau spirituală. Mulți dintre noi simțim că funcționăm cu rezervorul gol mai tot timpul. Îmi amintesc momentul în care ne-am dat seama că era timpul ca biserica noastră să se mute din clădirea renovată a fostului teatru, în care ne întâlneam de ani de zile. Devenise neîncăpătoare pentru numărul mare de oameni, iar uneori ne vedeam nevoiți să refuzăm accesul în sală multora dintre ei. Acest lucru m-a îngrijorat și m-a determinat să consult echipa pastorală cu privire la căutarea unui spațiu mai mare cât mai curând posibil. Naiv, am crezut că în cel mult optsprezece luni vom găsi o nouă clădire și ne vom muta. M-am înșelat. Am ajuns să introducem un al patrulea program duminica pentru a putea primi mai mulți oameni. Acum aveam slujbe la ora 9:00, la 12:00, la 15:00 și la 18:00. Fiecare program dura cam două ore. Am făcut acest lucru timp de *șase ani*. Carol și cu mine eram atât de obosiți la finalul acelor zile încât, atunci când opream mașina în fața casei, ne întrebam dacă mai avem putere să urcăm scările. În fiecare zi de luni mă trezeam epuizat.

Întrebarea la care toți trebuie să răspundem este: Unde mergem *noi* să ne înnoim spiritual? Ne consumăm pentru alții. Pentru *noi* cine se consumă? Chemăm oamenii duminica la biserică pentru a le oferi hrană din Cuvântul lui Dumnezeu. Dar pe *noi* cine ne hrănește?

Pentru ca eu să fiu înnoit în fiecare zi, trebuie să primesc ceva proaspăt de la Domnul. Încep cu Biblia, lucru promordial, dar ea trebuie să prindă viață prin Duhul Sfânt și să devină personală pentru inima mea. Amintiți-vă, fariseii cunoșteau mai multe doctrine și versete din Vechiului Testament decât oricine altcineva și, cu toate acestea, ei au fost cei care au pus la cale moartea lui Isus. Cuvântul trebuie să devină hrană pentru sufletul meu și eu trebuie să-L întâlnesc pe Dumnezeu în rugăciune.

Îl rog pe Domnul să lucreze în inima mea prin Duhul Sfânt. Unde este Isus acum? La dreapta Tatălui. El va reveni, dar înainte de a pleca, a promis că ne va trimite Duhul Sfânt. Și Însuși Duhul a venit să ne reînnoiască inimile prin Cuvânt în fiecare zi. Observați că reînnoirea este o experiență interioară. Starea duhului nostru lăuntric înseamnă totul. Putem să facem mișcare regulat și să mâncăm sănătos; chiar dacă acestea sunt obiceiuri bune, nu vin în ajutorul ființei noastre interioare, cea care determină puterea și vitalitatea spirituală.

Obișnuiesc să țin un fel de serviciu divin (o slujbă religioasă, n.ed.) doar pentru mine. Mă retrag undeva unde pot fi singur. Ascult muzică creștină. Chiar cânt și eu odată cu ea. Citesc și meditez la Scriptură. (Fac totul, mai puțin colecta.) Deseori citesc o predică sau două din playlistul meu – am nevoie să mă hrănesc din Cuvânt așa cum are nevoie și biserica în fiecare duminică. Și petrec timp în rugăciune. Când am terminat, mă regăsesc reînnoit spiritual.

Trăirea în viitor, trăirea în lumea invizibilă

Aici, pe planeta Pământ, trăim în sfera naturală, fizică: universul pe care cele cinci simțuri ale noastre îl pot percepe. Și adesea ne simțim copleșiți. Până să terminăm de servit micul dejun, e posibil să fi fost deja asaltați de vești rele, bârfe, anxietate, probleme de tot felul. Obstacolele și opoziția cu care ne confruntăm în lucrarea creștină doar amplifică problema. Cum depășim toate acestea?

Reînnoirea spirituală zilnică are întru totul de-a face cu revigorarea credinței noastre. Autorul Epistolei către evrei a scris: „Și credința este o încredere neclintită în lucrurile nădăjduite, o puternică încredințare despre lucrurile care nu se văd" (Evr. 11:1). Credința este abilitatea sufletului de a percepe lucruri pe care simțurile nu le pot distinge. Atunci când inima și mintea noastră sunt reînnoite, când credința noastră este însuflețită, Dumnezeu ne ridică din lumea pur fizică și ne înalță în sfera spirituală, acolo unde dorește să trăim.

Din acest verset, învățăm cum credința ne permite să trecem dincolo de lumea fizică în două moduri. În primul rând, credința ne înalță în domeniul viitorului: „încrederea în ceea ce nădăjduim." Nădejdea ne vorbește întotdeauna despre viitor. De exemplu, încrederea pe care o au creștinii că Isus Se va întoarce într-o zi este numită *speranța* binecuvântată a Bisericii. Când suntem plini de credință, suntem puternic influențați și încrezători în *tot* ce spune Dumnezeu despre viitor – sfârșitul lumii, destinul sufletului nostru, cerul și răsplătirile care îl așteaptă pe credincios. Și această încredere influențează apoi modul în care trăim acum și aici.

Prin credință, Avraam și-a părăsit casa și singura cultură pe care o cunoștea și a călătorit la porunca lui Dumnezeu, chiar „fără să știe unde se duce" (Evr. 11:8). Cum poate lăsa cineva totul în urmă, fără a avea planuri sigure, fără un GPS pentru orientare și nicio garanție, în afară de chemarea lui Dumnezeu? Ajuns în țara promisă, „a locuit în corturi" (Evr. 11:9), lucru care i-a indicat lui Avraam că avea să fie toată viața străin în orice țară pământească. De ce? Pentru că exact credința lui îl determinase să privească în viitor cu speranța solidă că exista o cetate ce-l aștepta „care are temelii tari, al cărei meșter și ziditor este Dumnezeu" (Evr. 11:10). Acest gen de credință, care riscă totul, este inspirația din spatele eforturilor și sacrificiilor extraordinare făcute de slujitorii lui Dumnezeu de-a lungul istoriei Bisericii. O, Dumnezeule, mărește-ne credința!

În al doilea rând, credința ne conduce pe tărâmul lumii invizibile: „o puternică încredințare despre lucrurile care nu se văd." Simțurile fizice nu pot percepe existența sufletului, persoana Duhului Sfânt sau chemarea lui Dumnezeu în viața noastră. Dar credința poate face ca aceste lucruri să fie mai reale pentru noi chiar decât scaunul pe care stăm. Asta înseamnă a trăi prin credință – sufletul percepe mai concret viitorul și lumea nevăzută decât lumea fizică înconjurătoare. Acest gen de credință veritabilă aduce bucurie inimii lui Dumnezeu. „Și, fără credință, este cu neputință să fim plăcuți Lui! Căci cine se apropie de Dumnezeu trebuie să creadă că El este și că răsplătește pe cei ce-L caută" (Evr. 11:6).

Când Isus era pe pământ, trăia în realitatea lucrurilor viitoare și în domeniul nevăzutului. Așa a reușit să depășească și încercările și necazurile vieții Sale pământești. Tot așa a înfruntat și Pavel opoziția acerbă cu care s-a confruntat. Amintiți-vă cum sublinia el că a trăit „prin credință, nu prin vedere" (2 Cor. 5:7). O viață trăită zilnic sub autoritatea promisiunilor lui Dumnezeu pentru viitor și a prezenței invizibile a Domnului în jurul său l-a susținut pe Pavel. Dacă Dumnezeu a putut să facă asta pentru Pavel, nu credeți că poate să ne ajute și pe noi să depășim „întristările noastre ușoare, de o clipă" (2 Cor. 4:17) prin care trecem ca lideri?

Trebuie să ne confruntăm cu situațiile noastre cu sinceritate, cu ajutorul lui Dumnezeu. Prea mulți lideri de biserică se plâng de starea de epuizare [burnout], iar noi acceptăm această realitate fără să răscolim puțin mai adânc. Apostolul Pavel a lucrat mai mult decât oricare dintre noi și deseori a înfruntat moartea. Bătut până la un pas de moarte, naufragiat și aflat mereu în mișcare. Lipsa de îmbrăcăminte, foamea și setea nu i-au fost deloc străine în zecile de ani în care L-a slujit pe Stăpânul lui. Cu toate acestea, nu s-a plâns niciodată și nici nu a dat semne de epuizare!

Nu vreau să minimalizez provocările și dificultățile prin care treceți acum, în timp ce vă îndepliniți chemarea. Dar am putea să ne gândim cu smerenie la posibilitatea ca Pavel să fi trăit din resurse spirituale aflate în Cristos, pe care noi încă trebuie să le descoperim? Nu cumva există o putere în Cuvântul lui Dumnezeu și în Duhul Sfânt încă neexploatate de majoritatea dintre noi? Voia lui Dumnezeu nu este ca noi să ne epuizăm, ci să ardem de pasiune *pentru* slava Lui. „Sunt încredințat că Acela care a început în voi această bună lucrare o va isprăvi până în ziua lui Isus Hristos" (Flp. 1:6).

Capitolul 4

Nu mi-e rușine de Evanghelie

Și să vestesc iudeilor și grecilor pocăința față de Dumnezeu și credința în Domnul nostru Isus Hristos.
Fapte 20:21

Penitenciarul din Louisiana – cunoscut sub numele de „Angola" – reprezintă cea mai mare închisoare de maximă securitate din Statele Unite. Numele ei derivă de la o veche plantație de sclavi care a funcționat în acel loc. Plantația, la rândul ei, și-a luat numele de la națiunea africană Angola, țara de origine a celor mai mulți sclavi aduși în Louisiana în secolul al XIX-lea. Închisoarea se întinde pe aproape 73 km^2 – mai mare decât Insula Manhattan – și adăpostește aproximativ 6300 de deținuți. Aproximativ 97% dintre aceștia execută pedepse pe viață.[1] De-a lungul timpului, Angola a devenit de notorietate din cauza brutalității, a revoltelor, a evadărilor și crimelor. Timp de mulți ani a fost cunoscută drept „cea mai sângeroasă închisoare din America". Angola poate părea un loc improbabil pentru ca Evanghelia să ia amploare. Și totuși s-a întâmplat.

În 1995, un bărbat pe nume Burl Cain s-a angajat gardian la Angola. La trei luni după sosirea lui, a condus prima sa execuție. Înainte de aceasta, Burl a stat de vorbă cu bărbatul condamnat. Acesta a blestemat Angola, a blestemat Louisiana, i-a înjurat pe mama sa, pe tatăl lui și pe Dumnezeu, a blestemat și ziua în care s-a născut – practic a intrat în veșnicie înjurând și blestemând. Mama lui Burl, care îl crescuse pentru o viață de creștin, i-a spus: „Fiule, Dumnezeu te-a pus acolo cu un motiv. Ar fi bine să faci ceva." Și a făcut. A supravegheat construcția unor capele mici în curțile și campusurile care alcătuiesc acest complex. Binecunoscuta carte *Experiencing God* [Experiențe cu Dumnezeu] de Henry Blackaby și cartea mea (evident, mult mai puțin cunoscută), *Vânt proaspăt, foc proaspăt,* au circulat printre deținuți. Încet-încet, aceștia L-au primit pe Hristos, iar participarea la capelă a crescut. Au fost construite biserici mai mari, reprezentând diverse tradiții creștine. În anii '90, Angola a intrat în parteneriat cu Seminarul Teologic Baptist din New Orleans pentru a oferi deținuților posibilitatea de a obține diplome în lucrarea creștină.

În 2008, eu și Carol am fost invitați să vizităm Angola. Am fost rugați să aducem cântăreți de la Brooklyn Tabernacle pentru a susține un concert pe arena de 10 000 de locuri care găzduiește spectacolul anual de rodeo al acestei închisori. Carol avea de mult timp pe inimă să-i implice pe muzicienii noștri în lucrarea din penitenciare, așa că am acceptat invitația pe loc. Într-o sâmbătă caniculară din august, câteva mii de deținuți, care au fost nevoiți să obțină un acord special de participare, și-au ocupat locurile pe stadion. Cântăreții au susținut un concert, iar eu am împărtășit Evanghelia. A fost o zi specială de slujire. Partea cea mai bună a evenimentului a fost cea în care am cunoscut mai mulți deținuți care deveniseră creștini în penitenciarul Angola. Poveștile lor erau incredibile.

Unul dintre deținuți, pe nume Greg, îl venerase anterior pe Satan în celula în care era închis. Situația disperată în care se găsea devenise atât de copleșitoare pentru el încât a decis să confecționeze o frânghie și să se spânzure. Dar apoi i-a venit o idee și mai sumbră. Avea să facă rost de niște plăci de fier din atelierul de prelucrări metalice și să facă din ele o secure. Planul lui, spunea el, era să traverseze penitenciarul dintr-o parte în alta și „să facă măcel" printre toți cei ce îi ieșeau în cale „până când ar fi fost împușcat în cap." Înainte de a-și pune în aplicare planul îngrozitor, în mod providențial, Greg a primit aprobare să meargă la o capelă din Angola. Întâmplarea a făcut ca un capelan să fie acolo în acel moment. Îl las pe Greg să continue povestea: „Douăzeci de minute mai târziu, eram cu fața la pământ și mi-am predat viața Domnului. După o săptămână, m-am botezat și nu m-am mai uitat înapoi." Încă are numărul 666 tatuat pe piept. Îl poartă, spune el, „ca pe o mărturie a persoanei care nu mai sunt."[2]

Am auzit cu toții despre câte o „convertire în penitenciar", în care un deținut care nu este sincer începe să „își susțină discursul" în speranța că va convinge comisia de eliberare condiționată să îl elibereze anticipat. Convertirile pe care le-am văzut în Angola nu sunt așa. Foarte puțini deținuți sunt eliberați din acest penitenciar. Sentința medie acolo este de peste 90 de ani[3]. Nu au niciun motiv să creadă că „religia" le va schimba situația ca prin magie. Am condus la Cristos un bărbat care a stat în aceeași celulă 23 de ore pe zi pentru mai bine de 25 de ani. De atunci a fost lăsat printre ceilalți deținuți, dar, mai important decât orice, el a devenit o făptură nouă în Isus Cristos.

Când vizitezi un loc precum Angola, anumite realități spirituale fundamentale capătă o claritate cutremurătoare: viață, moarte, cer, iad, Satan, Isus, păcat, pocăință, mântuire. Puține sunt subtilitățile. Ori Îl primești pe Cristos ca Mântuitor, ori petreci veșnicia fără El. Un singur lucru și numai unul schimbă totul: să primești Evanghelia lui Isus Cristos.

Mergând mai departe în mesajul lui Pavel pentru liderii bisericii din Efes, îl vedem reamintindu-le aceste realități spirituale fundamentale: „și să vestesc iudeilor și grecilor pocăința față de Dumnezeu și credința în Domnul nostru Isus Hristos" (Fapte 20:21). Remarcați „urgența" din misiunea lui Pavel.* Pentru el nu exista nicio întrebare, niciun dubiu, nicio alternativă.

* Textul biblic (Fapte 20:21) în limba engleză: „I have declared to both Jews and Greeks that they must turn to God in repentance and have faith in our

Este demn de menționat și faptul că Pavel le-a spus atât „iudeilor, cât și grecilor" – adică *tuturor*, indiferent de rasă, etnie sau statut social – că trebuie să se întoarcă la Dumnezeu. Așadar, mesajul libertății în Cristos nu este destinat doar vreunui deținut care nu are nicio speranță că va mai umbla vreodată liber. Unii oameni pot părea liberi, dar ei sunt într-o temniță pe care singuri și-au făurit-o. Alternativele dure ale libertății versus închisoare, atât de evidente în Angola, nu sunt cu nimic diferite pentru oamenii pe care îi întâlnim în fiecare zi. Cu excepția cazurilor în care, de cele mai multe ori, sunt orbiți de idolii plăcerilor și ai materialismului. Trebuie să fim credincioși lui Cristos și să prezentăm Evanghelia pentru ca toți să cunoască libertatea pe care Isus o oferă.

Câte o persoană pe rând

Este un semn descurajator al Bisericii de azi faptul că avem nevoie să ni se amintească aceste realități simple. Fiecare persoană cu care ne intersectăm are un destin etern. Iar Evanghelia lui Cristos este singura cale spre mântuire. Dar liderii creștini și bisericile cunosc bine aceste lucruri? Ce să credem atunci când sondajele realizate de Barna Group raportează că mai mult de jumătate (51%) dintre cei care merg la biserică nu au auzit niciodată de Marea Trimitere „Duceți-vă în toată lumea și propovăduiți Evanghelia la orice făptură" (Mc. 16:15)? Doar 17% dintre cei ce merg la biserică sunt familiarizați cu acest pasaj, iar alți 25% spun că au auzit despre el, dar nu știu ce înseamnă[4].

Deseori ne frământăm cu privire la cultura modernă, umanismul secular și cine este la Casa Albă. De parcă Biserica creștină ar fi neputincioasă. Dar greșim flagrant cu această mentalitate. Biserica primară s-a confruntat cu o cultură la fel de ostilă față de Dumnezeu ca oricare dintre cele cu care ne confruntăm astăzi, și

Lord Jesus." Termenul „must" (trebuie) indică „urgența" misiunii lui Pavel. În engleză autorul scrie: „Remarcați termenul *must*" (n.ed.).

totuși numărul ucenicilor s-a înmulțit. Cum? Simplu, credincioșii, au împărtășit Evanghelia lui Isus Cristos.

În Faptele apostolilor 6 și 7, citim povestea lui Ștefan, primul martir al Bisericii. Un bărbat „plin de har și de putere" (Fapte 6:8), a fost acuzat pe nedrept de blasfemie. După un simulacru de proces, în care Ștefan, în apărarea lui, a oferit o privire de ansamblu asupra istoriei Israelului până la „venirea Celui neprihănit [Isus]" (Fapte 7:52), a fost ucis cu pietre. „În ziua aceea, s-a pornit o mare prigonire împotriva bisericii din Ierusalim. Și toți, afară de apostoli, s-au împrăștiat prin părțile Iudeii și ale Samariei. [...] Cei ce se împrăștiaseră mergeau din loc în loc și propovăduiau Cuvântul" (Fapte 8:1, 4).

Observați că toți s-au împrăștiat, mai puțin apostolii. Dar oriîncotro au mers credincioșii, ei au împărtășit Evanghelia. Și așa s-a înmulțit Biserica. Nu doar lucrarea apostolilor a dus la creșterea ei. Toți cei risipiți au devenit evangheliști.

Gândiți-vă ce ar însemna pentru Biserica de azi ca fiecare membru să proclame cu consecvență vestea bună a lui Isus. Dacă o treime dintre oameni ar aduce doar un singur suflet la biserică în cinci luni și o altă treime ar aduce un suflet în următoarele cinci luni și așa mai departe, toate bisericile ar avea nevoie în curând de o nouă clădire!

Priviți holdele

Când Isus i-a chemat prima oară pe apostoli, El le-a spus: „Veniți după Mine, și vă voi face pescari de oameni" (Mt. 4:19). Aceasta a fost misiunea principală a ucenicilor: să salveze suflete.

Este și misiunea noastră principală.

V-ați întrebat vreodată: „De ce suntem încă aici?" Domnul ne-a mântuit. Într-o zi vom merge în ceruri. De ce nu suntem deja acolo? Dacă Isus vrea să ne ia acasă, de ce nu o face acum? De ce ne lasă aici, nevoiți să luptăm cu păcatul, ispita și necazul?

Principalul motiv pentru care încă suntem aici este acela de „a pescui" bărbați și femei. Acesta este scopul lui Dumnezeu pentru creștini aici, pe pământ. În ceruri, ne vom închina în continuare (deși când Îl vom vedea pe Domnul față în față va fi o experiență ce o va depăși cu mult pe cea de aici). Dar nu va mai fi niciun suflet de câștigat, pentru că fiecare suflet în cer este acolo datorită credinței în Cristos. „Pescuirea sufletelor" este lucrul pe care trebuie să-l facem *acum*. Dar cât timp, efort și rugăciune dedică bisericile noastre acestui scop? Cât de des predicăm Vestea Bună? Cât de eficient ne instruim oamenii ca să o împărtășească?

Este foarte important să vedem lumea așa cum o vede Domnul. Trei pasaje care se repetă, cu mici diferențe, în relatările din evanghelii, ne oferă câteva înțelesuri. Repetarea acestei învățături are rolul de a sublinia importanța ei vitală. Haideți să ne uităm în toate aceste pasaje.

Matei Îl descrie pe Isus mergând în toate cetățile și satele, învățând și predicând, vindecând oameni, scoțând demoni, înviind o fetiță din morți și redând vederea unui orb. Era înconjurat de oameni care îl împingeau din toate părțile încercând să-I atragă atenția. „Când a văzut gloatele, I s-a făcut milă de ele, pentru că erau necăjite și risipite ca niște oi care n-au păstor. Atunci a zis ucenicilor Săi: «Mare este secerișul, dar puțini sunt lucrătorii! Rugați, dar, pe Domnul secerișului să scoată lucrători la secerișul Lui»" (Mt. 9:36–38).

Isus a văzut că oamenii erau „necăjiți și risipiți". O altă traducere spune că i-a văzut „sfâșiați" (Rotherham); o alta, „sfârtecați" (Berkeley). Fuseseră doborâți de viață și de propriile lor păcate. Nu știau la cine să se întoarcă pentru ajutor și eliberare. Dar lui Isus i-a fost milă de ei. Secerișul era bogat, dar „puțini sunt lucrătorii", a spus el. Observați ce nu a spus El. Nu a spus „Închinătorii sunt puțini." Nu a spus: „Puțini sunt cei ce merg la biserică." El a spus: „puțini sunt lucrătorii." Asta lipsea. Nu erau suficienți lucrători care să ducă la îndeplinire această grea sarcină care apăsa pe inima lui Isus. În mod straniu, chiar dacă este atotputernic, Domnul declară nevoia Sa de lucrători pentru a culege recolta. Dacă nu ar fi fost adevărat, de ce ar fi subliniat lipsa lor?

Evanghelia după Luca prezintă același mesaj dintr-o perspectivă diferită.

„După aceea Domnul a mai rânduit alți șaptezeci de ucenici și i-a trimis doi câte doi înaintea Lui, în toate cetățile și în toate locurile pe unde avea să treacă El. Și le-a zis: «Mare este secerișul, dar puțini sunt lucrătorii! Rugați, dar, pe Domnul secerișului să scoată lucrători la secerișul Său»" (Luca 10:1–2). Isus a rostit aceste cuvinte către un grup de ucenici care mergeau „înaintea Lui" pentru a pregăti calea pentru vizita Sa. Când vedem pe cineva venind la Cristos – o viață transformată prin har – știm că undeva, cumva, un „lucrător" i-a împărtășit Evanghelia cu dragoste și rugăciune, într-un asemenea mod încât acea persoană și-a pus încrederea în Isus. Conform spuselor lui Cristos Însuși, este nevoie de astfel de lucrători pentru lărgirea Împărăției Sale.

Ambele relatări din Matei și Luca ne arată că Isus le-a spus urmașilor Săi să Îl *roage* pe Domnul să trimită lucrători. Poate ne întrebăm de ce trebuie să funcționeze în acest fel. Nu ar putea Dumnezeu să ridice lucrători și să-i trimită chiar El? De ce are nevoie ca noi să-I cerem să facă asta? În parte, motivul este că Domnul a ales să colaboreze cu noi în făurirea Bisericii Sale. Doar în Cristos este iertare de păcate și mântuire, totuși Dumnezeu împuternicește credincioși simpli să transmită mesajul – nu îngeri sau o voce din cer. Observați că Isus nu a spus să pregătim mai întâi lucrători; ci, i-a îndemnat să se roage ca Domnul să-i ridice și să-i trimită. În cele din urmă, numai Dumnezeu poate echipa și împuternici lucrătorii de care e nevoie pentru a zidi Împărăția. Instruirea biblică formală poate fi utilă, totuși, primii ucenici nu au urmat cursurile vreunui seminar teologic. Dar, Duhul Sfânt i-a folosit cu mare putere pe câmpurile pregătite pentru recoltă. Istoria Bisericii a demonstrat că nu teologii învățați, ci credincioșii simpli trudesc cel mai mult la secerișul lui Isus.

Felul în care Ioan a redat acest pasaj scoate în evidență încă un aspect al secerișului: „Nu ziceți voi că mai sunt patru luni până la seceriș? Iată, Eu vă spun: ridicați-vă ochii și priviți holdele care sunt albe acum, gata pentru seceriș" (Ioan 4:35).

Agricultura are perioade și anotimpuri diferite pentru diverse lucrări: plantarea este primăvara, îngrijirea, vara, secerișul, toamna. Dar aici, Isus spune: „Iată! Secerișul este gata *acum*. Lucrați azi. Mâine va fi prea târziu pentru mulțimile necăjite și risipite." Întrebarea Lui pentru ucenicii Săi de atunci și pentru noi, cei de astăzi, este aceasta: Ce mai așteptați?

Predicarea în vederea convertirii

Ați observat că Pavel a predicat întotdeauna în vederea convertirii? Nu a fost exemplul de *„pastor as life coach"*, un soi de „pastor terapeut". Nu a căutat să-i ajute pe oameni să își primenească CV-urile pentru a obține joburi mai bune sau să le țină discursuri optimiste pentru îmbunătățirea imaginii proprii. Desigur, este bine să ajuți oamenii să își amelioreze condițiile de trai. Dar Pavel era preocupat de asta în primul rând. El trăia pentru a face convertiți. Orice altceva era pe planul doi. Amintiți-vă: când a venit prima oară în Efes, nimeni nu știa cine este. Nu știau cine este Isus. Nu fusese nicio echipă acolo înaintea lui. Efesenii nu aveau părinți sau bunici creștini de a căror moștenire spirituală să-și amintească. Pavel era pe cont propriu, predicând un mesaj pe care oamenii nu îl mai ascultaseră până atunci, cu privire la un Mântuitor despre care nu mai auziseră și o mântuire la care nu s-ar fi gândit niciodată.

Pavel era „hotărât" să converteească oamenii. Dar era inima lui Cristos cea care îl conducea. Am studiat istoria Bisericii suficient de mult încât să aflu că toți marii câștigători de suflete au fost la fel. Regretatul meu prieten Dave Wilkerson, cel care a înființat Teen Challenge, a observat la un moment dat că Dumnezeu nu lucrează printr-un bărbat sau o femeie până când aceștia nu „o iau puțin razna" – cu alte cuvinte, radicali – cu privire la atragerea oamenilor la Cristos. Nimeni nu ne poate inocula o astfel de pasiune. Doar Dumnezeu poate. Trebuie să se întâmple ceva divin în noi, care să stârnească în inimă o nemulțumire atunci când nu vedem oamenii venind la Cristos. Altfel, ajungem să ne complacem și să acceptăm că „asta e", în loc să vedem „ce ar putea fi" prin Dumnezeu. Slujirea noastră nu este doar un serviciu. E o chemare sfântă. Nu predicăm și nu ținem slujbe ca să ne luăm salariul. Avem de-a face cu viața veșnică și cu judecata eternă. Pavel a predicat pentru a face convertiți. La fel trebuie să facem și noi.

Să învățăm din predicile din Faptele apostolilor

Permiteți-mi să vă recomand un exercițiu pe care eu l-am practicat de multe ori și pe care îl găsesc deosebit de benefic. Parcurgeți cartea Faptele apostolilor și citiți fiecare predică consemnată acolo. Și nu doar citiți predicile, analizați-le! Identificați cu mare băgare de seamă structura propozițiilor. Care este subiectul? Care este verbul? Care este tema? Petru a predicat în Ziua Cincizecimii și, drept urmare, trei mii de oameni au fost mântuiți (Fapte 2:14–41). Am putea, eventual, învăța ceva din acea predică? De exemplu, la sfârșitul acesteia, el spune: „Pocăiți-vă, [...] și fiecare din voi să fie botezat în Numele lui Isus Hristos, spre iertarea păcatelor voastre; apoi veți primi darul Sfântului Duh" (Fapte 2:38). Nu puteți reda mai bine Vestea Bună într-o formă mai concisă ca aceasta. Puțin mai târziu, Petru a predicat din nou după ce a vindecat un olog: „Ați omorât pe Domnul vieții, pe care Dumnezeu L-a înviat din morți [...] Pocăiți-vă, dar, și întoarceți-vă la Dumnezeu" (Fapte 3:15, 19). Observați stilul îndrăzneț și direct al apelului său în timp ce împărtășește mesajul crucii. Mesajele și lucrarea noastră arată astfel?

Cartea Faptele apostolilor prezintă aceste mesaje ale Evangheliei din care Dumnezeu a vrut să studiem și să învățăm. Ce lucruri spuneau ei pe care noi nu le spunem astăzi? Care sunt lucrurile pe care *nu* le spuneau ei, dar pe care noi tindem să ne concentrăm? Pavel a scris despre multe subiecte spirituale importante în scrisorile lui către bisericile creștine, dar acestea nu făceau parte din mesajul lui către necredincioși. Nu cumva noi punem accent pe doctrine secundare care nu s-au regăsit în mesajul de mântuire al lui Pavel? Sau, mai rău, nu cumva adăugăm chestiuni total străine, care distrag atenția de la mesajul evanghelic pe care el l-a propovăduit? Observați, de exemplu, că Pavel nu a inclus niciodată un element de genul „Alăturați-vă bisericii noastre." Nici nu a promovat o anumită confesiune religioasă. Trebuie să avem întotdeauna în minte avertismentul extraordinar pe care Pavel l-a făcut cu privire la predicarea „altei evanghelii": „Dar, chiar dacă noi înșine sau un înger din cer ar veni să vă propovăduiască o Evanghelie deosebită de aceea pe care v-am propovăduit-o noi, să fie anatema! Cum am mai spus, o spun și acum: dacă vă propovăduiește cineva o Evanghelie deosebită de aceea pe care ați primit-o, să fie anatema!" (Gal. 1:8–9).

Cristos ne-a împuternicit pe toți să proclamăm Evanghelia. Nu este o opțiune; este o poruncă. Dar trebuie să ne asigurăm că este Evanghelia pe care o găsim în Scriptură, nu una la care am adăugat sau din care am scos ceva.

Observați, vă rog, că Pavel a predicat aceeași Evanghelie tuturor – evrei sau neevrei, în egală măsură. Toți au auzit aceeași veste bună a mântuirii prin Isus Cristos. Fiecare evreu și fiecare neevreu putea primi mântuirea doar prin credința în Cristos. Și acum e aceeași Evanghelie unică. Nu există o Evanghelie pentru negri sau o Evanghelie pentru albi. Nu există o Evanghelie pentru mileniali și una pentru vârstnici. Există doar Evanghelia lui Isus Cristos. Timpul se schimbă și culturile pot diferi, dar mesajul rămâne același.

În fiecare predică pe care o rostim, în fiecare învățătură pe care o dăm, trebuie în cele din urmă să ajungem la Isus, pentru că doar El este Mântuitorul lumii și chipul Dumnezeului invizibil. Doar în Cristos găsim viață și mântuire. Desigur, predicăm și din Vechiul Testament. Putem predica despre Moise sau Ilie, din Psalmi sau din cărțile istorice. Sunt lecții bune acolo. Dar trebuie cumva să ne întoarcem la Isus și la cruce, altfel predica va fi lipsită de putere. Amintiți-vă, Dumnezeu a făcut un legământ *nou*, nemăsurat mai bun decât *cel vechi*:

> În adevăr, dacă legământul dintâi ar fi fost fără cusur, n-ar mai fi fost vorba să fie înlocuit cu un al doilea. Căci, ca o mustrare a zis Dumnezeu lui Israel:

„Iată, vin zile, zice Domnul, când voi face cu casa lui Israel și cu casa lui Iuda un legământ nou; nu ca legământul pe care l-am făcut cu părinții lor, în ziua când i-am apucat de mână, ca să-i scot din țara Egiptului.

Pentru că n-au rămas în legământul Meu, și nici Mie nu Mi-a păsat de ei, zice Domnul" (Evr. 8:7–9).

Observați că noul legământ centrat pe Isus Cristos „nu va fi ca legământul" făcut cu Moise. Trebuie să avem întodeauna acest lucru în minte si să folosim vechiul legământ doar ca prefigurare și precursor al celui nou, acolo unde se aplică. Pavel confirmă acest lucru în timp ce rezumă mesajul său: „Pe *El* Îl propovăduim noi, și sfătuim pe orice om, și învățăm pe orice om în toată înțelepciunea, ca să înfățișăm pe orice om desăvârșit *în Hristos Isus*" (Col. 1:28). Viața lui Iosua nu poate mântui pe nimeni. Demonii nu fug când strigăm: „Ilie", nici măcar când spunem „Dumnezeu" sau „Creatorul" sau „Cel Sfânt". Dar cu siguranță tremură atunci când invocăm numele lui Isus! Nu îmi imaginez că Petru sau Pavel au predicat vreodată un mesaj care să nu fie în cele din urmă – dacă nu în întregime – despre Isus și noul legământul al lui Dumnezeu.

Nu adăugați nimic, nu scoateți nimic

Lipsa predicării Evangheliei a adus mari prejudicii. Trebuie să vestim Evanghelia, întreaga Evanghelie și nimic altceva decât Evanghelia. Nu putem adăuga nimic și nu putem scoate nimic. Dacă o facem, nu mai este Evanghelie.

Să folosim o analogie din viața de zi cu zi. Soția mea Carol prepară un sos de spaghete nemaipomenit. A respectat aceeași rețetă ani de-a rândul. Dacă ar omite usturoiul, sosul nu ar mai avea același gust. La fel și cu busuiocul proaspăt. Și dacă cineva s-ar strecura în bucătărie și ar adăuga niște scorțișoară, sosul n-ar mai avea același gust. Poate că ar fi mai dulce, dar nu ar mai fi sosul „ei". La fel este și cu Evanghelia. Dumnezeu ne-a dăruit-o în forma sa completă și perfectă. Nu are nevoie de contribuții creative de la mine sau de la tine.

Când vine vorba despre Evanghelie, îmi amintesc ce-mi spunea un prieten cândva: „Dacă este adevărată, nu e nouă. Dacă este nouă, nu e adevărată." Dacă adăugăm sau scoatem ceva, nu mai este aceeași Evanghelie. Dacă o ajustăm puțin pentru a o face mai acceptabilă în cultura seculară, nu mai este aceeași Evanghelie. Ați putea spune: „Dar toată lumea face asta!" Ce contează? Vrem să urmăm niște mofturi trecătoare sau să-I rămânem credincioși lui Cristos? Unii spun: „Dar este o nouă zi!" *Fiecare* zi este o nouă zi. Dar fiecare zi rămâne *tot* „o zi a mântuirii" (2 Cor. 6:2), iar mântuirea vine numai prin Evanghelia lui Cristos. Spun așa-zișii experți că Dumnezeu nu mai poate face astăzi ce a făcut în trecut? Acesta este cancerul care roade vitalitatea bisericilor creștine: necredința în puterea lui Cristos pentru astăzi.

Se înțelege de la sine că nu îndrăznim să predicăm o Evanghelie falsă. Cu toate acestea, realitatea tragică este că mulți lideri de azi transmit mesaje care, deși nu neagă în mod direct Evanghelia, adaugă, scot ori o modifică, iar acel lucru o slăbește sau chiar o distorsionează. Dacă nu predicăm Evanghelia completă, nealterată, nu vom vedea convertiți. Evanghelia singură, fără niciun ajutor din partea noastră, „este puterea lui Dumnezeu pentru mântuirea fiecăruia care crede crede" (Rom. 1:16).

Mulți își bat joc de simplitatea necizelată a Evangheliei sau de natura sa directă. Alții o ironizează considerând că transmite emoție superficială. Dar uitați-vă în jur la starea lumii și la condiția Bisericii și explicați-mi care sunt progresele pe care le-am înregistrat prin îndepărtarea de Evanghelie. Adevărul este că nu vedem prea multe vieți transformate. Credeți că modernismul va atrage oamenii în bisericile noastre? Foarte posibil. Am putea umple o clădire. Tristul fapt este însă că mulți au umplut clădirile cu oameni care nu sunt creștini în sensul indicat de Noul Testament. Vedem rezultatele abaterilor noastre de la Evanghelie nu numai în cultura din ce în ce mai păgână, ci și în starea spirituală tristă a bisericii contemporane.

Câmpul de misiune de duminica dimineața

Am vorbit cândva într-un grup despre dorința lui Dumnezeu de a câștiga suflete. Un bărbat din primul rând a izbucnit: „Da, dar dacă jumătate din biserica ta nu e mântuită?" Este o întrebare la care am prefera să nu ne gândim, dar trebuie să înfruntăm realitatea. Dacă oamenii vin la biserică doar o dată sau de două ori pe lună, vor numai întâlniri scurte, nu au chef de rugăciune și nu sunt interesați de lucruri spirituale, ceva nu e în regulă. Dacă oamenii știu cum să mânuiască mai bine telefonul decât Noul Testament, și totuși spun că vor să-și petreacă veșnicia în cer, trebuie să ne oprim și să ne întrebăm: „Ce rezultate au produs predicarea și lucrarea mea? Sunt acești oameni creștini autentici?" Nu vor fi niciodată, dacă nu le prezentăm mesajul lui Cristos, care a spus: „Trebuie să vă nașteți din nou" (Ioan 3:7). A aștepta maturizare spirituală de la oameni care n-au experimentat nașterea din nou este o pierdere de vreme. A le predica despre principiile și moralitatea găsite în Biblie nu ar face decât să li se împietrească inima, ba chiar să se autoconsidere neprihăniți.

Scopul Evangheliei este să convertească oamenii la Cristos, nu să-i facă să spună: „Voi încerca să trăiesc o viață mai bună" sau să-i convingă să revină și duminica viitoare. Și, cu siguranță scopul nu ar trebui să fie acela de a-i face să repete câteva cuvinte. Am vizitat cândva o biserică în care pastorul a avut o predică anostă, fără prea multe referiri la Isus, și, la sfârșitul slujbei, a zis: „Înainte să plecăm, haideți să ne rugăm cu toții următoarea rugăciune: «Doamne Dumnezeule, Îți mulțumesc că mă iubești. Îl primesc pe Isus ca Mântuitor. Amin!»" Apoi a spus: „Acum sunteți toți creștini." Nicio referire la păcatul care l-a pironit pe Isus pe cruce, nicio mențiune despre ceea ce înseamnă pocăința. O lucrare superficială nu va face sfinți din păcătoși.

Dacă oamenii din bisericile noastre n-au fost născuți din nou, trebuie să le predicăm, să ne rugăm pentru ei, să suferim cu ei. Trebuie să-i iubim și să găsim cu orice chip modalitatea de a-i aduce la Cristos. Uneori, un câmp de misiune, de multe ori ignorat, se întinde chiar înaintea noastră, duminică dimineața.

Dar cum putem să ne plângem noi, pastorii, de starea spirituală a congregației noastre, când noi suntem liderii ei spirituali? Dacă Brooklyn Tabernacle s-ar umple vreodată de oameni care frecventează biserica în fiecare săptămână, dar nu ar fi credincioși în Isus, aceasta ar fi responsabilitatea mea, într-un fel. Eu sunt păstorul. Ce fel de mesaje predic eu? Ce fel de hrană spirituală le ofer? Mă ajută Duhul Sfânt? Eu și soția mea am făcut un legământ unul cu celălalt cu mult timp în urmă. La Brooklyn Tabernacle vin mii de oameni în fiecare duminică și suntem recunoscători pentru asta. Dar, dacă ar fi nevoie, ne-am întoarce la prima noastră clădire cu o sută de oameni în bănci, cu condiția să fie credincioși autentici. La ce ne-ar folosi să avem o clădire plină de oameni care cântă și se leagănă în ritmul muzicii, dacă am ști că nu Îl cunosc cu adevărat pe Cristos Mântuitorul? Nu aș putea să dorm noaptea. Pavel putea să doarmă noaptea. De ce? Pentru că a împărtășit Evanghelia întreagă și nealterată tuturor și i-a văzut cum au devenit făpturi noi prin harul lui Dumnezeu, în Isus Cristos.

O întrebare importantă cu care se confruntă liderii creștini de azi este: Pe cine am în fața mea săptămână de săptămână? Trebuie să fim conștienți că până și cei care frecventează des serviciile bisericii s-ar putea să nu Îl cunoască pe Cristos. Imaginați-vă toți oamenii care mergeau la Templu pe vremea lui Isus fără să aibă nicio idee despre cine era Dumnezeu cu adevărat. Inclusiv liderii religioși care au predicat despre Mesia, iar Mesia stătea la doi metri de ei și nu L-au recunoscut. La fel pot fi și azi oameni care merg la biserică și se numesc creștini, dar care nu Îl cunosc pe Domnul.

Îmi aduc aminte de pilda monedei pierdute: „Sau care femeie, dacă are zece lei din argint și pierde unul din ei, nu aprinde o lumină, nu mătură casa și nu caută cu băgare de seamă până când îl găsește? După ce l-a găsit, cheamă pe prietenele și vecinele ei și zice: «Bucurați-vă împreună cu mine, căci am găsit leul pe care-l pierdusem»" (Luca 15:8–9).

Observați că moneda femeii se pierduse *în* casă. Acest lucru ne amintește că trebuie să avem grijă de turma noastră și să nu presupunem că toți cei ce o compun sunt creștini.

La urma urmei, avem de ales. Putem, fie să conducem oamenii la Cristos văzându-i cum cresc din punct de vedere spiritual, fie să diluăm mesajul astfel încât oamenii să se simtă confortabil trăind în păcat. Când vom ajunge înaintea Domnului ca să dăm socoteală pentru lucrarea noastră, nu vrem să Îl auzim pe Isus spunând: „Eu mi-am dat viața pentru ca păcatele să fie iertate, iar tu nu ai vorbit despre ce înseamnă crucea și învierea? Cum a fost posibil ca singurul tău țel să fie acela de a-i aduce înapoi și duminica următoare!"

Predicarea pentru cei mântuiți?

Această preocupare ridică o altă întrebare importantă. Ce înseamnă propovăduirea noastră pentru membrii bisericii – sperăm că majoritatea – care *sunt* mântuiți? Cum predicăm un mesaj care să-i hrănească pe credincioși, dar care să ajungă în același timp și la inima celor neconvertiți încă? Dacă mergem exclusiv într-o direcție sau în cealaltă, riscăm să ignorăm pe cineva. Trebuie să fim mereu atenți la oamenii care încă au nevoie să-L întâlnească pe Isus. Trebuie să-i oferim Evanghelia tipului de la balcon care se luptă cu cocaina. Sau femeii dependente de morfină. Sau afaceristului care încearcă să trăiască o viață morală, dar nu Îl cunoaște pe Mântuitor. Toți aceștia au nevoie să audă vestea bună a mântuirii prin Isus.

Dar, în această situație, ce se întâmplă cu restul adunării? Ei cunosc deja mesajul Evangheliei. Ei deja *sunt* mântuiți. Trebuie să învețe mai multe despre dragoste. Au nevoie să cunoască puterea credinței. Au nevoie de învățături despre persoana și lucrarea Duhului Sfânt. Trebuie să afle despre a Doua Venire a Domnului și despre alte binecuvântări ale noului legământ. Dar cei nemântuiți din public nu vor înțelege pe deplin nimic din toate acestea. „Dar omul firesc nu primește lucrurile Duhului lui Dumnezeu, căci pentru el sunt o nebunie; și nici nu le poate înțelege, pentru că trebuie judecate duhovnicește" (1 Cor. 2:14). Așadar, cum să predicăm în așa fel încât să venim în întâmpinarea nevoilor tuturor? Nu este ușor, dar Duhul ne va ajuta. Să vă împărtășesc ce am învățat eu.

Să presupunem că predic din 1 Corinteni 13 despre supremația dragostei agape. Încerc să stabilesc că dragostea este mai importantă decât credința, înțelegerea tainelor spirituale, chiar și cunostințele doctrinare. Dar știu că trăsăturile dragostei care apar în continuare în text sunt prea multe pentru ca inima și mintea să le asimileze deodată.

Numeroase predici de-ale noastre au prea multe puncte. Atunci când le prezentăm oamenilor noștri o mulțime de subtitluri și informații, riscăm să nu transmitem nimic din ceea ce presupunem noi că străpunge inima. Când un predicator spune: „Punctul nouă …", probabil nu va fi foarte eficient. S-ar putea să fie doctrinar corect și adevărat, dar cine poate aprecia și digera atât de multă mâncare la o singură masă? După cum spunea Samuel Chadwick: „Cu cât te îndepărtezi mai mult de simplitate, cu atât te îndepărtezi mai mult de Dumnezeu."[5]

Warren Wiersbe a sugerat odată că atunci când pregătim o predică, adevărul pe care vrem să îl comunicăm ar trebui să fie redus la o propoziție sau două. În acest fel, oamenii rămân cu o idee principală din acel mesaj. De asemenea, înainte de a ne abate spre un subiect mai puțin cunoscut, ar trebui să ne întrebăm: „Este cineva interesat cu adevărat?" Un predicator ar putea fi fascinat de originea filistenilor sau de locul din care și-a luat Cain soție. Dar cred că suntem de acord că astfel de lucruri nu sunt de prea mare interes pentru publicul nostru, care se confruntă zilnic cu lupte spirituale și probleme de tot felul.

Pe lângă menținerea mesajului nostru simplu, fiecare predică ar trebui să includă și un apel la acțiune. Cu alte cuvinte, ce răspuns solicită acest adevăr al lui Dumnezeu? Pocăiți-vă și primiți-L pe Cristos? Credeți în Dumnezeu pentru mai mult har în viața voastră? Fiți încurajați? Veniți la tronului harului în rugăciune? Mulțumiti-I pentru toate lucrurile? Uneori, predicatorul oferă cu elocvență o mulțime de informații și pleacă apoi de pe scenă în aplauzele publicului. Dar dacă nu-i îndemnăm pe oameni să acționeze conform adevărului lui Dumnezeu chiar atunci și acolo, cel mai probabil, vor uita predica înainte să ajungă acasă.

Dat fiind faptul că e nevoie de claritate când predic, să zicem din 1 Corinteni 13, mă concentrez asupra unui aspect simplu. Aș putea să mă axez pe „dragostea este îndelung răbdătoare, dragostea este plină de bunătate." A fi răbdător și bun cu cei din jur este adesea o provocare, dar chiar acesta este terenul de testare a iubirii lui Dumnezeu în noi, prin Duhul Sfânt. Încerc să subliniez că dragostea agape este singurul criteriu de măsurare a maturității noastre spirituale, nu versetele memorate sau conceptele teologice înțelese. D.L. Moody spunea cândva că cel mai greu lucru pentru Dumnezeu este să facă pe cineva un om bun. După ce explic acest pasaj, vine cea mai grea misiune. Cum ajut oamenii din fața mea să găsească o aplicație personală a acestor adevăruri, pe care să o exprim cu blândețe, dar și provocându-i să ia o decizie? „Prieteni, nu contează numai cum ne comportăm la biserică. Pot membrii familiei noastre să spună că arătăm bunătatea lui Dumnezeu acasă, în fiecare zi? Văd oamenii care lucrează cu noi răbdarea lui Dumnezeu în viața noastră?"

Avem nevoie de înțelepciune din partea Duhului Sfânt pentru a găsi o aplicație pentru predică întrucât aici se întâlnește credința cu realitatea vieții. Convingerea, pocăința și rugăciunea pentru milă sunt eliberatoare pentru aceia dintre noi care umblăm în lumina adevărului lui Dumnezeu. Dar cum rămâne cu cei nemântuiți care ascultă toate acestea? Nu trebuie să-i uităm niciodată, iar una dintre provocările predicării este să preluăm aplicația pentru credincioși și să o transformăm într-o ilustrație a iubirii lui Dumnezeu în Evanghelia lui Isus Cristos.

Iată cum am încheiat la un moment dat o predică despre răbdare și bunătate:

> Ei bine, am vorbit despre dragoste, răbdare și bunătate în viața creștină, dar vreau să închei spunându-vă despre cineva

care reprezintă dragostea supremă. Dumnezeu a iubit atât de mult lumea aceasta, încât L-a trimis pe Fiul Său Isus Cristos ca să moară pentru păcatele voastre și ale mele, chiar înainte să ne fi născut noi. Aceasta este expresia supremă a răbdării și bunătății. Atât de mult vă iubește Dumnezeu. Chiar dacă voi nu Îl vreți, El vă vrea pe *voi*. Chiar dacă nu credeți în El, El vă iubește. El v-a adus astăzi aici. Vrea să vă arate dragostea Lui. Are un dar pentru tine, darul vieții veșnice. Mărturisiți-vă păcatele și puneți-vă încrederea în Cristos și veți primi iertare deplină.

Aplicație pentru credincios; o chemare de a răspunde la Evanghelie pentru cel nemântuit.

Nu mi-e rușine

A fi chemat în lucrarea creștină presupune multe sarcini. Trebuie să oferim învățătură. Trebuie să sfătuim. Trebuie să îi slujim pe cei săraci, bolnavi, muribunzi. Dar o sarcină este mai presus de toate celelalte: proclamarea Evangheliei. Fără aceasta, nu putem clădi Biserica lui Dumnezeu. Pavel a scris: „dar noi propovăduim pe Hristos cel răstignit, care pentru iudei este o pricină de poticnire, și pentru Neamuri, o nebunie; dar pentru cei chemați, fie iudei, fie greci, este puterea și înțelepciunea lui Dumnezeu. Căci nebunia lui Dumnezeu este mai înțeleaptă decât oamenii; și slăbiciunea lui Dumnezeu este mai tare decât oamenii" (1 Cor. 1:23–25). De ce am vrea vreodată să predicăm altceva? Da, în cultura noastră nu e la modă. Da, unii oameni se vor simți ofensați de afirmațiile lui Cristos. Alții ar putea râde de noi. Dar Pavel a spus: „Căci mie nu mi-e rușine de Evanghelia lui Hristos; fiindcă ea este puterea lui Dumnezeu pentru mântuirea fiecăruia care crede: întâi a iudeului, apoi a grecului" (Rom. 1:16).

Să ne ajute Dumnezeu să nu ne fie niciodată rușine de acest mesaj.

Capitolul 5

Biblia necenzurată

Știți că n-am ascuns nimic din ce vă era de folos și nu m-am temut să vă propovăduiesc și să vă învăț înaintea norodului și în case. [...] De aceea vă mărturisesc astăzi că sunt curat de sângele tuturor. Căci nu m-am ferit să vă vestesc tot planul lui Dumnezeu.
Fapte 20:20, 26–27

Primele cuvinte rostite de Dumnezeu așa cum sunt redate în Sfânta Scriptură au fost: „Să fie lumină" (Gen. 1:3). Primele cuvinte ale lui Satan în Biblie nu sunt o afirmație, ci mai degrabă o întrebare iscusită adresată primei femei: „A zis oare Dumnezeu ...?" (Gen. 3:1). Aceste cuvinte au marcat începutul transformării puternice a întunecatului pustiu, fără formă, numit pământ (Gen. 1:2) în ceva ce a obținut aprobarea Creatorului, fiind numit „foarte bun" (Gen. 1:31).

Primele cuvinte ale lui Satan în Biblie nu sunt o afirmație, ci mai degrabă o întrebare șireată adresată primei femei: „Oare a zis Dumnezeu cu adevărat ... ?" (Gen. 3:1). Eva și soțul ei au fost plasați într-o lume perfectă, dar cu o restricție: „Să nu mâncați din el [pomul din mijlocul grădinii] și nici să nu vă atingeți de el, ca să nu muriți" (Gen. 3:3). Prima strategie a lui Satan a fost să pună la îndoială originea și autoritatea poruncii și promisiunii venite de la Cel Atotputernic.

Atacurile satanice împotriva autorității și importanței Cuvântului lui Dumnezeu au continuat pe tot parcursul Vechiului Testament și Noului Testament. Aceste asalturi au crescut exponențial în secolul al XXI-lea. Cultura din jurul nostru merge cu mult dincolo de a pune sub semnul întrebării autoritatea Scripturii și susține cu impertinență același lucru pe care l-a spus și Satan în grădina Eden: „Hotărât, că nu veți muri" (Gen. 3:4). Altfel spus, nu există nicio lege divină a păcatului și judecății. Se mai afirmă și că Dumnezeu și moralitatea nu fac decât să restricționeze oamenii în a se bucura de viață și a-și îndeplini destinul final, acela de a fi „ca Dumnezeu" (Gen. 3:5). „Tu și ceea ce îți dorești ar trebui să fie tot ce contează" ni se sugerează, nu o entitate invizibilă care vrea să îți strice distracția.

Nu ar trebui să surprindă pe nimeni faptul că lumea celor ce nu cred în Dumnezeu e pătrunsă de o astfel de gândire. Satan este numit „dumnezeul lumii acesteia", pentru un motiv întemeiat. Dar modul în care văd Cuvântul lui Dumnezeu cei ce își spun creștini este o altă problemă. Dacă Biblia nu este sursa autoritară a credinței și a vieții noastre practice, atunci nu avem o temelie sigură. Când opiniile personale ale liderilor și ale celor ce frecventează biserica au câștig de cauză în fața Scripturii, ne aflăm într-o mare încurcătură, indiferent dacă recunoaștem sau nu. Isus a spus: „Cerul și pământul vor trece, dar cuvintele Mele nu vor trece" (Mt. 24:35).

Să nu uităm că Dumnezeu este imuabil. Prin profetul Isaia, Dumnezeu a stabilit odată pentru totdeauna cine sunt cei în care Își găsește plăcerea: „Iată spre cine Îmi voi îndrepta privirile: spre cel ce suferă și are duhul mâhnit, *spre cel ce se teme de cuvântul Meu*" (Is. 66:2). În prea multe cercuri bisericești astăzi, atitudinea noastră neglijentă față de autoritatea întregii Scripturi face dificilă stabilirea persoanei care este cu adevărat în control, noi sau Dumnezeu.

Dați-mi voie să vă spun cum arată concret acest lucru.

— Am nevoie să mă ajuți cu ceva.

Soția mea Carol apăruse în pragul biroului meu.

— Iau interviu unei tinere care vrea să se alăture corului nostru. A fost în grupul de închinare în biserica din care vine și are o voce deosebită. Dar există o problemă.

În timp ce mergeam pe hol, Carol mi-a spus ce se întâmpla. Să vă dezvălui puțin contextul. Când cineva își dorește să cânte în corul bisericii, trece printr-un proces de selecție. Trebuie să susțină o probă vocală, desigur, astfel încât Carol să-i audă vocea și să stabilească dacă și unde s-ar potrivi. Dar trebuie, de asemenea, să fie sau să intenționeze să devină membru în biserica noastră. De ce? Pentru că trebuie să se afle într-o relație spirituală cu cei care sunt învestiți cu autoritate în biserică și pot să și-o exercite față de ei la nevoie. În plus, vrem să ne asigurăm că înțelege responsabilitatea de a-L reprezenta în mod public pe Cristos atunci când cântă.

Am intrat în biroul lui Carol și am văzut o tânără stând pe scaun. Îi voi spune Cindy. M-am așezat pe scaunul din fața ei.

— Cindy, Carol mi-a spus că e o problemă, i-am zis eu.

S-a uitat la mine cu o privire întrebătoare.

— Ce problemă?

— Carol mi-a spus că locuiești împreună cu iubitul tău. Este adevărat?

A încuviințat din cap.

— Nu ți se pare că e o problemă în termenii Cuvântului lui Dumnezeu? am întrebat-o eu.

Nu i se părea.

— Probabil, ne vom căsători într-o zi, a spus ea. Dar ne iubim și suntem fericiți, așa că ...

Am auzit cu toții această logică, nu-i așa? „Dumnezeu mă iubește. Dumnezeu vrea să fiu fericit. Mă împlinește ceea ce fac. Așa că Dumnezeu trebuie să aprobe. Corect?" Greșit. După câteva minute în care am împărtășit cu ea din Scriptură, am tras scaunul mai aproape de ea.

— Cindy, uite cum voi face. Mă voi lupta pentru tine ca și când ai fi propria mea fiică.

Pe lângă alte versete din Scriptură, i-am arătat lista cu „faptele firii pământești" din Galateni 5, începând cu „curvia, necurăția, desfrânarea" și apoi cu concluzia lui Pavel: „Vă spun mai dinainte, cum am mai spus, că cei ce fac astfel de lucruri nu vor moșteni Împărăția lui Dumnezeu" (Gal. 5:19, 21).

A început să plângă.

— Asta înseamnă că nu pot să cânt în cor? a întrebat ea.

— În *cor*? Cindy, nu este vorba despre cor. Nu înțelegi despre ce vorbim aici? Știi ce înseamnă cuvântul *pocăință*, nu-i așa? Tu te îndrepți acum într-o direcție. Trebuie să te întorci la 180 de grade și să mergi în direcția opusă. Nu poți să mergi în două direcții în același timp. Nu-L poți avea pe Isus ca Mântuitor dacă trăiești în păcatul pentru care El a murit.

Ea a tăcut.

— Ascultă, am zis în cele din urmă. Dă-mi numărul de telefon al iubitului tău. Îl voi suna eu. Sau ia numărul meu de telefon de la birou. Spune-i să mă sune. Voi sta de vorbă cu el. Vom încerca să te ajutăm. Îți vom găsi un loc unde să stai. Dacă tu și iubitul tău vă îndreptați în fața Domnului și vreți să vă căsătoriți, vă vom ajuta cu mare drag. Dar va trebui să traversăm cu grijă această situație și să ne asigurăm că totul este în regulă în ochii lui Dumnezeu.

Cu inima frântă, a început să plângă, dar a ales să rămână în situația în care era. Deși a luat numărul meu de telefon, iubitul ei nu m-a sunat, iar pe ea nu am mai văzut-o niciodată.

„Nu m-am dat înapoi niciodată"

Când le-a vorbit prezbiterilor din Efes, Pavel știa că e ultima dată când li se adresa. Își dorea să le întărească hotărârea pentru sarcinile pe care știa că le aveau în față. Printre acestea se regăseau predicarea și învățătura pe care oamenii s-ar putea să nu dorească să o audă. El a invocat propriul său mod de viață ca exemplu pentru ei de urmat. „Știți că n-am ascuns *nimic* din ce vă era de folos și nu m-am temut să vă propovăduiesc și să vă învăț înaintea norodului și în case [...] Căci nu m-am ferit să vă vestesc *tot planul lui Dumnezeu*" (Fapte 20:20, 27).

Observați ce expresii folosește: *Nu m-am temut ... Nu m-am ferit*. Ce spunea el de fapt? „Nu m-am dat înapoi niciodată. Nu am evitat niciodată adevărul care incomodează". Le-a proclamat *toată* voia lui Dumnezeu pentru ei, inclusiv aspectele în care a trebuit să-i confrunte. A spus că a făcut asta nu doar „public" – către întreaga biserica – ci și „din casă în casă" sau de la persoană la persoană. Cuvântul introductiv *știți* subliniază puțin acest lucru. Era important pentru el să poată spune: „Știți prea bine că nu m-am dat înapoi niciodată de la a vă predica ceea ce știam că aveți nevoie să auziți, chiar dacă nu era ceea ce doreați să auziți."

Dar noi? Cât de pregătiți suntem să proclamăm *toată* voia lui Dumnezeu? Nu doar cuvintele pe care oamenii *vor* să le audă, ci și cele pe care au *nevoie* să le audă? Îi învățăm doar ce spune Biblia despre cer, dar și despre iad? Nu numai promisiunile din Scriptură, ci și avertismentele din ea? Nu doar despre iertare, ci și despre pocăință?

Am vorbit cu pastori care mi-au spus cu obiectivitate: „Ascultă, Jim, în biserica mea nu vorbim prea mult despre păcat. Oamenii nu vin la biserică să audă lucruri negative. Nu e nevoie să audă ce este greșit în viața lor". Cu alte cuvinte, nu doresc să-i confrunte pe oameni cu privire la stilul lor de viață, fiindcă se tem că le va scădea participarea la slujbele de duminică. Dar să fim clari: Dumnezeu nu urmărește registrele noastre de prezență. El Se uită la integritatea învățăturii noastre și la sănătatea spirituală a oamenilor din biserică. Asta înseamnă că e interesat de hrana pe care o oferim turmei noastre. El Se uită la ce și la cum predicăm. Trebuie să ne întrebăm: Vrem ca oamenii să crească în Domnul sau vrem, pur și simplu, să revină și duminica următoare? Încercăm să plăcem oamenilor sau lui Dumnezeu?

Biblia este singurul nostru ghid. Dacă un concept este scris în Cuvântul lui Dumnezeu, înseamnă că e important să predicăm despre el. Pentru noi, liderii, aceasta include și afirmația pe care a făcut-o apostolul Pavel către prezbiterii din Efes: „sunt curat de sângele tuturor" (Fapte 20:26). Declarația lui îmi amintește de cuvântul spus de Dumnezeu profetului Ezechiel:

> Acum, fiul omului, te-am pus străjer peste casa lui Israel. Tu trebuie să asculți cuvântul care iese din gura Mea și să-i înștiințezi din partea Mea. Când zic celui rău: „Răule, vei muri negreșit!", și tu nu-i spui, ca să-l întorci de la calea lui cea rea, răul acela va muri în nelegiuirea lui, dar sângele lui îl voi cere din mâna ta. Dar, dacă vei înștiința pe cel rău, ca să se întoarcă de la calea lui, și el nu se va întoarce, va muri în nelegiuirea lui, dar tu îți vei mântui sufletul (Ezec. 33:7–9).

În mod similar, Pavel a recunoscut responsabilitatea extraordinară care vine odată cu predicarea Evangheliei, datorită mizei uriașe pe care o reprezintă. Așa cum le-a scris credincioșilor din Corint: „În adevăr, noi suntem, înaintea lui Dumnezeu, o mireasmă a lui Hristos printre cei ce sunt pe calea mântuirii și printre cei ce sunt pe calea pierzării: pentru aceștia, o mireasmă de la moarte spre moarte; pentru aceia, o mireasmă de la viață spre viață. Și cine este de ajuns pentru aceste lucruri?" (2 Cor. 2:15–16).

Cine, într-adevăr? De aceea, superficialitatea de la multe dintre amvoanele bisericilor americane este înspăimântătoare. Am vizitat biserici în care slujbele păreau mai degrabă un spectacol de talk-show nocturn. Mai mult, mi s-a spus recent despre un predicator care se lăuda că și-a îmbunătățit „abilitățile de predicare" ascultând comici și studiindu-le stilul. Vă dați seama! În vreme ce enoriașii noștri se luptă zilnic „împotriva duhurilor răutății care sunt în locurile cerești" (Ef. 6:12), unii slujitori se inspiră de la comici, fiindcă pentru ei e mai important să transmită un mesaj atrăgător decât mesajul în sine! Vi-l imaginați pe Pavel zicând: „Trebuie să merg la Roma să îl ascult pe acest comic foarte popular acum?" După cum se spune: nu ai cum să te prefaci. Oare ce cred oamenii?

Vă rog să nu vă imaginați că sunt pentru slujbele religioase de tipul „foc și pucioasă", legaliste și lipsite de dragoste.

Creștinismul autentic nu este așa. Mesajul nostru, la fel ca al lui Pavel, ar trebui să fie „vestea bună a harului lui Dumnezeu" (Fapte 20:24). În perioada studenției, Dumnezeu a început să lucreze profund în inima mea. Am avut o discuție cu un pastor în vârstă înțelept, care se gândea la zecile de ani petrecute în lucrarea creștină. La un moment dat, spre surprinderea mea, ochii lui s-au umplut de lacrimi. „Ani de-a rândul, Jim, spunea el, le-am dat oamenilor nouăzeci la sută Lege și zece la sută Isus. Nu vă pot spune cât de mult regret acest lucru." Nu am uitat niciodată cuvintele lui.

Deși mesajul nostru trebuie să fie despre mântuirea prin credință și nu prin ascultarea de Lege, trebuie să-i și avertizăm pe oameni despre plata păcatului. Cum am putea să nu facem acest lucru, când Isus a spus: „N-am venit să chem la pocăință pe cei neprihăniți, ci pe cei păcătoși" (Luca 5:32)? Acesta este un rezumat al chemării Lui. Trebuie să proclamăm că harul lui Dumnezeu oferă iertare de păcatele pe care le mărturisim înaintea Lui. „Dacă ne mărturisim păcatele, El este credincios și drept ca să ne ierte păcatele și să ne curețe de orice nelegiuire." (1 Ioan 1:9) Nu este o dovadă de asprime sau de răutate. Nu uitați că Isus, întruparea dragostei, a fost Cel care ne-a avertizat: „Și ce folosește unui om să câștige toată lumea, dacă își pierde sufletul?" (Mc. 8:36).

Predicați Cuvântul

Se cuvine spus aici un cuvânt despre importanța Bibliei în predicare. Chiar dacă suntem sinceri și plini de râvnă, trebuie să împărțim corect Cuvântul lui Dumnezeu, care este singura noastră autoritate. Cum spunea Samuel Chadwick: „Pasiunea nu compensează ignoranța."[1]

Este îngrijorător să observăm că tot mai multe predici de azi nu sunt fundamentate pe Scriptură. Aceasta vine în contradicție cu ceea ce-l îndemna apostolul Pavel pe Timotei să facă: „propovăduiește Cuvântul" (2 Tim. 4:2). Pavel nu i-a spus lui Timotei să vorbească despre viziune sau să transmită bisericii opinia sa cu privire la tendințele contemporane sau politice. Nu i-a spus să își îndemne ascultătorii să gândească pozitiv sau să facă apel la emoțiile lor. Pavel știa că nimic din toate acestea nu îi va ajuta pe oameni să crească în credință. El a cunoscut că: „Astfel, credința vine în urma auzirii; iar auzirea vine prin Cuvântul lui Hristos" (Rom. 10:17). Îi împiedicăm pe oameni să crească în credință atunci când nu predicăm Cuvântul lui Dumnezeu.

Această lipsă de respect față de Scriptură în predicile noastre ar putea fi parțial de vină pentru creșterea analfabetismului biblic în țara noastră; și, din nefericire, devine un cerc vicios. Slujitorul creștin poate ezita să-și întemeieze predicile eminamente pe Biblie, dacă simte că oamenii nu sunt interesați. Dar cu cât oamenii aud mai puțin Cuvântul, cu atât îl cunosc mai puțin și, în consecință, cu atât mai puțin își *doresc* să îl audă. Acest lucru, la rândul lui, îi determină pe predicatori să se concentreze și mai puțin pe Biblie. Dar porunca biblică este clară: predicați Cuvântul!

Ambasadori ai lui Cristos

Pavel le-a spus corintenilor: „Noi, dar, suntem trimiși împuterniciți ai lui Hristos; și, ca și cum Dumnezeu ar îndemna prin noi, vă rugăm fierbinte, în Numele lui Hristos: împăcați-vă cu Dumnezeu!" (2 Cor. 5:20). În acea vreme, un ambasador era, în principiu, un purtător de cuvânt. Ambasadorul era chemat înaintea regelui, primea mesajul acestuia și era trimis să îl comunice. Nu o parte din el, ci tot. Nu părerea lui despre mesaj, ci doar mesajul în sine. În același mod, și noi trebuie să transmitem, cu rugăciune, Cuvântul lui Dumnezeu, având încredere că Duhul Sfânt ne va ajuta, chiar dacă se ivește opoziția.

Am simțit o astfel de împotrivire la o conferință despre rugăciune la care am fost invitat să predic cu câțiva ani în urmă. Pe parcursul mesajului meu despre regele Asa, am ajuns la subiectul pocăinței de păcat. Spuneam că povestea lui Asa ne aduce aminte că Domnul este cu noi când și noi suntem „cu El" (2 Cron. 15:1–2), când ne încredem în El și vrem să-I fim plăcuți. Dar dacă ne trăim viața greșit și, în mod intenționat, încălcăm Cuvântul Lui, El Se întristează și nu vom experimenta binecuvântările Sale.

Dintr-odată, mi s-a părut că publicul dă semne de respingere. Aproape că simțeam încordarea care plutea în aer, împotrivirea tăcută. M-am gândit: „Poate că nu explic corect". Așa că am încercat din nou: „Ce vreau să spun este că Domnul este cu noi când suntem și noi cu El. Trebuie să fim în acord cu Cuvântul Lui."

Acum tensiunea devenise palpabilă. Am inspirat adânc: „Ascultați, prieteni, am zis eu. Nu am venit aici tocmai din New York ca să vă spun ceea ce ați dori să auziți. Am venit să predic Cuvântul lui Dumnezeu cât se poate de sincer." O tăcere desăvârșită domnea în sală. Apoi, un bărbat din spate, ca din senin, a strigat emoționat: „Nu vă opriți! Mai spuneți-ne. Avem nevoie să auzim." Am simțit că a fost modalitatea lui Dumnezeu de a-mi confirma că sunt pe drumul cel bun, așa că am insistat. „Vă rog să mă ascultați, am zis eu. Dacă trăim sau acționăm contrar Cuvântului lui Dumnezeu, dacă înșelăm, furăm, urâm, trăim în imoralitate, sau comitem orice alt păcat, cum ne putem aștepta să experimentăm prezența lui Cristos și binecuvântarea Lui? Suntem aici ca să vorbim despre rugăciune. Dar dacă avem nelegiuire în inimile noastre, Domnul nu ne va asculta rugăciunea până când nu ne pocăim și ne îndreptăm înaintea Lui." Amintiți-vă ce spunea psalmistul: „Dacă aș fi cugetat lucruri nelegiuite în inima mea, nu m-ar fi ascultat Domnul" (Ps. 66:18).

Acel mesaj a fost o luptă până la capăt. La finalul lui, transpirasem de parcă aș fi jucat baschet în ultimele două ore. Când m-am întors în camera de hotel, L-am întrebat pe Domnul: „Ce s-a întâmplat acolo? Am înțeles eu greșit? Nu ar fi trebuit să vin aici?" Și am simțit atunci că Domnul mi-a vorbit în inimă: „Ești aici fiindcă Eu am vrut să fii aici, pentru că am vrut ca acești oameni să audă acest mesaj." Tuturor ne place să avem reacții pozitive din public atunci când predicăm. Uneori se întâmplă așa. Alteori, nu. Dar întotdeauna trebuie să reținem că, în cele din urmă, publicul nostru e Unul singur. Dacă știm că am transmis mesajul pe care vrea Domnul să îl transmitem, asta e tot ce contează.

Părinți înțelepți, medici buni

Sunt sigur că atunci când ați fost copii, nu întotdeauna vă plăcea mâncarea pe care v-o serveau mama și tata. Și pentru mine a fost la fel. Dar părinții noștri știau mai bine decât noi la vârsta fragedă despre necesitatea unei bune alimentații pentru a crește puternici și sănătoși. Mi s-a întâmplat un lucru interesant și, probabil că și vouă. În timp, am învățat singur ce este hrănitor și ce nu. Și am dobândit gust chiar și pentru mâncărurile pe care nu le îndrăgeam în copilărie.

Misiunea noastră ca păstori este să hrănim turma. Dar facem acest lucru ca părinți, nu ca ospătari la restaurant. Nu le întidem un meniu și îi întrebăm ce ar dori să mănânce azi. Este periculoasă ziua în care adunarea stabilește conținutul și tonul predicii. Trebuie să hrănim oile turmei noastre cu hrană sănătoasă, dacă vrem să crească puternice în Domnul – nu doar ce le place, ci ceea ce au nevoie. Și știți ce? Dacă facem acest lucru așa cum trebuie, Duhul Sfânt va confirma cuvintele noastre, iar oamenii vor crește puternici spiritual.

Iată încă o modalitate de a privi lucrurile. Uneori spunem că Isus este Marele Medic. Atunci când a fost provocat cu privire la timpul petrecut cu păcătoșii și vameșii, Isus a spus: „Nu cei sănătoși au trebuință de doctor, ci cei bolnavi. Eu am venit să chem la pocăință nu pe cei neprihăniți, ci pe cei păcătoși" (Mc. 2:17). Rolul nostru ca slujitori ai lui Cristos este să acționăm ca niște doctori iscusiți. Gândiți-vă acum la ce ar face orice doctor bun. Adesea, el efectuează o serie de teste și apoi revine cu rezultatele. „Ai tensiunea periculos de mare. La fel și colesterolul. Trebuie să slăbești 7 kilograme, să începi un program de exerciții fizice și să ai grijă la alimentație." Ce absurd ar fi pentru pacient să spună: „Ascultă, doctore! Nu am venit aici ca să aud gânduri negative cu privire la sănătatea mea. Păstrează un ton pozitiv. Prescrieți-mi doar câteva pastile din acelea roșii și câteva albe și voi putea pleca." Medicii respectă jurământul lui Hipocrate, care îi leagă de sarcina de a ne ajuta să ne facem bine, nu de a ne spune ceea ce vrem să auzim. Așa stau lucurile și cu pastorii și liderii de biserici care merg pe urmele lui Isus, Marele Medic.

Împărtășirea Evangheliei depline presupune curaj. Necesită, de asemenea, înțelepciune și compasiune. Trebuie să fim curajoși ca leii și blânzi ca mieii. A fost Isus curajos? Când a văzut schimbătorii de bani pângărind Templul din Ierusalim: „A făcut un bici de ștreanguri și i-a scos pe toți afară din Templu, împreună cu oile și boii; a vărsat banii schimbătorilor și le-a răsturnat mesele." (Ioan 2:15). Odată i-a confruntat pe farisei cu aceste cuvinte: „Pui de năpârci, cum ați putea voi să spuneți lucruri bune?" (Mt. 12:34). Mie mi se pare o dovadă de mare curaj.

Dar Isus a fost și blând. El a spus cândva: „Veniți la Mine, toți cei trudiți și împovărați, și Eu vă voi da odihnă. Luați jugul Meu asupra voastră și învățați de la Mine, căci Eu sunt blând și smerit cu inima; și veți găsi odihnă pentru sufletele voastre. Căci jugul Meu este bun, și sarcina Mea este ușoară" (Mt. 11:28–30). Cine ar trebui să vină la El? Toți. Orice persoană împovărată și în căutare de odihnă. De orice vârstă, orice rasă și orice etnie. Dragostea Mântuitorului se adresează tuturor celor care L-au auzit.

Mustrări și avertismente

Este admirabil să dorești să consolezi și să încurajezi turma. Ca păstori, suntem chemați să facem acest lucru. Dar Cuvântul lui Dumnezeu aduce și avertismente cu privire la ceea ce înseamnă să Îl urmăm pe Cristos, și noi trebuie să includem aceste mustrări în mesajele noastre. Îndulcirea realității cu privire la viața creștină nu ajută pe nimeni, iar nouă ne subminează rolul de slujitori.

Haideți să ne uităm la cuvintele lui Isus către biserica din Smirna: „Știu necazul tău și sărăcia ta (dar ești bogat) și batjocurile din partea celor ce zic că sunt iudei, și nu sunt, ci sunt o sinagogă a Satanei. Nu te teme nicidecum de ce ai să suferi. Iată că diavolul are să arunce în temniță pe unii din voi, ca să vă încerce. Și veți avea un necaz de zece zile. Fii credincios până la moarte, și-ți voi da cununa vieții" (Apoc. 2:9–10).

Isus a manifestat o sinceritate de care mulți pastori s-ar feri, temându-se că cineva ar spune: „Bine, eu nu mă înscriu la așa ceva!" Isus nu le-a promis credincioșilor din Smirna o viață confortabilă. Nu, pentru ei, a-L urma pe Cristos ar implica defăimare, persecuție, închisoare și, poate, chiar moarte! Împotrivirea din partea culturii a fost diferită de-a lungul secolelor. Uneori a fost subtilă, alteori deschisă. Dar niciodată nu va dispărea. Așa cum a zis Isus: „Dacă vă urăște lumea, știți că pe Mine M-a urât înaintea voastră. Dacă ați fi din lume, lumea ar iubi ce este al ei; dar, pentru că nu sunteți din lume și pentru că Eu v-am ales din mijlocul lumii, de aceea vă urăște lumea. Aduceți-vă aminte de vorba pe care v-am spus-o: «Robul nu este mai mare decât stăpânul său.» Dacă M-au prigonit pe Mine, și pe voi vă vor prigoni; dacă au păzit cuvântul Meu, și pe al vostru îl vor păzi." (Ioan 15:18–20). De-a lungul istoriei, cei care au crezut în Isus au suferit uneori necazuri incontestabile. Dar numai rămânând credincioși în astfel de încercări – chiar și până la moarte – vom primi cununa biruinței.

Avem nevoie să ne reamintim acest lucru în vremurile pe care le trăim acum. Dumnezeu a permis să fim puțin zdruncinați în timpul pandemiei de COVID pentru a descoperi ramurile cu adevărat conectate la Isus Cristos. Cultura americană este în mod alarmant din ce în ce mai ostilă față de credința creștină. Mass-media, administrațiile locale și guvernele naționale, dar și sistemul de educație sunt tot mai anti-creștine și anti-Biblie. Și cred că acesta e doar începutul unui asalt total împotriva celor care Îl urmează cu adevărat pe Isus. Zilele care ne stau înainte nu vor fi ușoare. Va trebui să traversăm un mediu întunecat și plin de ură pentru a ajunge acasă. Dar de un lucru putem fi siguri – așa cum s-a întâmplat cu biserica din Smirna, nimic din ce va urma nu Îl va lua prin surprindere pe Tatăl și nimic nu ne va despărți de dragostea lui Isus pentru noi:

> Cine ne va despărți pe noi de dragostea lui Hristos? Necazul, sau strâmtorarea, sau prigonirea, sau foametea, sau lipsa de îmbrăcăminte, sau primejdia, sau sabia?
>
> După cum este scris: „Din pricina Ta suntem dați morții toată ziua; suntem socotiți ca niște oi de tăiat" (Rom. 8:35–36).

Neînfricarea profetică

Problema cu „bunăstărea" Evangheliei americane nu are atât de mult de-a face cu faptul că predicatorii săi nu folosesc Scriptura. Problema este că ei aleg cu grijă doar câteva versete care pot fi distorsionate pentru a le susține poziția. În tot acest timp, ei ignoră intenționat multe versete care prezintă o imagine mult mai sobră și realistă.

Să nu le urmăm exemplul. Să hrănim oamenii cu hrană sănătoasă, astfel încât să crească. Să nu-i agasăm, dar să rămânem totuși fideli Scripturii. Haideți să fim ca Pavel, care a spus: „Știți că n-am ascuns nimic din ce vă era de folos și nu m-am temut să vă propovăduiesc și să vă învăț înaintea norodului și în case" (Fapte 20:20).

Și să nu ne lăsăm conduși de teama de a-i pierde oameni din bisericile noastre. Dacă aceștia nu sunt dispuși să accepte tot Cuvântul lui Dumnezeu, ar trebui să ne întrebăm dacă au fost vreodată cu adevărat credincioși, de la început. Avem nevoie de curaj pentru a le spune oamenilor tot ce e nevoie să cunoască, fără a evita anumite subiecte de frica unei reacții negative. Avem nevoie de o abordare curajoasă, îndrăzneață pentru predicarea întregii înțelepciuni a lui Dumnezeu.

Imaginați-vă oroarea sentimentului că ești responsabil pentru cineva care își va petrece eternitatea departe de Dumnezeu. Acea persoană ar putea spune: „De ce m-ai mințit? Mă trezesc în eternitate și descopăr că sunt într-un loc de pedeapsă. Nu m-ai avertizat niciodată că plata păcatului este moartea eternă." Ce ai răspunde? „Nu am vrut să te ofensez"? „Nu am vrut să părăsești biserica mea"?

Avem privilegiul de a hrăni oamenii din Cuvântul curat al lui Dumnezeu. Trebuie să o facem cu îndrăzneală. Într-o zi, ne vor vedea în ceruri și vor spune: „Îți mulțumesc că ai predicat despre Isus și Evanghelia adevărată. Îți mulțumesc că mi-ai spus-o direct."

Iată ce trebuie să reținem: Duhul Sfânt observă cu mare atenție modul în care tratăm cartea pe care a El Însuși scris-o. Mă tem că în multe locuri, ignorarea și răstălmăcirea Scripturii L-a alungat pe Duhul Sfânt chiar din locurile în care Își dorește cu ardoare să locuiască. Atâta timp cât onorăm Cuvântul lui Dumnezeu și Îl înălțăm pe Isus Cristos ca singurul Mântuitor de păcat, Duhul Sfânt ne va împuternici în moduri pe care nu le credeam posibile.

Adevărul este că focul Duhului Sfânt pe care trebuie să îl vedem aprins în bisericile noastre nu poate să ardă strălucit decât lângă Cuvântul inspirat de același Duh. O așa-zisă trezire spirituală care nu se hrănește din Cuvântul pur al lui Dumnezeu se va caracteriza prin sentimentalism superficial și, în cele din urmă, nebunie. Haideți să Îl rugăm pe Dumnezeu astăzi pentru o mișcare proaspătă a Duhului Sfânt, în timp ce trăim zi de zi orice cuvânt care iese din gura Tatălui.

Capitolul 6

Cine este responsabil aici?

Și acum, iată că, împins de Duhul, mă duc
la Ierusalim, fără să știu ce mi se va întâmpla acolo.
Numai Duhul Sfânt mă înștiințează din cetate în cetate
că mă așteaptă lanțuri și necazuri.
Fapte 20:22–23

În Faptele apostolilor 20:22–23 avem prima mențiune a Duhului Sfânt rostită de apostolul Pavel în discursul său de despărțire adresat prezbiterilor din Efes. În copilărie, nu înțelegeam prea bine ce înseamnă Duhul Sfânt. (Faptul că oamenii vorbeau frecvent despre „Sfântul Duh" nu m-a ajutat prea mult). Copil fiind, îmi imaginam că Duhul Sfânt e un gaz sau un fel de abur. Cu alte cuvinte, Îl vedem pe Duhul Sfânt ca pe un „lucru", nu ca pe o „persoană". Dar El este o *persoană,* nu un lucru. Acest detaliu nu este doar o chestiune de semantică a limbii. Este crucial pentru înțelegerea relației noastre cu Duhul și a modului în care El lucrează în noi și prin noi. Observați de câte ori Se referă Isus la Duhul Sfânt folosind exprimarea „El" sau „pe El":

> „Totuși vă spun adevărul: vă este de folos să Mă duc; căci, dacă nu Mă duc Eu, Mângâietorul nu va veni la voi; dar, dacă Mă duc, vi-L voi trimite. Și când va veni El, va dovedi lumea vinovată în ce privește păcatul, neprihănirea și judecata [...]

> Când va veni Mângâietorul, Duhul adevărului, are să vă călăuzească în tot adevărul; căci El nu va vorbi de la El, ci va vorbi tot ce va fi auzit și vă va descoperi lucrurile viitoare. El Mă va proslăvi, pentru că va lua din ce este al Meu și vă va descoperi. Tot ce are Tatăl este al Meu; de aceea am zis că va lua din ce este al Meu și vă va descoperi" (Ioan 16:7–8, 13–15).

Aici vedem că se menționează Tatăl, Fiul și Duhul. Aceasta nu indică trei dumnezei, ci mai degrabă un singur Dumnezeu adevărat existent ca Tată, Fiu și Duh Sfânt, în taina Trinității.

Isus a spus clar în acest discurs că atunci când va pleca, va lăsa pe altcineva în locul Lui. Acea persoană este Duhul Sfânt. Isus a așezat Duhul Sfânt peste Biserica Sa pe pământ. Numai Lui I s-a încredințat responsabilitatea de a îndruma și a conduce toate aspectele legate de Biserica lui Cristos. Și nu doar „Biserica" în sensul larg. El avea să supravegheze și bisericile individuale – a voastră și a mea.

Mă întreb câți dintre noi credem că Duhul Sfânt ar trebui să fie la conducere. El este Cel trimis să îndrume destinul fiecărei biserici creștine. Nu pastorul. Nu comitetul. Nu adunarea. Dacă oricine altcineva reprezintă ultima instanță în bisericile noastre, ne rătăcim. Pastorii, prezbiterii și comitetele sunt importante. Dar nu sunt cele mai importante. Indiferent de inteligență, creativitate sau talent, aceștia sunt chemați să caute înțelegerea Duhului, fiindcă El știe totul și este deasupra tuturor.

Aceasta include fiecare decizie majoră cu care se confruntă o biserică, chiar și cea cu privire la ce ar trebui să predice pastorii. Cei mai mulți pastori de azi susțin o serie de predici, de obicei pe baza unei cărți din Biblie. Iar asta este în regulă – dacă Duhul Sfânt a condus acea decizie. Dar nu este înțelept să imităm, pur și simplu, ce fac alții. Pastorii pe care Dumnezeu i-a folosit cel mai mult în istoria Bisericii nu au predicat niciodată serii de predici sau au făcut-o foarte rar. Și dacă suntem îndemnați să predicăm în acest fel, trebuie să fim gata oricând să oprim sau să anulăm seria, dacă Duhul atotcunoscător al lui Dumnezeu ne cere să facem asta. El singur cunoaște nevoile și slăbiciunile poporului nostru și ce planuri satanice sunt puse la cale, astfel încât să ne poată da cuvântul potrivit în fiecare vreme. „Cine are urechi să asculte ce zice bisericilor Duhul" este rostit de șapte ori de Cristos Însuși în scrisorile adresate bisericilor din Apocalipsa 2 și 3. Ar trebui să ascultăm această poruncă, în rugăciune, de vreme ce Duhul Sfânt nu S-a schimbat. El încă le vorbește celor care au o inimă ascultătoare.

Umblarea prin Duhul Sfânt

Luam prânzul la o cafenea din Long Island într-o zi de luni, când l-am văzut. Răsfoind ziarul, am dat peste un articol despre un atac violent anti-creștin din orașul Gojra, în Pakistan. Doi tineri se căsătoriseră recent acolo, iar cei ce le erau alături îi întâmpinaseră cu confetti la ieșirea din biserică. Cineva răspândise un zvon conform căruia acele confetti fuseseră confecționate din foile rupte dintr-un exemplar al Coranului, textul religios central al islamului. Nu era adevărat, dar zvonul s-a împrăștiat ca un foc de paie. Timp de opt zile, o gloată de vreo douăzeci de mii de oameni a semănat groaza în orașul Gojra. Șase membri ai unei familii creștine au fost arși de vii în propria lor casă. Conform unui raport, poliția pakistaneză a asistat la toate aceste evenimente, dar nu a intervenit cu nimic pentru a le pune capăt. Mulți creștini din Gojra s-au ascuns, temându-se pentru viețile lor.

Mai auzisem despre astfel de incidente și mă întristau profund de fiecare dată. Dar acesta a avut un impact neobișnuit de puternic. Mă tot gândeam: „Oamenii aceștia sunt frații și surorile mele în Cristos. Și suferă." Nici măcar nu îmi puteam imagina cumplita teroarea prin care treceau.

Am simțit cum Duhul Sfânt îmi mișcă inima și m-am rugat acolo unde eram. Apoi am început să plâng. Și nu mă puteam opri. Mă rugam stând pe acel scaun, cu lacrimi curgându-mi pe obraji, cu fața întoarsă spre perete, fiindcă îmi era jenă să fiu văzut de ceilalți oameni din cafenea.

În cele din urmă, am plecat, dar am rămas cu sufletul răvășit toată ziua. Nu fusesem niciodată în Pakistan. Nu îi cunoșteam pe acești oameni. Nu știam nimic despre ei, decât că erau frați creștini și aveau nevoie disperată de ajutor.

În ziua următoare, aveam întâlnirea de rugăciune a bisericii, marți seara. La scurt timp după ce a început programul, m-am ridicat și am spus: „Frați și surori, am nevoie să împărtășesc cu voi o greutate ce o simt pe inimă". Le-am citit un fragment din articol. „Vă rog să îmi iertați emoțiile, am spus la final, dar Dumnezeu mi-a pus în suflet o povară pentru acești credincioși. Trebuie să ne rugăm."

În seara aceea, erau peste o mie de oameni în clădire. I-am rugat să se ridice, să se împartă în grupuri de trei sau patru și să se roage. Și așa au făcut. Au ridicat glasul și L-au chemat pe Domnul pentru niște oameni pe care, fără îndoială, nu aveau cum să-i întâlnească pe acest pământ, dar alături de care aveau să împartă veșnicia în ceruri, într-o bună zi. Adunarea s-a rugat sincer și din toată inima. Se auzea de la o stradă distanță.

După o vreme, i-am rugat pe toți să se așeze. În acel moment, l-am văzut pe un lider al bisericii noastre venind în grabă pe culoar, înspre scenă. Își flutura brațele ca să îmi atragă atenția, dar nu puteam distinge ce spunea. Apropiindu-se, l-am auzit strigând: „Soția! Soția!" Când a ajuns la mine, mi-a spus că în spate era o femeie pakistaneză, soția unui pastor, și că trebuia să ascult ce are de spus. L-am rugat să o aducă în față. Când femeia a urcat pe scenă, mi-am oprit microfonul și am vorbit cu ea.

— Ai mai fost aici?

— Nu, sunt în vizită. Vin din Pakistan.

— Ești din Pakistan?

— Da, soțul meu e pastor acolo. El și socrul meu au fost printre primii creștini care s-au dus în Gojra în ajutorul celor de acolo.

— Poftim?

— Da, chiar acum sunt acolo!

Am rămas fără replică.

Mi-a spus că era pentru prima dată în New York City. Cumva, dintr-un oarecare motiv, a intrat la întâlnirea noastră de rugăciune din seara aceea. Am prezentat-o adunării și le-am spus cine este și de unde vine. Un oftat puternic s-a auzit în biserică. Eram cu toții uimiți de ceea ce făcea Domnul chiar sub ochii noștri.

M-am gândit că e un moment potrivit să facem colecta. Le-am spus oamenilor: „Această strângere de fonduri este pentru frații și surorile noastre din Pakistan." Iar oamenii au oferit cu generozitate. A doua zi, l-am rugat pe Steve, responsabilul nostru financiar, să verifice povestea femeii. Acesta a verificat și a vorbit cu soțul ei, pastorul din Pakistan care ajuta credincioșii din Gojra. Totul s-a confirmat și am trimis banii acelor creștini persecutați.

Credeți că a fost doar o coincidență? O femeie din Pakistan, care nu mai fusese niciodată în New York City, a intrat în întâlnirea noastră de rugăciune și m-a auzit pe mine citind o știre dintr-un ziar despre un loc în care soțul ei slujea în acel moment. Atunci, Dumnezeu a făcut ca întreaga noastră adunare să se roage pentru o comunitate asediată în Pakistan. Și El ne-a îndemnat să strângem niște bani pentru acești credincioși aflați în nevoie.

Nicio minte nu a conceput vreodată ce poate face Duhul Sfânt dacă ne supunem Lui.

***

În discursul său către prezbiterii din Efes, Pavel a spus: „Și acum, iată că, împins de Duhul, mă duc la Ierusalim, fără să știu ce mi se va întâmpla acolo" (Fapte 20:22). Pavel nu precizează *cum* l-a împins Duhul Sfânt. Poate că, pur și simplu, i-a vorbit în inimă. Poate că i s-a adresat printr-un cuvânt profetic sau printr-un mesaj în alte limbi, însoțit de tălmăcire, într-o adunare a credincioșilor. Indiferent cum a primit mesajul, răspunsul lui Pavel a fost simplu. El ar fi urmat îndemnul Duhului oriunde l-ar fi condus. Duhul Sfânt era în control. El i-a spus lui Pavel să meargă. Și așa a făcut. Duhul Sfânt Îl înlocuise pe Cristos cel înălțat, care se ocupă în calitate de Domn de nevoile spirituale ale poporului Său.

În Evanghelia care-i poartă numele, Marcu ne spune că primele cuvinte ale lui Isus pentru Simon și Andrei au fost: „Veniți după Mine" (Mc. 1:17). Când Isus i-a văzut pe Iacov și pe Ioan „îndată i-a chemat; [...] și au mers după El" (Mc. 1:20). Au mers la Capernaum, unde Isus a eliberat un om posedat de un duh necurat și a vindecat mulți oameni. A doua zi dimineața, Isus S-a ridicat și S-a dus să Se roage. Când ucenicii L-au găsit, le-a zis: „Haidem să mergem în altă parte, prin târgurile și satele vecine, ca să propovăduiesc și acolo" (Mc. 1:38).

Avem aici un tipar. Isus i-a chemat pe ucenici, iar ei L-au urmat. Nu doar într-un sens general, ci în sensul real al vieții de zi cu zi. El a zis: „Azi mergem aici", și ei mergeau. Dacă l-ai fi întrebat pe Andrei într-o zi de luni: „Unde mergeți în continuare?", răspunsul lui ar fi fost: „Nu știm. Când ne spune Isus unde mergem, atunci vom ști". Apostolul Pavel avea aceeași atitudine când vorbea cu prezbiterii efeseni: Duhul Sfânt mă conduce. El îmi spune să merg la Ierusalim. Iar eu acolo merg.

Observați că același principiu se aplică și în sens opus. La un moment dat în timpul celei de-a doua călătorii misionare, Pavel și-a dorit să meargă în Asia ca să predice, dar Duhul Sfânt l-a oprit (Fapte 16:6). Iată ce s-a întâmplat mai departe: „Ajunși lângă Misia, se pregăteau să intre în Bitinia; dar Duhul lui Isus nu le-a dat voie. Au trecut atunci prin Misia și s-au coborât la Troa. Noaptea, Pavel a avut o vedenie: un om din Macedonia stătea în picioare și i-a făcut următoarea rugăminte: «Treci în Macedonia și ajută-ne!» După vedenia aceasta a lui Pavel, am căutat îndată să ne ducem în Macedonia, căci înțelegeam că Domnul ne cheamă să le vestim Evanghelia" (Fapte 16:7–10).

Observați, pentru ca Pavel să ajungă în Macedonia, a trebuit mai întâi să fie oprit să predice Evanghelia în Bitinia de același Duh Sfânt. Apostolul învățase să se supună în mod constant, îndrumării Duhului.

***

Vă spuneam mai devreme povestea creștinilor pakistanezi asediați și cum Duhul Sfânt a găsit o cale pentru ca noi să îi ajutăm. Dar povestea nu s-a încheiat acolo.

În seara de sâmbătă a aceleiași săptămâni, am fost sunat de Steve, responsabilul nostru financiar. Tocmai vorbise cu pastorul din Pakistan, iar veștile erau cumplite. Pastorul i-a spus lui Steve că ceva i-a dezlănțuit din nou pe musulmani împotriva lor în timpul chemării la rugăciunea de seară. „Zice că se urlă: «Moarte creștinilor! Moarte creștinilor!» Se teme de ceea ce urmează". Eu și Steve am convenit că ne vom ruga în noaptea aceea și a doua zi vom cere și bisericii să ni se alăture în rugăciune.

A doua zi dimineață, m-am îndreptat spre biserică și m-am pregătit pentru slujba de duminică de la ora nouă. Colegii mei pastori împreună cu mine eram în biroul meu, alături de câțiva membri ai echipei noastre de rugăciune – șapte sau opt membri ai bisericii care se roagă împreună cu noi înainte de slujbe și rămân apoi să ne susțină în rugăciune în timpul fiecărui program. Am încheiat rugăciunea. Eu eram în drum spre lift, când unul dintre voluntarii noștri, care răspundea la telefoane în acea zi, m-a strigat.

— Pastor Cymbala, sunteți chemat la telefon.

— Nu pot să răspund acum, imediat începe serviciul divin.

— Frate pastor, apelul e din Pakistan.

Am făcut cale-ntoarsă. Mi s-a făcut legătura, iar eu am preluat apelul. Era pastorul pakistanez. Glasul îi tremura de spaimă.

— Ce s-a întâmplat? l-am întrebat.

— Suntem blocați pe acoperișul unei case. Sunt aici cu alți credincioși din biserica noastră. În piață, e o gloată de oameni cu torțe aprinse. Au turbat, de-a dreptul și urlă: „Moarte creștinilor! Moarte creștinilor!"

— Bine, am zis. Fii tare, frate. Chiar acum începem slujba de duminică. Ne vom ruga.

Am închis apelul și am coborât scările cât de repede am putut. Programul începuse, iar adunarea cânta. M-am dus direct spre amvon și am întrerupt întâlnirea. Pentru cei care nu fuseseră prezenți marți la întâlnirea de rugăciune, am relatat ce s-a întâmplat. Apoi le-am spus ce se petrece în Pakistan chiar în acel moment.

— Trebuie să ne rugăm chiar acum! am spus.

Duhul Sfânt ne-a ajutat și ne-am rugat cu multă putere pentru frații și surorile noastre în Cristos din Pakistan. Am continuat să ne rugăm timp de câteva minute. Apoi, am simțit cum se așterne pacea peste toți. Eram convinși că Dumnezeu ne ascultase rugăciunile.

Luni, Steve m-a sunat și mi-a spus că vorbise din nou cu pastorul pakistanez. Mi-am zis atunci: „Slavă Domnului că e în viață!"

— E bine? am întrebat.

— Da. Dar nu o să îți vină să crezi ce s-a întâmplat.

Și Steve mi-a spus toată povestea.

Credincioșii pakistanezi au fost nevoiți să se retragă pe acoperiș, înghesuindu-se unul lângă altul. La puțin timp după ce pastorul m-a sunat, cerul s-a umplut de nori negri. S-a întunecat aproape la fel de tare ca atunci când apune soarele. Apoi a început să plouă torențial. A plouat atât de puternic, încât mulțimea s-a risipit și oamenii au fugit spre casele lor. Și asta a fost tot. Tensiunea s-a stins, iar creștinii au putut să coboare de pe acoperiș și să se întoarcă la casele lor.

Chiar și acum, când mă uit în urmă, întreaga poveste mă uimește. A fost ceva ce doar Domnul prin Duhul Său Sfânt ar fi putut realiza.

Umblarea prin credință

Pavel le-a spus liderilor din Efes că merge la Ierusalim „fără să știu ce mi se va întâmpla acolo" (Fapte 20:22). Pentru mințile noastre moderne, acesta este un gând tulburător: să pornești într-o nouă aventură fără să ai avea vreo idee despre ce se va întâmpla în continuare. Niciun plan, nicio agendă; pur și simplu, așteptând îndrumare în fiecare zi, în fiecare oră, în fiecare minut cu privire la ceea ce ar trebui să facem. Nicio corporație nu funcționează în felul acesta. Consiliile de administrație și echipele de conducere nu spun atunci când privesc spre viitor: „Ei bine, nu știm. Ne lăsăm duși de val anul acesta". Desigur, Pavel făcea planuri uneori. Dar acestea erau tot timpul condiționate de expresia *cu voia Domnului.*

Concluzia este că Pavel a fost gata să urmeze îndemnurile Domnului, oricare ar fi fost prețul. Cât de diferit este față de ceea ce vedem astăzi! Biserica s-a căsătorit cu lumea, îmbrățișându-i ideile ca fiind super-înțelepte și metodele ei, atotputernice. Astfel, Biserica a încheiat alianțe și tratate lipsite de spiritualitate, urmând ultimele capricii ale lumii și adoptându-i modelele de business. Bisericile se laudă acum mai mult cu planurile lor minuțios dezvoltate pe unul sau cinci ani decât cu îndrumarea oferită de Duhul Sfânt.

Ne-ar prinde bine să nu uităm avertizarea din Isaia 30:1–3:

„Vai – zice Domnul – de copiii răzvrătiți,
care iau hotărâri fără Mine,
fac legăminte care nu vin din Duhul Meu
și îngrămădesc astfel păcat peste păcat!
Ei se coboară în Egipt
fără să Mă întrebe,
ca să fugă sub ocrotirea lui faraon
și să caute un adăpost sub umbra egiptenilor!
Dar ocrotirea lui faraon vă va da de rușine,
și adăpostul sub umbra Egiptului vă va da de ocară".

Dumnezeu Își eliberase poporul din Egipt. Ei nu aveau de ce să se mai întoarcă acolo, cu niciun chip. Ajutorul din Egipt păruse a fi o mare binecuvântare pentru Israelul încolțit. În cele din urmă, le-a adus numai rușine.

Trebuie să ne punem două întrebări atunci când analizăm modul în care abordăm lucrarea lui Dumnezeu. În primul rând, unde sunt roadele spirituale care trec testul timpului? Isus nu a plănuit niciodată ca Biserica Lui să fie o ușă rotativă, unde devotamentul și consacrarea sunt aproape necunoscute.

De asemenea, unde sunt mărturiile despre vieți schimbate radical prin puterea Evangheliei? Acel om sălbatic, de nestăpânit, posedat de demoni, care s-a întâlnit cu Isus, a ajuns să se liniștească și să redevină întreg la minte (Mc. 5:15). Ce mărturie a puterii numelui lui Isus. Acceptarea lui Cristos ca Mântuitor a produs întotdeauna povești adevărate de genul: „Căci, dacă este cineva în Hristos, este o făptură nouă" (2 Cor. 5:17). Vechiul mod de trăire în păcat se schimbă, iar dependențele puternice sunt înfrânte numai prin Cristos. Cu toții vrem să arătăm lumii mărturii din seria: „Am fost orb, dar acum văd." Dar astăzi se constată o lipsă acută de dovezi de acest gen în bisericile noastre. Și nu pentru că Și-ar fi pierdut Cristos puterea. Predicarea Evangheliei va produce *întotdeauna* vieți schimbate.

Lucrarea care se axează pe producții ingenioase de sunet și lumini, alături de programe de divertisment atent elaborate, nu are nicio istorie până acum. De la Reforma Protestantă din secolul al XVI-lea și pe parcursul secolelor de învățătură biblică sănătoasă, rugăciuni sincere și răspândirea Evangheliei către cei care au nevoie de Cristos, nu există eroi care să fi urmat o astfel de filosofie a lucrării. Când privim la viețile lui Luther și ale reformatorilor, la puritanii anilor 1600; la marile lucrări ale lui Wesley și Whitefield, pe măsură ce predicau cu îndrăzneală Evanghelia; la Marea Trezire din America colonială; la predicile lui Finney, Moody, Spurgeon și ale Generalului Booth din secolul al XIX-lea; și până la proclamarea Evangheliei de către Billy Graham în ultimul secol, niciunul nu a practicat vreodată abordarea superficială de tip „subțire", în lucrarea sa, așa cum vedem în zilele noastre.

Este posibil să se fi găsit imperfecțiuni atât la oamenii cât și la evenimentele pe care Domnul le-a folosit în trecut, totuși acestea alcătuiesc un model mult mai bun pentru bărbații și femeile de azi care intră în lucrarea creștină. Așa cum profeții aminteau poporului Israel să se uite în trecutul lor la ceea ce a făcut Dumnezeu, tot așa, am face bine să ne aducem aminte și noi de zilele de glorie ale Bisericii creștine. Iar acele persoane remarcabile din istoria Bisericii s-au inspirat la rândul lor privind înapoi la cartea Faptele apostolilor și la faptele lui Petru, lui Pavel și ale altora. În multe locuri, liderii s-au îndepărtat de această mare moștenire și merg pe un drum ales de ei înșiși. Acum trăim principiul inevitabil al „seceratului și semănatului" în congregațiile și în popoarele noastre.

Până și nepotul meu de 11 ani, Levi, care a fost adoptat din Etiopia, a intuit astfel de tendințe îngrijorătoare acum câteva luni. El și familia lui ne-au însoțit pe mine și pe Carol într-o duminică în care am vizitat o biserică locală. S-a întâmplat să fim acolo într-o zi în care pastorul principal își prezenta viziunea pentru biserica sa. Acesta susținea că un secret pentru construirea unei biserici dinamice este să aibă un panou de informare modern, culori atrăgătoare pentru sala de adunare și un sistem modern cu efecte de lumini! Când eu și Carol am ieșit din biserică și am ajuns în parcare, nepotul nostru ne-a urmat. Ne-a surprins, când a spus: „Bunicule, îți aduci aminte când mi-ai spus că s-ar putea să mă întorc într-o zi în satul meu natal din Etiopia și să le vorbesc oamenilor despre Isus? Ei bine, când voi face acest lucru, aș vrea să vorbesc cu pastorii de acolo despre panoul informativ, culorile interioare și sistemul de lumini." Acest copil de 11 ani știa suficient despre Dumnezeu încât să priceapă că a considera acele remedii superficiale drept chei ale unei lucrări eficiente era o dovadă de nesăbuință. Din păcate, acest gen de gândire devine zi de zi tot mai răspândit în bisericile noastre.

În trecut, Duhul însemna totul. Acum, unii ar vrea să nu însemne nimic.[1] Mă întreb uneori: Dacă apostolii ar veni astăzi în America și ar privi la bisericile noastre, care ar fi reacția lor? Sunt convins că ar fi uimiți. Fără îndoială ar întreba: „Unde este Duhul Sfânt în toate acestea? Cum puteți continua fără El?" Samuel Chadwick avea dreptate când spunea: „Religia creștină este fără speranță fără Duhul Sfânt."[2]

Pe măsură ce călătoresc prin țară și prin lume, mă surprind deseori întrebându-mă aceleași lucruri. Convingerea mea fermă este că am aduce mai mult rod spiritual, am experimenta mai mult din puterea lui Dumnezeu și am răspândi Evanghelia mai departe, dacă am manifesta o mai mare dependență de Duhul Sfânt.

Apostolii și liderii Bisericii primare se bazau pe Duhul Sfânt pentru că nu aveau altă opțiune. Erau oameni simpli, pescari și vameși, fără niciun doctorat sau masterat. Cred că un motiv pentru care Isus i-a ales pe ei este tocmai *fiindcă* erau simpli și neînvățați. Nu aveau altă opțiune decât să se bazeze pe Ajutorul pe care El promisese că li-l va trimite.

Și, deși Cristos plecase, nu rămăseseră fără un învățător. Ca lideri, adesea uităm asta. „Cât despre voi, ungerea pe care ați primit-o de la El rămâne în voi și n-aveți trebuință să vă învețe cineva; ci, după cum ungerea Lui vă învață despre toate lucrurile și este adevărată, și nu este o minciună, rămâneți în El, după cum v-a învățat ea" (1 Ioan 2:27). Credincioșii din bisericile noastre pot fi învățați zilnic de Însuși Cel care a inspirat Scripturile pe care ei le citesc. Revelația Duhului Sfânt asupra Cuvântul lui Dumnezeu este cea mai bună școală în care să fii.

Cunoștințele dobândite în urma obținerii unei diplome de studii nu sunt în sine rele, dar s-ar putea ca acestea să acționeze în sens greșit. După cum spunea Edward Dennett din Plymouth, un predicator protestant din secolul al XIX-lea: „Când cunoașterea pătrunde în minte, mă înalță; când cunoașterea pătrunde în inimă, mă smerește."[3] Este adevărat, cu cât învățăm mai mult, cu atât ne simțim mai încrezători în propriile noastre abilități. Riscăm apoi să ne îndeplinim mecanic responsabilitățile în slujire. Ne gândim în sinea noastră: „Am reușit." Și devenim mai puțin dependenți de Duhul Sfânt. Ne pierdem acea deschidere sinceră, ca de copil inocent, față de îndemnurile și călăuzirea Lui. Pericolul este acesta: se prea poate să „facem biserică" fără Duhul Sfânt. În America de azi, am adaptat mai multe metodologii care fac exact acest lucru. A.W. Tozer sugera odată că, dacă Duhul Sfânt ar fi retras astăzi de pe pământ, cele mai multe biserici nici măcar nu I-ar sesiza absența.

Nu numai că Pavel s-a dus la Ierusalim „fără să știu ce mi se va întâmpla acolo", dar Duhul Sfânt l-a avertizat că „din cetate în cetate [...] mă așteaptă lanțuri și necazuri" (Fapte 20:22–23). Acest aspect ridică ștacheta destul de mult. Gândiți-vă la credința și la devotamentul necesare pentru a continua în lumina unor asemenea avertismente prealabile. Toți vrem să fim conduși de Duhul. Dar, în același timp vrem și să controlăm lucrurile și aici este problema. Trebuie să vedem un plan. Nu ne place să pornim într-o aventură decât dacă știm cum se va sfârși. Și, probabil, nu ne vom îmbarca într-o călătorie dacă știm că ne așteaptă necazuri și închisoare. Mulți dintre noi s-ar putea să folosim acele situații potențiale chiar ca dovadă că Dumnezeu *nu* ne conduce. Dar Pavel era atât de radical dedicat voii lui Dumnezeu, încât nici „închisoarea și necazurile" nu l-au împiedicat să își predea voia lui Dumnezeu. Doar Duhul Sfânt ne poate aduce la o astfel de supunere față de Domnul.

Sfânta „dezordine"

Era serviciul divin de după-amiază – al treilea din ziua aceea, și mai aveam încă unul – iar eu eram obosit. Stăteam pe scenă, iar Carol conducea corul. Un timp de laudă și închinare deschisese programul, iar acum cânta corul. Liderii împreună cu câțiva membri ai grupului nostru de rugăciune se rugaseră înainte de întâlnire, așa cum obișnuiam, ca Duhul Sfânt să conducă și să binecuvânteze slujba. Am simțit mereu că, dacă Dumnezeu a putut să-i călăuzească pe israeliți prin deșert timp de patruzeci de ani, zi de zi, ne poate călăuzi și pe noi pe parcursul unui serviciu divin de duminică.

Corul a terminat prima cântare. Poate că aveau pregătită încă una, dar, din nu știu ce motiv, la finalul primei cântări, Carol a închis ochii și a ridicat mâinile, închinându-se în tăcere. Unii dintre coriști au ridicat și ei mâinile și s-au închinat Domnului. În scurt timp, câțiva oameni din adunare au făcut la fel. S-a format un lanț neîntrerupt de laudă și, în doar câteva clipe, ceva se simțea în aer, un potpuriu frumos de adorare la adresa lui Dumnezeu răsuna în toată clădirea.

Se întâmpla ceva neașteptat, inspirat de Dumnezeu. Dar nu știam ce să fac. Așa că m-am rugat: „Doamne, ce faci? Ce ar trebui să se întâmple? Ce ar trebui să fac acum?" M-am ridicat și m-am dus încet spre amvon în mijlocul acelui sunet ceresc. Stăteam în picioare, simțind un sentiment profund de neputință, și am zis: „Doamne, am un microfon în mână. Ce vrei să fac? Dacă încep să cânt un refren, toată adunarea mă va urma. Dacă le spun tuturor să stea jos, așa vor face. Nu mișc nimic până când nu îmi arăți ce să fac. Nu voi schimba cursul acestei închinări decât dacă mă îndemni Tu. Doamne, vorbește-mi! Arată-mi ce să fac". Eram hotărât să nu sting Duhul, întrucât el dirija în mod invizibil ceva ce nimeni nu ar putea fabrica. Momentul era sacru.

Apoi am deschis ochii și mi-a atras atenția o femeie, soția unuia dintre pastori, de pe rândul din față. Stătea în tăcere, cu ochii închiși, cu mâinile ridicate. Am simțit că Duhul Sfânt îmi spune: „Dă-i microfonul!"

Care a fost prima mea reacție? *Poftim? Nu pot să fac asta. Nu am mai procedat așa niciodată. Dacă îmi dă microfonul înapoi?*

Simțeam presiunea în piept. Inima începuse să îmi bată cu putere. Îmi dădeam seama că L-aș putea întrista pe Duhul Sfânt dacă nu faceam ce îmi spunea. Neobservat de cei mai mulți dintre cei care Îl lăudau pe Dumnezeu, m-am îndreptat spre capătul scenei, am coborât treptele și m-am dus la ea. Am întins mâna să-i ating umărul – nu am vrut să o sperii – dar înainte să fac asta, a deschis ochii, s-a întors spre mine, mi-a luat microfonul din mână și a rostit imediat un cuvânt de la Domnul. Spuneți-i profeție, dacă vreți – nu prezicerea vreunui lucru, ci reafirmarea adevărului transmis de cântecul pe care tocmai îl cântase corul. „Nu, nu te voi lăsa niciodată. Nu te voi părăsi. Poate crezi că te-am uitat. Nu te-am uitat niciodată. Știu exact cine ești și unde ești și nu te voi abandona niciodată". Nu era o descoperire nouă, pe care nu o găsim deja în Scriptură. Dar greutatea și puterea cuvintelor ei erau de nedescris.

În acel moment, cerul s-a coborât pe pământ. Fără ca cineva să îl invite sau să îi dea vreo indicație, corul Îl lăuda pe Dumnezeu, iar oamenii s-au ridicat în picioare – unii au venit la altar, alții au îngenuncheat. Nimeni de pe scenă nu conducea ce se întâmpla, dar totul era în ordine. Stăteam acolo în primul rând și mă gândeam: „Aș prefera să fiu aici, în prezența manifestată a lui Dumnezeu decât în orice alt loc de pe pământ"

Două zile mai târziu, soțul femeii a venit la mine în birou:

— Jim, mi-a zis el, a fost un serviciu de după-amiază nemaipomenit, nu-i așa? Dumnezeu ne-a arătat mult har.

— A fost ceva special. Momentele de înviorare vin în prezența Domnului.

El mi-a spus că în drum spre casă, i-a zis soției lui:

— Dumnezeu te-a folosit cu adevărat în timpul slujbei. Ea a tăcut.

— Dar cum de ai luat microfonul de la pastorul Jim?

— Ei bine, am simțit un mesaj în inimă, un cuvânt de încurajare pentru biserică. Dar nu eram sigură dacă e cu adevărat de la Dumnezeu. Mă gândeam că nu am o voce puternică și că în jurul meu răsună laudele Domnului din glasurile oamenilor. Chiar dacă aș vorbi tare, nimeni nu mă va auzi. Așa că am zis: „Doamne, dacă ești cu adevărat Tu cel care îmi dai acest gând, fă ca pastorul să coboare de pe scenă și să îmi dea microfonul. Așa voi ști că ești Tu".

A fi condus de Duhul Sfânt nu este întodeauna spectaculos. Dar *este* întotdeauna important.

Plini de Duhul

Cu toții am auzit, și probabil am folosit expresia: „plin de Duhul". Dar ce înseamnă asta? Ar putea părea evident, dar haideți să săpăm mai adânc.

Toți înțelegem și suntem de acord că Duhul Sfânt este o persoană. Și toți înțelegem și suntem de acord că Duhul Sfânt locuiește în toți creștinii. „Dacă n-are cineva Duhul lui Hristos, nu este al Lui" (Rom. 8:9). Dar sunt toți creștinii „plini de Duhul"? Și sunt ei „umpluți" o dată pentru totdeauna?

Nu pare să fie așa. În Ziua Cincizecimii, ucenicii s-au rugat și „toți s-au umplut de Duh Sfânt" (Fapte 2:4). La scurt timp, când Petru și Ioan au fost aduși înaintea preoților celor mai de seamă și a familiei acestuia, Petru era „plin de Duhul Sfânt" (Fapte 4:8). Apoi, când Petru și Ioan au fost eliberați după o noapte petrecută în temniță, s-au întors la credincioși și s-au rugat cu toții. „După ce s-au rugat ei, s-a cutremurat locul unde erau adunați; toți *s-au umplut de Duhul Sfânt* și vesteau Cuvântul lui Dumnezeu cu îndrăzneală" (Fapte 4:31).

Dar stați puțin. Aceștia sunt aceiași oameni care erau împreună în ziua Cincizecimii (Fapte 2:1–4). Dacă toți au fost umpluți de Duh atunci, de ce a fost nevoie să fie umpluți din nou?

Pavel le-a spus creștinilor din Efes: „fiți plini de Duh" (Ef. 5:18). În limba greacă, înseamnă literalmente: „fiind umpluți în continuu de Duh." Este ceea ce specialiștii în gramatică numesc timpul prezent continuu. Există cel puțin o traducere care sună astfel: „continuați să fiți umpluți de Duh." Dacă toți au fost umpluți la un moment dat și dacă au rămas umpluți din acel moment, de ce ar fi trebuit să le poruncească Pavel să continue să fie plini de Duhul?

Iată încă un exemplu. Când apostolii s-au ocupat de problema distribuirii hranei între văduvele din biserică, au îndemnat adunarea: „alegeți dintre voi șapte bărbați, vorbiți de bine, *plini de Duhul Sfânt* și înțelepciune, pe care îi vom pune la slujba aceasta" (Fapte 6:3). Dacă *toți* erau deja plini de Duhul, cum putea acest lucru să fie un criteriu de selecție? De asemenea, știm că biserica din Laodiceea era o biserică creștină. Dar era plină de Duhul? Se pare că era căldicică și, drept urmare, Cristos urma să îi verse din gura Lui (Apoc. 3:16).

Putem înțelege mai ușor conceptul de „a fi umplut" dacă ne imaginăm o găleată plină cu apă sau un rezervor plin de gaz. Deși imaginea apei, a vântului sau a untdelemnului este folosită în Scriptură, Duhul Sfânt nu este niciunul dintre acestea. El este o persoană. Atunci, ce înseamnă să fii „umplut" cu o persoană?

Gândiți-vă ce întelegeți atunci când Scriptura vorbește despre cineva posedat de demoni. Aceasta înseamnă că duhurile demonice controlează și animă acea persoană. A fi umplut de Duhul înseamnă, de asemenea, a fi controlat și însuflețit, dar de Duhul Sfânt, ca rezultat al unei proaspete predări Lui. Și odată cu această predare nouă, vine și o proaspătă împărtășire de putere din partea Atotputernicului Dumnezeu.

Asta este o veste bună! Cu alte cuvinte, cu cât ne predăm mai mult Duhului, cu atât mai multă putere primim de la El, în moduri noi și diferite.

Privați de Duhul

În timp ce pentru noi este posibil să beneficiem de împărtășiri proaspete ale binecuvântărilor Duhului, este la fel de posibil, de asemenea, să ratăm – sau chiar să respingem – ajutorul Duhului Sfânt. Scriptura vorbește despre cel puțin două moduri în care acest lucru se poate întâmpla. Putem întrista Duhul. Și putem *stinge* Duhul.

A „întrista" Duhul Sfânt înseamnă a-L dezamăgi, a-L îndurera. Când facem acest lucru? În primul rând, atunci când nu ne tratăm unii pe alții așa cum vrea Domnul. „Să nu întristați pe Duhul Sfânt al lui Dumnezeu, prin care ați fost pecetluiți pentru ziua răscumpărării. Orice amărăciune, orice iuțeală, orice mânie, orice strigare, orice clevetire și orice fel de răutate să piară din mijlocul vostru. Dimpotrivă, fiți buni unii cu alții, miloși și iertați-vă unul pe altul, cum v-a iertat și Dumnezeu pe voi în Hristos" (Ef. 4:30–32).

Pavel a scris și el: „Nu stingeți Duhul" (1 Tes. 5:19). Scriptura folosește deseori metafora focului pentru a descrie Duhul și lucrarea Lui în mijlocul nostru. În Fapte 2 citim: „Niște limbi ca de foc au fost văzute împărțindu-se printre ei și s-au așezat câte una pe fiecare din ei. Și toți s-au umplut de Duh Sfânt" (v. 3–4). Și amintiți-vă că Ioan Botezătorul a spus că Isus va boteza „cu Duhul Sfânt și cu foc" (Mt. 3:11). Imaginea pe care Pavel o folosește pentru stingerea Duhului se aseamănă cu o persoană care toarnă apă peste foc. Când intervenim sau ne amestecăm în lucrarea Duhului printre noi, când subestimăm sau neglijăm rolul său important, este ca și când am turna literalmente apă pe focul Duhului. Convingerea mea personală este că nenumărate biserici care cred Biblia sunt adversare tăcute ale Duhului Sfânt. Acesta nu este primit să preia controlul în mijlocul lor. Programul și desfășurătorul slujbelor bisericii nu pot fi modificate nici măcar de Dumnezeu Însuși. Iar acest lucru e tragic. E.M. Bounds a spus că Duhul Sfânt trebuie să aibă libertate, sau nu va avea nimic.

Dacă Duhul Sfânt nu este în controlul Bisericii lui Isus Cristos pe pământ, Îl neglijăm spre propria noastră nenorocire. Cum să fim călăuziți în decizii sau să fim împuterniciți pentru lucrare fără Duhul? Cum să predicăm Evanghelia și să facem convertiți? Oare talentul, programele de marketing și istețimea îi vor conduce pe oameni la pocăință? În definitiv, este Duhul Sfânt Cel care a convins lumea de păcat (Ioan 16:8). Cum putem spera să ne opunem puterii diavolului fără puterea Duhului Sfânt? Pavel îi avertizase pe efeseni: „întăriți-vă în Domnul și *în puterea tăriei Lui*" (Ef. 6:10). Putem înțelege din punct de vedere intelectual diversele piese ale armurii lui Dumnezeu (scut, coif și așa mai departe), dar fără puterea Duhului, nu putem trăi biruitori pentru Cristos.

Echilibru între Cuvânt și Duh

Trăim vremuri în care mulți oameni care Îl iubesc pe Dumnezeu, Îl iubesc pe Isus și iubesc Biblia sunt puțin rezervați în privința Duhului Sfânt. De ce? Pentru că unele programe ale televiziunilor creștine abundă în fanatism nebiblic, iar unele biserici atribuie Duhului Sfânt manifestări bizare. Creștini serioși, care cunosc Biblia, văd astfel de lucruri și spun: „Acest lucru nu edifică biserica și mă include și pe mine." Și au dreptate. Având în vedere aceasta, prezența Duhului Sfânt nu este o „senzație" și nici o atmosferă eterică, pe care o creează muzica și un aparat de fum.

Una dintre cele mai dificile sarcini cărora trebuie să le facem față este găsirea echilibrului între Cuvânt și Duh. Este important să îl găsim, deoarece, a merge prea departe în oricare direcție, poate genera probleme. Am repetat deseori ceva ce prietenul meu Warren Wiersbe obișnuia să spună: „Dacă vei pune accentul doar pe Cuvânt, te vei usca. Dacă vei pune accentul doar pe Duh, vei exploda. Dacă vei pune accentul atât pe *Cuvânt*, cât și pe Duh, vei crește." Biblia este singurul nostru îndreptar al credinței. Dar fără Duhul care să o anime și să călăuzească slujbele noastre religioase, în curând totul va fi doar „de la gât în sus", fără să ajungă la inimi și să le miște. Satan a jucat la ambele capete în această privință, nu-i așa? Așa că trebuie să găsim echilibrul, combinând loialitatea față de Cuvânt cu rugăciunea: „Vino, Duhule Sfânt!"

Cum facem asta? Iată un punct de referință. Atunci când vine Duhul Sfânt, El nu atrage atenția asupra Sa; El Îl glorifică pe Cristos. Strategia lui Satan este să falsifice adevăratul Duh Sfânt și să producă un sentimentalism emoțional nesănătos, ciudățenii nebiblice și șarlatani egoiști pentru a denigra numele Duhului Sfânt. Dar nu trebuie să aruncăm copilul odată cu apa în care l-am scăldat. Dacă ne conformăm adevărului Scripturii, nu ar trebui să fim reticenți la ideea darurilor și manifestărilor Duhului Sfânt. Nu există niciun motiv să nu sperăm, ba chiar să ne așteptăm că El va face în zilele noastre toate lucrurile supranaturale pe care le-a făcut în Biblie. Nu ar trebui să avem nicio problemă față de ideea că Dumnezeu ar putea vindeca oameni, i-ar putea elibera și ar putea aduce oameni la mântuire cu miile printr-o singură predică. El a făcut-o înainte. De ce nu ar mai face-o din nou? De ce nu am vrea să facă asta? De ce să nu ne rugăm să facă asta? Împrejurările noastre actuale, într-o lume plină de întuneric și disperare ar trebui, cu siguranță, să ne determine să strigăm după ajutor din ceruri.

În ceea ce privește o deschidere proaspătă față de Duhul Sfânt, nu ar trebui să ne temem că un fake satanic va strica lucrurile. Avem Cuvântul sigur al lui Dumnezeu ca să ne ajute. Testul simplu al oricărei manifestări a Duhului este dacă slujește la zidirea poporului lui Dumnezeu, la edificarea lui. „Și fiecăruia i se dă arătarea Duhului spre folosul *altora*" (1 Cor. 12:7). Mai târziu, Pavel a spus: „toate să se facă *spre zidirea sufletească*" a bisericii (1 Cor. 14:26).

Dacă o activitate sau o manifestare zidește spiritual poporul Domnului, întărindu-i credința, apropiindu-l de Cristos, făcându-l să iubească Biblia mai mult, atunci este lucrarea lui Dumnezeu. Ar produce Satan sau firea pământească astfel de rezultate? Un pom se cunoaște după roadele sale.

Recunosc că acestea sunt subiecte controversate în anumite cercuri. Drept rezultat, unele biserici și-au conturat în esență identitatea prin refuzul lor de a recunoaște prezența Duhului Sfânt în acțiune în zilele noastre. Dar nu ar trebui să căutăm tot ce are Duhul Sfânt să ne ofere? El este Cel care a inspirat Scripturile, care ne împuternicește să lucrăm pentru Domnul nostru și produce roadele care ne fac să fim zilnic mai asemănători lui Isus. Mi-a plăcut mereu refrenul cântecului „Duhul Dumnezeului Celui Viu" pe care l-am auzit prima dată cu mulți ani în urmă. Sper ca aceste cuvinte să fie ca o rugăciune pe buzele tuturor.

Duhul Dumnezeului Celui Viu, /
Revarsă-Te din nou peste mine, /
Duhul Dumnezeului Celui Viu, /
Revarsă-Te din nou peste mine. /
Zdrobește-mă, înmoaie-mi inima, /
Modelează-mă, umple-mă. /
Duhul Dumnezeului Celui Viu, /
Revarsă-Te din nou peste mine.[4]

Capitolul 7

Predicarea în puterea Duhului

Și învățătura și propovăduirea mea nu stăteau în vorbirile înduplecătoare ale înțelepciunii, ci într-o dovadă dată de Duhul și de putere.
1 Corinteni 2:4

Pavel a petrecut trei ani în Efes predicând Evanghelia. Acum era în drum spre Ierusalim, unde știa că i se vor ivi noi oportunități de a-L proclama pe Hristos. Dar, înainte de a merge mai departe, haideți să ne uităm mai atent la filosofia de predicare a lui Pavel.

Predicarea lui Pavel era înrădăcinată în adevărul Cuvântului lui Dumnezeu, dar însoțită de puterea Duhului. În prima sa epistolă către corinteni, Pavel descria predicarea: „Cât despre mine, fraților, când am venit la voi, n-am venit să vă vestesc taina lui Dumnezeu cu o vorbire sau înțelepciune strălucită. Căci n-am avut de gând să știu între voi altceva decât pe Isus Hristos, și pe El răstignit. Eu însumi, când am venit în mijlocul vostru, am fost slab, fricos și plin de cutremur. Și învățătura și propovăduirea mea nu stăteau în vorbirile înduplecătoare ale înțelepciunii, ci într-o dovadă dată de Duhul și de putere, pentru ca credința voastră să fie întemeiată nu pe înțelepciunea oamenilor, ci pe puterea lui Dumnezeu" (1 Cor. 2:1–5).

„Cât despre mine [...] n-am venit [...] cu o vorbire sau înțelepciune strălucită" (1 Cor. 2:1). Nicio școală sau seminar biblic despre care știu nu predă o astfel de abordare a predicării. Cele mai multe predau exact opusul; ideea este să-i ajuți pe studenți să pară elevați, convingători, isteți – să-i faci buni comunicatori. Pavel se laudă că predicarea lui nu era astfel. El dorea ca urmașii lui să nu-și întemeieze credința pe abilitățile sale oratorice, ci pe puterea lui Dumnezeu. Pavel nu intenționa să impresioneze oamenii prin calitatea sa nemaipomenită de orator; el voia ca ei să cunoască măreția lui Isus. Nu uitați contextul cultural în care Pavel a făcut această afirmație. Cultura greco-romană venera înțelepciunea și oratoria. Îi idolatriza pe filosofii de seamă în aceeași manieră în care îi idolatrizăm noi astăzi pe sportivii și artiștii celebri. Pavel nu a vrut să aibă de-a face cu așa ceva.

Când membrii adunării voastre se îndreaptă spre casă duminica vorbind despre talentul predicatorului sau al echipei de închinare, acea slujbă și-a ratat într-un fel scopul. Dacă însă pleacă spunând: „L-am întâlnit pe Cristos Cel viu azi", serviciul a fost un succes.

„Căci n-am avut de gând să știu între voi altceva decât pe Isus Hristos, și pe El răstignit" (1 Cor. 2:2). Pavel a slujit cu focalizare pe Cristos cel răstignit. Subiectele abordate de el au fost despre nașterea din fecioară, crucea pe care a murit Isus, sângele Lui vărsat pentru ispășirea păcatelor, învierea Sa, promisiunea Duhului Sfânt și a Doua Venire a lui Cristos. Exemplul lui Pavel este cel pe care trebuie să îl urmăm dacă vrem să predicăm în puterea Duhului.

Isus a vorbit despre lucrarea Duhului Sfânt în acești termeni: „Când va veni Mângâietorul [...] El va mărturisi despre Mine" (Ioan 15:26). El a adăugat ulterior: „*El Mă va proslăvi,* pentru că va lua din ce este al Meu și vă va descoperi" (Ioan 16:14). Misiunea cea mai importantă a Duhului Sfânt este de a-L glorifica pe Isus.

Cu toate că aduce multe alte binecuvântări, înălțarea lui Cristos este lucrarea Sa principală. Acesta este un factor vital de care să ținem cont când ne pregătim predicile și propovăduim oamenilor.

Duhul Sfânt ne va ajuta dacă Îl glorificăm pe Isus Cristos și pe nimeni altcineva în mesajele noastre. Dacă vorbitorul folosește microfonul pentru a atrage subtil atenția asupra sa, în loc să o îndrepte spre Cristos, ajutorul Duhului va lipsi. La fel stau lucrurile și atunci când subliniem „cât de minunată e biserica noastră" sau „cât de specială este confesiunea noastră religioasă în comparație cu altele." Duhul va aștepta răbdător pe margine dacă noi alunecăm pe panta autoglorificării. El nu a fost trimis să ne slăvim pe noi, pe mine sau pe tine, ori un brand anume sau etichetă denominațională. El a venit să Îl înalțe pe Isus și numai pe El. Atunci când suntem pe aceeași lungime de undă cu Duhul Sfânt, în acord cu misiunea Lui, vom experimenta ajutorul Său în moduri extraordinare. Distragerea atenției de la Cristos este una dintre cele mai rapide căi de a stinge Duhul.

Este dificil să ne gândim la altceva aflat atât de direct în contradicție cu cultura și valorile societății noastre cum e mesajul mântuirii prin Cristos. Cultura ridică în slăvi sportivii, miliardarii și artiștii. Se retrage în fața mesajului Evangheliei unui Mântuitor pe nume Isus, care a fost bătut, scuipat și pironit pe o cruce pentru a ispăși păcate. Dar observați asta: acest mesaj era la fel de străin și disprețuit în cultura în care predica Pavel: „dar noi propovăduim pe Hristos cel răstignit, care pentru iudei este o pricină de poticnire, și pentru Neamuri, o nebunie; dar pentru cei chemați, fie iudei, fie greci, este puterea și înțelepciunea lui Dumnezeu" (1 Cor. 1.23–24). Pavel nu a lăsat ca sensibilitățile culturii din jur să-l oprească. Nu ar trebui să ne oprească nici pe noi. Singurul mod prin care se va întâmpla acest lucru este să fim atât de absorbiți de aprobarea lui Dumnezeu, încât să fim imuni la reacțiile celorlalți.

„Eu însumi, când am venit în mijlocul vostru, am fost slab, fricos și plin de cutremur" (1 Cor. 2:3). De ce era Pavel „fricos și plin de cutremur"? Nu cred că era vorba despre tracul de scenă. Pavel era un predicator îndrăzneț și neînfricat, cum lumea nu mai văzuse. Cred că această teamă a sa izvora dintr-o preocupare profundă că nu L-ar putea predica pe Cristos cu claritate desăvârșită sau că puterea Duhului Sfânt nu ar însoți mesajul său. Și noi ar trebui să avem aceeași grijă. Dumnezeu ne-a trimis să ducem mesajul Evangheliei în puterea Duhului. Acesta ar trebui să fie scopul nostru: nu aplauzele pe care predicile noastre le-ar putea aduce.

„Și învățătura și propovăduirea mea nu stăteau în vorbirile înduplecătoare ale înțelepciunii, ci într-o dovadă dată de Duhul și de putere" (1 Cor. 2:4). Care a fost „dovada dată de Duhul și de putere" care a însoțit predicarea lui Pavel? Nu există nicio aluzie că ar fi fost o manifestare constantă a darurilor Duhului. Pavel a făcut, într-adevăr minuni prin Duhul, dar nu găsim în Noul Testament nicio dovadă de miracole la comandă.

Ceea ce a făcut Pavel a fost să aducă vestea bună despre Isus, bazându-se pe Duhul că o va duce în inimile oamenilor. La fel, și Petru s-a bazat pe Duhul în lucrarea lui, așa cum stă scris în Fapte. În capitolul 2, după ce Petru și-a încheiat predica, oamenii „au rămas străpunși în inimă și au zis lui Petru și celorlalți apostoli: «Fraților, ce să facem?»" (Fapte 2:37). Aceasta nu s-a datorat abilităților oratorice ale lui Petru. A fost pentru că Duhul Sfânt a aplicat Evanghelia în inimile ascultătorilor.

Acest mariaj dintre mesaj și vas (omul care îl transmite, n.ed.) poate fi realizat doar prin intermediul Duhului Sfânt. Așa cum susțineau metodiștii din anii trecuți: „Evanghelizarea devine eficientă doar prin puterea Duhului din evanghelist."[1]

Încredințarea deplină

Un prieten de-al meu pe nume Charles mi-a împărtășit odată o experiență interesantă pe care a avut-o și care ilustra puterea Duhului Sfânt care ne stă la dispoziție. Când Charles studia teologia la seminar, un lector invitat a susținut o serie de conferințe despre predicare. După vreo cinci minute din prima sesiune, Charles s-a gândit: „Acesta e cel mai plictisitor om pe care l-am auzit vreodată." Vocea bărbatului era exasperant de monotonă. Charles s-a străduit să-și păstreze concentrarea asupra prezentării. „Dar, pe măsură ce a continuat să vorbească", spunea

Charles, „am simțit cum mi se strânge inima. Nu pot să descriu cu adevărat senzația. Apoi, brusc, mi-a venit să plâng. Isus și dragostea Lui deveniseră atât de reale. Am încercat să îmi reprim lacrimile, dar, în cele din urmă, nu am reușit. Am continuat să plâng. M-am simțit rușinat. Dar apoi s-a întâmplat un lucru ciudat. În pauza de cafea, am observat că toți ceilalți își ștergeau și ei lacrimile! Așa a fost toată săptămâna. Din orice perspectivă am fi privit, bărbatul nu era un orator grozav. Dar Duhul Sfânt era cu el. Era putere în cuvintele lui care ne-au pătruns adânc în inimă."

Iată o altă relatare a unui predicator cunoscut, care descrie diferența pe care o face Duhul în predicare:

> O, frații mei, când Duhul Sfânt îl vizitează pe un om, ce diferență face în el! Cunosc un predicator, cel mai plictisitor și monoton predicator care a urcat vreodată la amvon. Sub slaba lui slujire, au fost puține convertiri, iar adunarea se subția tot mai mult. Oamenii de treabă suspinau în ascuns, iar vrăjmașul zicea: „Aha, așa îmi place." A avut loc o trezire, Duhul Sfânt a lucrat cu mare putere, iar predicatorul a simțit focul divin și, dintr-o dată, s-a trezit plin de energie și zel. Omul părea să fie transformat; limba parcă i-ar fi fost atinsă de foc. A lăsat la o parte discursurile elaborate și scrise și a început să vorbească din inima sa aprinsă către inimile celorlalți. A predicat așa cum nu o mai făcuse niciodată. Locul s-a umplut, oasele uscate s-au pus în mișcare și s-au trezit la viață. Duhul lui Dumnezeu este un mare făcător de minuni![2]

Cine era cunoscutul predicator care a povestit despre această situație care a cunoscut o asemenea turnură dramatică în lucrarea unui om? Era Charles Spurgeon, faimosul pastor baptist din Londra, cunoscut drept Prințul Predicatorilor. Spurgeon cunoștea prea bine importanța vitală a Duhului Sfânt în viața predicatorului în timpul slujirii sale.

Pavel a scris și el ceva asemănător, dar cu o completare importantă: „Căci Evanghelia noastră n-a fost adusă la voi numai prin cuvinte, ci și cu putere, cu Duh Sfânt și *cu deplină convingere*" (1 Tes. 1:5 NTR).

Pavel a sugerat că secretul unei predicări reușite este „o deplină convingere." Textul original în limba greacă sugerează că apostolul vorbea despre deplina convingere nu a ascultătorului, ci a vorbitorului. Și aceasta are sens. Cum îi putem influența pe alții cu adevărul lui Dumnezeu dacă noi înșine nu suntem întâi convinși de el prin Duhul Sfânt? Cum putem predica, să zicem, despre dragostea răbdătoare (1 Cor. 13), dacă Dumnezeu nu lucrează din nou în noi la propria noastră răbdare? Mesajele pe care le transmitem vor câștiga adevărata autoritate spirituală doar atunci când Cuvântul lui Dumnezeu va pătrunde adânc mai întâi în noi. Ceea ce spunem poate fi adevărat. Poate suna doctrinar corect. Dar doar dacă este rostit cu o profundă convingere care vine de la Duhul Sfânt, mesajul va pătrunde în inimile oamenilor.

Cea mai mare luptă a mea atunci când am intrat pentru prima oară în slujirea pastorală a fost să cred că Dumnezeu mă poate folosi în ciuda stilului meu colocvial de a vorbi. Simțeam că trebuie să sune mai „pastoral" – știți voi, să folosesc un ton al vocii mai religios. Am tot încercat să îmi amintesc cum se purtau pastorii pe care i-am văzut când eram copil, pentru a-i putea imita și a scăpa de propriu-mi stil.

După vreo patru luni de slujire pastorală, conduceam spre casă, mă întorceam cu Carol de la biserică, și am întrebat-o.

— Cum mă descurc?

— Chiar vrei să știi?

Când soția îți spune asta, îți dai seama pe loc că nu prea *vrei* să știi cu adevărat, dar categoric *ai nevoie*.

— Da.Chiar vreau să știu. Cum mă descurc?

— Îngrozitor.

— Bine. De ce?

— Fiindcă atunci când predici, nu ești *tu*. Joci un rol. Încerci să te porți ca un predicator.

Bineînțeles că avea dreptate. Eram nesigur. Nu aveam încredere că Dumnezeu mă poate folosi așa cum sunt. Dar Dumnezeu nu face doi fulgi de zăpadă identici, și la fel e și cu predicatorii.

Nu am nevoie să imit pe nimeni. Aceasta este rețeta eșecului spiritual. Lumea are nevoie de vocea mea, nu de un ecou. Dumnezeu a trebuit să îmi arate că nu modul în care vorbesc contează; ci modul în care lucrează El când vorbesc.

Duhul este cel care dă greutate cuvintelor noastre. El conferă o autoritate pe care nu o putem obține prin oratorie fină, gesturi teatrale sau „un tremur în voce". Ori o avem, ori n-o avem. Vă aduceți aminte de relatarea din Scriptură, cu cei doi bărbați care mergeau spre Emaus când – deși nu L-au recunoscut – Isus cel înviat s-a apropiat și a mers alături de ei, explicându-le toate Scripturile cu privire la El. Mai târziu, ei și-au zis unul altuia: „Nu ne *ardea* inima în noi când ne vorbea pe drum și ne deschidea Scripturile?" (Luca 24:32). Nu au menționat niciodată cât de deștept sau elocvent era Isus, ci doar că inimile le erau adânc mișcate. Aceasta este, probabil, cea mai mare nevoie a amvoanelor bisericilor din America – predici care să producă inimi aprinse, așa cum a făcut Isus. Fie ca Domnul să aprindă acel foc în fiecare inimă!

Duhule Sfânt, ajută-mă!

La începutul slujirii mele, am fost invitat să vorbesc într-o biserică dintr-o zonă săracă din America de Sud în arșița verii. Sunt destul de sigur că singurul motiv pentru care am fost invitat a fost acela că socrul meu îi cunoștea pe pastor și pe soția lui. Am ajuns devreme la biserică, sigur pe mine, străduindu-mă să arăt bine în costumul meu albastru, cu dungi subțiri, din bumbac.

Abia începusem să vorbesc, când o senzație neplăcută că nimic nu mergea bine pusese stăpânire pe mine. Simțeam că predic unui perete. Un perete înalt, gri, de beton. Mi se părea că tot ce spuneam ricoșa din acel perete și se întorcea la mine. Așa că m-am străduit mai tare. Nu s-a întâmplat nimic. M-am rugat: „Doamne, eu predic, dar ei nu primesc nimic. Stau și se uită țintă la mine. Ceva nu e în regulă în acest loc." Începeam să îmi pierd speranța. „Duhule Sfânt, Te rog, *ajută-mă!*"

Pe măsură ce îmi încheiam mesajul, am simțit cum Dumnezeu îmi îndreaptă atenția către o doamnă bine îmbrăcată, așezată în ultimul rând. Am strigat-o imediat:

— Scuzați-mă, doamnă – în ultimul rând, cu părul blond – ați putea veni aici, vă rog? Aș vrea să mă rog pentru dumneavoastră.

S-a ridicat și a venit încet în fața bisericii. Nu știam sigur de ce am simțit să fac acest lucru și nici nu știam ce să fac mai departe.

S-a dovedit că nu a trebuit să fac nimic. În momentul în care femeia a ajuns la altar, a căzut în genunchi și a început să plângă ușor. Asta a fost puțin neașteptat. Atunci, alți oameni au ieșit în față. Acum eram și mai surprins. Nu făcusem „o chemare la altar", cum i se spune. Dar iată-i că veneau. Cinci oameni. Zece oameni. Cincisprezece. Douăzeci. Pastorul și soția lui s-au dus în mijlocul lor și se rugau cu fiecare în parte. În următorul moment, oamenii plângeau și se îmbrățișau unii pe alții. Nu aveam idee despre ce se întâmplă, dar a durat destul de mult. Stăteam doar acolo și priveam. Nu am reușit niciodată să termin corespunzător acea predică.

Mai târziu, am luat cina în familia pastorului.

— Mulțumesc că ai venit, mi-a zis el.

— Ei bine, am făcut tot ce am putut, i-am răspuns. Am avut ceva dificultăți acolo pentru o vreme.

Mi-a spus că știa exact ce simțisem, fiindcă biserica era în starea aceea de câteva luni.

— Nu am avut nicio binecuvântare, nu L-am simțit pe Duhul Sfânt, mi-a spus. Este ca și cum totul s-ar fi oprit. Și știm motivul. Trăim o divizare teribilă în biserică. Oamenii șușotesc și răspândesc tot felul de bârfe. Și sursa tuturor acestora a fost femeia pe care ai chemat-o în față. Când s-a prăbușit așa cum a făcut-o, toți ceilalți care au fost implicați în divizarea bisericii și-au dat seama că Dumnezeu nu e de acord și mai bine se pocăiesc.

Nu aveam nicio bănuială despre toate acestea în timp ce predicam. Dintr-o dată, Duhul Sfânt venise și lucrase în inimile oamenilor, iar pastorul asistase la o mare reconciliere. Predica mea, cu siguranță, nu a fost elocventă, dar Duhul Sfânt Se ocupase de o problemă spirituală serioasă.

Rugăciunea în timpul predicării

Rugăciunea mea în ziua aceea – „Duhule Sfânt, *ajută-mă*" – nu a fost ceva compus de mine cu grijă și repetat. A fost spontană și din inimă. S-ar putea spune că a fost o reacție naturală la situația în care mă aflam. Dar eu nu cred că a fost așa. Eu cred că am avut parte de asistența supranaturală a Duhului Sfânt, așa cum este promis în Scriptură: „Și tot astfel și Duhul ne ajută în slăbiciunea noastră: căci nu știm cum trebuie să ne rugăm. Dar însuși Duhul mijlocește pentru noi cu suspine negrăite [...] pentru că El mijlocește pentru sfinți după voia lui Dumnezeu" (Rom. 8:26–27).

Ați fost vreodată într-o situație în care v-ați simțit obosiți sau confuzi și nu puteați să vă dați seama cum să vă rugați sau pentru ce să vă rugați? Cristos ne-a dăruit Duhul Sfânt ca să ne ajute exact în aceste situații. Cât de puțini credincioși își pun la inimă această promisiune! Ne zbatem, devenim mecanici în rugăciunile noastre, când, în tot acest timp, Duhul este acolo, ca să ne ajute dacă Îl privim.

În discursul lui Pavel despre războiul spiritual, el ne îndeamnă să îmbrăcăm toată armura lui Dumnezeu, care presupune să ne încingem mijlocul cu adevărul, să avem platoșa neprihănirii, scutul credinței, coiful mântuirii, sabia Duhului. Pavel explică apoi ce face ca aceste arme să funcționeze eficient împreună. „Faceți în toată vremea, prin Duhul, tot felul de rugăciuni și cereri. Vegheați la aceasta, cu toată stăruința, și rugăciune pentru toți sfinții" (Ef. 6:18). Aceasta era o practică obișnuită pentru apostol – să lase Duhul să-i inspire și să-i întărească rugăciunile. Duhul Sfânt ne conferă și fervoarea și credința necesare pentru sarcinile importante care necesită multă rugăciune.

Iuda, fratele Domnului nostru, spunea în completare că acest gen de rugăciune este esențial dacă vrem să rămânem puternici până la revenirea lui Cristos. „Dar voi, preaiubiților, zidiți-vă sufletește pe credința voastră preasfântă, rugați-vă *prin*

Duhul Sfânt, țineți-vă în dragostea lui Dumnezeu și așteptați îndurarea Domnului nostru, Isus Hristos, pentru viața veșnică" (Iuda v. 20–21).

Pentru a primi ajutorul Duhului, trebuie să recunoaștem că suntem slabi și să ne deschidem inimile în fața Lui. Pavel se bucură că se poate ruga cu mintea, dar și cu duhul lui, ajutat de Duhul Sfânt care locuiește în el (1 Cor. 14:15).

Deoarece o mare parte a trupului lui Cristos subestimează Duhul Sfânt, rugăciunea în Duh a fost în mod eronat atribuită exclusiv Bisericii din primul secol. Dar cuvintele lui Pavel constituie un sfat înțelept și pentru creștinii de astăzi. Este un sfat potrivit pentru pastori, în special, care au nevoie de ajutorul Duhului în predicare și consiliere, dar și în confruntarea cu obstacolele și opoziția. Dacă marele apostol Pavel se simțea recunoscător pentru binecuvântarea rugăciunii „în Duhul", nu ar fi, de asemenea, benefic și pentru voi și pentru mine?

Ar trebui să cerem mereu în rugăciune ajutorul Domnului înainte de a predica din Cuvântul Său. Cu toate acestea Duhul Sfânt poate lucra și *în timp ce* predicăm. Trebuie să Îl privim în orice clipă, chiar atunci și acolo. Trebuie să învățăm să predicăm oamenilor în timp ce inimile noastre așteaptă în credință asistența lui Dumnezeu. Nu uitați, nu putem încuia niciodată Duhul într-o cutie. Vântul bate oricând și oriîncotro vrea.

Toate acestea sunt cu atât mai adevărate atunci când predicăm un mesaj pe care l-am mai transmis și cu altă ocazie și a fost bine primit. Atunci ne-am putea gândi: „Sunt OK. Predica prinde." Dar realitatea este că nimic „nu prinde", decât Dumnezeu. Nicio predică. Nicio cântare. Nimic. Putem stârni emoții la suprafață, dar nicio lucrare profundă în viețile oamenilor nu este posibilă decât cu ajutorul Duhului.

Am învățat că lucrarea mea ajută mai mulți oameni atunci când sunt conștient de nevoia mea de Duhul Sfânt în timp ce predic. Desigur, ne concentrăm asupra celor care ne ascultă, deoarece dorim să îi binecuvântăm cu adevărul lui Dumnezeu. Dar este și mai important să fim conștienți de prezența lui Dumnezeu.

Unsul Său ne împarte puterea și înțelepciunea de care avem nevoie pentru a predica într-un mod care câștigă aprobarea lui Dumnezeu. Ultimul lucru la care s-au gândit Isaia, Ieremia și Ioan Botezătorul a fost să primească aplauze. Ei au dorit doar să-L mulțumească pe Cel ce i-a trimis.

Predicarea profetică

În acest sens, una din marile nevoi în Biserica de azi este să recâștige elementul profetic în predicare. Prin asta, nu vreau să spun *prevestirea* – prezicerea unor evenimente viitoare – ci *declararea* lor. O parte din rolul profeților – poate cea mai importantă – era să declare ceea ce Dumnezeu dorea să spună unui anumit grup de oameni, într-un moment specific; adică, nu atât de mult ce se va întâmpla în viitor, ci ce crede Dumnezeu despre ce se întâmplă acum.

Adesea aud oameni care întreabă: „Ce spune Dumnezeu Bisericii?" În capitolele 2 și 3 din Apocalipsa, găsim o serie de scrisori ale lui Isus către biserici din diferite cetăți. Fiecare dintre cele șapte scrisori se încheie cu aceleași cuvinte: „Cine are urechi să asculte ce zice bisericilor Duhul" (Apoc. 2:7). Ce spune Dumnezeu bisericilor? Ei bine, depinde în ce biserică te afli. Scrisoarea către biserica din Efes nu ar putea fi transferată bisericii din Smirna, din Pergam sau din Tiatira, pentru că Isus le spune lucruri diferite fiecăreia dintre ele.

Pentru aceia dintre noi care suntem pastori, întrebarea esențială este: „Ce spune Duhul Sfânt cel viu bisericii *mele* astăzi?" Dacă Isus ar fi aici pe pământ, ce ar spune El în această duminică dimineață bisericii mele sau bisericilor voastre? Unde suntem vulnerabili? Care este temperatura spirituală a adunării? Ce cuvinte de încurajare sau de îndreptare ar avea pentru noi? Reputatul evanghelist Charles G. Finney, cunoscut pentru trezirile spirituale în care a fost implicat, a susținut că o modalitate prin care putem găsi răspunsurile la aceste întrebări este să trăim în mijlocul oamenilor și să-i cunoaștem mai bine. Să le aflăm durerile, să vedem în ce aspecte sunt înșelați de cel rău, care sunt păcatele pentru care își caută justificare sau își găsesc scuză. Apoi avem nevoie să stăm singuri cu Dumnezeu și Cuvântul Lui până când Duhul Sfânt ne oferă mesajul potrivit.

Este remarcabil că prima predică din era creștină a avut loc după o întâlnire de rugăciune. Ucenicii erau „toți împreună în același loc" (Fapte 2:1) când Duhul Sfânt a venit peste ei. În timp ce vorbeau în alte „limbi" cu voce tare (limbi pe care ei nu le cunoșteau), au atras atenția unei mulțimi (Fapte 2:4–6). Acești oameni au devenit ascultătorii predicii lui Petru (Fapte 2:14–40). (Apropo, Petru nu a avut notițe, nici măcar nu anticipase că va predica în acea zi!) Predica aceea era, fără îndoială, importantă. Dar a fost rugăciunea prelungită, nu doar predicarea, cea care a dat naștere Bisericii creștine. Importanța rugăciunii în lucrarea creștină a fost afirmată sute de ani mai târziu de Andrew Bonar, lider al trezirii spirituale din Scoția, care a zis: „Am învățat din experiență că singura cale spre reușită nu depinde de multă trudă, ci de multă rugăciune."[3]

Acest accent pus pe rugăciune se aliniază cu prioritățile lui Pavel. El îl învăța pe Timotei: „Vă îndemn, dar, *înainte de toate,* să faceți rugăciuni, cereri, mijlociri, mulțumiri pentru toți oamenii, pentru împărați și pentru toți cei ce sunt înălțați în dregătorii, ca să putem duce astfel o viață pașnică și liniștită, cu toată evlavia și cu toată cinstea [...] Vreau, dar, ca bărbații să se roage în orice loc și să ridice spre cer mâini curate, fără mânie și fără îndoieli" (1 Tim. 2:1–2, 8).

Observați cuvintele „înainte de toate". Rugăciunea a fost prioritatea lui Pavel pentru biserică.

Este interesant și că ucenicii nu i-au spus niciodată lui Isus: „Doamne, învață-ne să predicăm sau Doamne, învață-ne cum să organizăm biserica." Mai degrabă, au spus: „Doamne, învață-ne să ne rugăm" (Luca 11:1). Îl văzuseră pe Isus trezindu-se dimineața devreme, rămânând uneori până noaptea târziu, plecând singur să stea de vorbă cu Tatăl Lui și să-I aștepte prezența. Știau că acesta era secretul puternicei Lui lucrări și a autorității spirituale; și doreau să învețe să se roage așa cum o făcea El.

Astăzi, predicatorii pot folosi softuri și comentarii pentru a-și perfecționa predicile. Ba mai rău, pot fura predici de la alții. Însă predica ar trebui să fie doar săgeata care îi îndrumă pe oameni către Dumnezeu. Prea des am făcut din predica însăși scopul suprem al lucrării creștine, dar nu este așa. *Dumnezeu* este! Și cum putem vedea oameni atrași de părtășia cu Dumnezeu dacă noi nu petrecem timp singuri cu El? Rugăciunea este cea mai înaltă formă de comuniune cu Dumnezeu aici pe pământ. În rugăciune, „să ne apropiem, dar, cu deplină încredere de scaunul harului, ca să căpătăm îndurare și să găsim har, pentru ca să fim ajutați la vreme de nevoie" (Evr. 4:16).

„Conduceți poporul Meu în rugăciune"

Eu și Carol eram în biserica Brooklyn Tabernacle de vreo doi ani și ne dedicam unei comunități mici, ce strângea o colectă insuficientă și se afla în inima unui cartier măcinat de alcool, heroină și bande violente.

Într-o zi, descurajați și nedumeriți, am simțit că Domnul mi-a făcut o triplă promisiune. Mi-a spus că dacă vom îndemna poporul la rugăciune, îmi va asigura toate predicile de care voi avea vreodată nevoie; toți banii de care vom avea vreodată nevoie, atât pentru noi, cât și pentru biserică; și că nu va exista nicio clădire suficient de mare pentru a cuprinde într-un singur program toți oamenii pe care-i va trimite în calea noastră. Toate acestea le-ar face, *dacă* am conduce oamenii în rugăciune.

Așa că m-am concentrat pe întâlnirea de rugăciune a bisericii de marți seara. În prima seară în care ne-am întâlnit, cred că am fost vreo 12 persoane în micuța noastră sală. De acolo, a crescut încet, dar sigur. De-a lungul anilor, a devenit temelia bisericii noastre, motorul care conduce tot ce facem. Iar Dumnezeu a împlinit fiecare promisiune pe care mi-a făcut-o.

Câțiva ani mai târziu, un pastor din echipă a venit la mine și a zis: „Pastore, văd cum predici duminica și te implici cu toată ființa. Te-ar deranja dacă aș aduna câțiva oameni care să se roage în timpul serviciilor? Vom cere lui Dumnezeu să te ajute, să dea ungere sfântă corului și să binecuvânteze întâlnirea." Cine ar putea spune nu la așa ceva? A fost începutul grupului de rugăciune al bisericii noastre. Acum avem câteva sute de oameni dedicați rugăciunii de dimineața până seara în clădirea noastră, în schimburi de câteva ore fiecare, nu doar pentru mine sau pentru biserică, ci și pentru cereri care vin din toată lumea.

Recent, am primit un telefon de la un coleg pastor din alt stat, derutat și el, care a avut o altă experiență. Se dusese la pastorul senior și-l întrebase dacă poate să organizeze o întâlnire săptămânală de rugăciune sau măcar să includă mai multă rugăciune în serviciile de duminica. Pastorul senior a spus: „Îmi pare rău, dar asta nu este viziunea mea pentru noi. Nu este modelul pe care îl urmăm." Am auzit mai multe astfel de povești decât aș vrea să îmi amintesc. Nu este modelul nostru? Cum putem avea un model diferit de cel pe care l-a lăsat Isus Bisericii *Sale*? Dacă ceea ce facem nu este centrat pe comuniunea cu Dumnezeu, atunci ce carte citim? Desigur, putem încerca orice vrem, dar va fi lipsit de binecuvântarea lui Dumnezeu și va aduce puține roade în cele din urmă.

Nu a numit Isus casa Tatălui Său o casă de rugăciune? Vrem ca bisericile noastre să fie case de rugăciune, și nu doar case de predicare și studiu biblic? Toate aceste lucruri sunt importante. Dar nu mai importante decât felul de rugăciune pe care Timotei l-a învățat de la Pavel, de a îndemna oamenii la: „rugăciuni, cereri, mijlociri, mulțumiri pentru toți oamenii, pentru împărați și pentru toți cei ce sunt înălțați în dregătorii [...]" (1 Tim. 2:1–2). Nu sunt destule situații în jurul nostru în care este nevoie de intervenția lui Dumnezeu? Membri ai bisericii care au căzut de la credință? Căsnicii pe cale de a se destrăma? Copii rătăciți? Oameni bolnavi? Drogați? În impas financiar? Cum putem spune că rugăciunea nu face parte din modelul nostru? Prea multor lideri le lipsește credința în promisiunile explicite ale lui Dumnezeu cu privire la rugăciune, așa că ajung să urmeze doar niște modele în vogă sau să încerce să reproducă tradițiile unei confesiuni religioase. Dar Dumnezeu nu S-a schimbat. Noi am făcut-o.

Așadar, de ce nu avem mai multe întâlniri de rugăciune în bisericile noastre? Sunt convins că principalul motiv este acela că pastorii știu că oamenii nu vor participa din cauza stării lor spirituale mediocre. Ei nu își doresc o slujbă cu prezență scăzută, care să nu pară „de succes". Dar nu am putea începe de undeva, chiar dacă asta înseamnă doar două-trei suflete dedicate? Cum putem respinge ideea unei biserici care se roagă când avem atâtea porunci și promisiuni atât de evidente cu privire la rugăciune?

De unde să începem

Bănuiesc că mulți pastori ar vrea să includă mai multă rugăciune în lucrarea lor, dar nu știu de unde sau cum să înceapă. Nu cunosc vreo formulă magică, dar aș vrea, cu smerenie, să vă ofer câteva sugestii.

În primul rând, liderii trebuie să conducă. Rugăciunea comună nu se poate delega altcuiva. Trebuie să înceapă de la pastor. Haideți să ne propunem în inimile noastre să tratăm cu seriozitate importanța rugăciunii. Haideți să petrecem mai mult timp în Cuvânt. Să studiem ce ne spune despre rugăciune. Și să cerem Duhului să ne călăuzească și să ne lumineze. Însăși dorința de a ne adânci mai mult în rugăciune va ajuta. Trebuie să începem de undeva, chiar dacă nu există ardoare spirituală sau avem uneori senzația că Dumnezeu nu ne aude. Cei mai mari luptători în rugăciune din istoria Bisericii au întâmpinat astfel de blocaje. Dar, prin harul lui Dumnezeu, au insistat și nu s-au lăsat. Dumnezeu onorează rugăciunea, indiferent dacă o „simțim" sau nu.

În al doilea rând, putem pregăti o serie de predici despre răspunsurile la rugăciuni în Biblie. Ce ziceți de întâmplarea cu Petru când a fost arestat și aruncat în temniță? „[...] biserica nu înceta să înalțe rugăciuni către Dumnezeu pentru el. [...] Și iată, un înger al Domnului a stat lângă el pe neașteptate, [...] Lanțurile i-au căzut jos de pe mâini" (Fapte 12:5, 7), iar el a plecat ca un om liber. Această relatare poate fi un punct de plecare. Biserica avea puțini bani și nicio influență politică, dar Dumnezeu a intervenit cu răspuns la rugăciunile lor.

În al treilea rând, am putea să alocăm un timp de rugăciune la sfârșitul slujbelor de duminică. Poate să scurtăm puțin predica și să lăsăm timp pentru ca oamenii să se roage alături de membri de încredere din conducerea bisericii.

În sfârșit, putem lua în considerare desfășurarea unei întâlniri săptămânale de rugăciune. Ar putea începe modest, dar Dumnezeu ne va ajuta să o facem să crească. Ne-ar refuza El ajutorul dacă încercăm să ridicăm casa de rugăciune pe care o dorește? Duhul Sfânt ne va călăuzi dacă Îl rugăm cu smerenie. Am putem invita oamenii să mărturisească despre rugăciuni ascultate în viața lor. Acest lucru nu ar trebui să se întâmple doar la întâlnirile de rugăciune, ci și în timpul slujbelor de duminică. Atunci când Dumnezeu începe să răspundă la rugăciune – *ceea ce va și face* – vestea se va răspândi, iar focul se va întinde.

Fiecare trezire spirituală care a avut loc vreodată a început cu rugăciune, nu cu predici speciale sau cu metode noi de „organizare a bisericii", ci cu credincioși simpli care s-au rugat pentru ca focul Duhului Sfânt să fie aprins în mijlocul lor. Predicarea și învățătura excelente au însoțit adesea trezirile, dar rugăciunea sinceră a fost cea care a adus focul. Bisericile noastre sunt precum lemnul pregătit să se aprindă pe măsură ce Duhul Sfânt vine peste noi și ne răspunde la rugăciune. Fie ca Dumnezeu să ne ajute să întețim flacăra focului Duhului Sfânt în viețile și în bisericile noastre.

Capitolul 8

Predarea necondiționată

Dar eu nu țin numaidecât la viața mea, ca și cum mi-ar fi scumpă, ci vreau numai să-mi sfârșesc cu bucurie calea și slujba pe care am primit-o de la Domnul Isus, ca să vestesc Evanghelia harului lui Dumnezeu.
Fapte 20:24

Când japonezii au bombardat Pearl Harbor pe 7 decembrie 1941 – dată despre care Franklin D. Roosevelt a spus că „va rămâne unul dintre cele mai infame momente ale istoriei" – Statele Unite s-au trezit brusc într-o situație pe care au încercat din răsputeri să o evite. Perspectivele păreau sumbre pentru SUA în acel moment: cea mai mare parte a forțelor sale navale fusese distrusă, iar germanii își respectaseră tratatul cu Japonia și declaraseră război americanilor. Astfel, țara era forțată efectiv să se angajeze în două războaie majore, pe două fronturi opuse ale globului.

În 1944, japonezii și-au dat seama că declaraseră război dușmanului greșit. Resursele militare și efectivele lor au scăzut continuu. Deveneau tot mai disperați. În luna octombrie a acelui an, au șocat întreaga lume când au dezvăluit o nouă armă înspăimântătoare. Incapabili să concureze cu forțele aeriene americane, nici calitativ, nici cantitativ, japonezii au început să construiască avioane slabe competitiv, cât de repede au putut. Aceste avioane ascundeau însă două secrete mortale. Primul secret îl constituia o bombă plasată în partea frontală a avionului. Al doilea secret: pilotul care făcuse împăratului un jurământ sacru potrivit căruia era dispus să intre cu avionul direct în navele de război și portavioanele inamice. Drept rezultat, Japonia a mobilizat o forță masivă de rachete explozive ghidate de piloți. Atât de mulți bărbați japonezi erau gata să înfrunte o moarte sigură din devotament pentru un împărat pe care îl considerau divin, încât Armata Imperială Japoneză nu reușea să construiască avioane într-un ritm suficient de rapid. Aceste avioane – cunoscute ulterior sub denumirea de kamikaze („vânt divin") – au devenit o armă formidabilă. Până la sfârșitul războiului, avioanele kamikaze efectuaseră aproximativ 3800 de misiuni sinucigașe, luând viețile a peste 7000 de marinari și personal naval al Aliaților, înainte ca Japonia să rămână în cele din urmă fără materialele necesare construcției acelor avioane.

Programul kamikaze ilustrează un fapt important. Când te afli față în față cu un adversar căruia nu îi pasă cu adevărat dacă trăiește sau moare, atâta timp cât își îndeplinește misiunea, ai probleme realmente serioase. Nu îl poți amenința sau intimida. Nu poți să-l cumperi sau să negociezi cu el. Și atunci când un credincios este atât de dedicat misiunii sale, devine o armă puternică în mâna lui Dumnezeu.

Pavel a continuat să se adreseze prezbiterilor efeseni, spunându-le: „Dar eu nu țin numaidecât la viața mea, ca și cum mi-ar fi scumpă" (Fapte 20:24). Cu toate că prietenii lui nu ar fi vrut să îl vadă în lanțuri și aruncat în temniță, lui Pavel nu părea să-i pese. El avea să-L urmeze pe Isus orice s-ar fi întâmplat. Mă întreb ce părere am avea despre Pavel dacă ar trăi printre noi astăzi. L-am accepta? L-am numi fanatic? L-am lăsa pe margine și ne-am preface că nu e acolo?

Sau am fi inspirați și i-am urma exemplul?

Cu ochii pe veșnicie

Ne spunem nouă înșine – și predicăm adunărilor noastre – că viața e doar un abur, în timp ce veșnicia cu Cristos este eternă. Prin urmare, nu ar trebui să considerăm această viață atât de importantă. Dar puțini trăiesc în acest fel, nu-i așa? Trăim ca și când această viață pământească ar fi pentru totdeauna. Ca și când nu ne-am permite să o pierdem. Însă, Scriptura spune așa: „Scumpă este înaintea Domnului moartea celor iubiți de El" (Ps. 116:15).

Perspectiva noastră, chiar și ca pastori, este adesea strâns legată de realitatea pământească. Avem predici de susținut, programe de administrat, vacanțe și planuri pentru pensie pe care abia le așteptăm. Totuși, în Noul Testament este descrisă o abordare mult mai diferită a slujirii. Se vede această diferență în viața lui Pavel și a celorlalți apostoli. Aceștia aveau o credință radicală într-un Dumnezeu invizibil și în răsplătirile eterne care ne așteaptă când această viață se va încheia.

Odată, am vizitat Hong Kong, fiind invitat să vorbesc în fața câtorva sute de pastori ai bisericilor subterane din China continentală. Mi s-a spus că jumătate dintre ei fuseseră în închisoare din pricina loialității lor pentru Cristos. M-am simțit nevrednic să le adresez vreun cuvânt. M-am gândit: „Cine sunt eu să le vorbesc? Nu am avut niciodată de-a face cu riscul de a fi închis pentru predicarea Evangheliei lui Cristos."

Închinarea a fost simplă, dar glorioasă, condusă de doar doi chitariști. Felul în care acei pastori cântau m-a atins profund. Se uitau în sus ca și când L-ar fi putut vedea pe Isus.

Mi-a plăcut melodia unei cântări și l-am întrebat pe interpret ce spuneau cuvintele ei. Nu am reținut traducerea exactă, dar suna cam așa: „Doamne, Îți mulțumesc că ne iubești atât de mult, încât ai venit și Ți-ai dat viața pentru noi. Datorită dragostei Tale, și noi te iubim. Suntem gata să murim. Îți dăm viața noastră, fie că trăim, fie că murim."

Nu este tocmai genul de laudă și închinare pe care o auzim duminică dimineața în America.

Atunci m-am rugat: „Doamne, poți face cumva să mă scutești de a mai susține acest mesaj? Aș prefera să nu vorbesc. Nu mă simt demn să îi învăț pe acești oameni. Și închinarea lor este atât de frumoasă. Aș vrea mai degrabă să mă închin împreună cu ei." Ei bine, Dumnezeu a ales să nu mă absolve de a-mi susține predica, așa că am rostit mesajul. Sper că le-a fost de ajutor. Dar îmi aduc aminte deseori de acei pastori când am probleme. Ei erau printre cei mai fericiți creștini pe care-i întâlnisem vreodată. Și totuși, mulți dintre ei erau nevoiți să se întâlnească în mod clandestin. În America, ni se pare că trecem printr-o grea încercare atunci când cedează cureaua de transmisie a mașinii. Trăim vieți răsfățate comparativ cu acei bravi soldați. Ei se confruntau cu riscul de a fi întemnițați. Și totuși cântau: „Da, Doamne, voi muri cu bucurie pentru Tine." Pentru ei, acesta nu era doar un sentiment drăguț. Era o posibilitate cât se poate de reală.

Suntem noi familiarizați cu acest tip de consacrare? „Am doar o singură misiune. Vreau să fac voia lui Dumnezeu. Și dacă asta înseamnă că voi plăti cu viața, fie așa". Mai este oare posibil un astfel de devotament și astăzi?

Iubindu-i pe cei părăsiți

Aș vrea să vă vorbesc despre o tânără din biserica noastră căreia îi voi spune Mary. Ea mi-a fost prezentată acum câțiva ani de pastorul nostru responsabil cu misiunea.

— Frate pastor, mi-a zis el, această tânără simte chemarea să lucreze în domeniul misiunii. Eu și ceilalți pastori ne-am întâlnit cu ea. Credem că e pregătită și am vrea să o cunoști și tu.

L-am întrebat unde ar vrea Mary să meargă și ce simte că este chemată să facă. Știa doar că vrea să meargă în Orientul mijlociu, fiindcă simțea o povară pe suflet pentru cei părăsiți și uitați.

Ne-am rugat pentru Mary și am trimis-o în misiune. S-a implicat în principal printre yaziditii* din taberele de refugiați interni

* Yaziditii reprezintă un grup religios de etnie kurdă a căror credință este un sincretism între islam și vechile religii persane. Ei trăiesc, cu precădere

din Orientul Mijlociu. Yaziditii practică o religie animistă* primitivă pe care populația musulmană din zonă o disprețuiește. Sunt detestați de toți cei din jur, văzuți ca niște paria ai umanității.[1]

Mary a mers acolo sub pretextul de a-i învăța engleza și de a lucra cu femeile yazidite. Viața acestor femei este extrem de aspră. Atunci când sunt atacate de forțele ISIS, sunt tratate ca pradă de război. Femeile yazidite care se convertesc la islam sunt vândute ca mirese. Cele care refuză să se convertească sunt torturate, violate și, uneori, ucise.

Am primit regulat rapoarte de la Mary. Implicarea ei mergea bine. Dedicarea ei îmi binecuvânta inima. Lăsase totul în urma ei și își risca viața pentru a-L sluji pe Isus și a face voia Lui.

Mary s-a întors la New York pentru un scurt concediu, o perioadă sabatică, după trei ani. Am întrebat-o cum îi mergea. Făcând un rezumat al implicării ei printre yaziditi, ne-a spus despre o problemă căreia îi era din ce în ce mai greu să-i facă față: „Fiindcă sunt străină, mulți cred că sunt implicată în industria serviciilor sexuale. Îmi vorbesc urât. Mai ales taximetriștii".

Taximetriștii? Dar de ce trebuia să folosească taxiuri? Am aflat atunci că era singura ei modalitate de a se putea deplasa. Nu avea mașină.

În seara aceea, Mary a venit la întâlnirea noastră săptămânală de rugăciune. Am rugat-o să vină și să ne pună în temă cu stadiul în care se află lucrarea ei și apoi ne-am rugat pentru colectă. Ne-a împărtășit pe scurt că lucra cu femeile desconsiderate și tratate mizerabil. Ne-a spus că le arată dragostea ei și le vorbește despre Isus în timp ce le învață engleză. Apoi s-a rugat. Înainte de a începe colecta, am spus că, pe lângă sprijinul nostru regulat, o parte din acea colectă îi va fi destinată, ca dar special. Le-am vorbit tuturor celor de față despre problema și nevoia ei, despre taximetriștii care i se adresau cu un limbaj vulgar.

în provincia Mosul, Irak, în unele zone din Turcia, Siria, Armenia, Iran, precum și în unele părți din Caucaz (n.ed.).

* Animismul este o formă de religie care atribuie un suflet animalelor, fenomenelor și obiectelor naturale (n.ed.).

— Avem încredere că Dumnezeu îi va da mașina de care are nevoie, am spus eu.

Și am continuat timpul de rugăciune.

În chip providențial, un grup de pastori din Colorado ne vizita în seara aceea. În clipa în care întâlnirea s-a încheiat, pastorii aceia au venit la mine.

— Am discutat împreună, au zis ei, și am vrea să îi cumpărăm lui Mary mașina de care are nevoie.

Și așa au făcut. Mai târziu, le-am trimis acelor pastori o fotografie cu mașina a cărei achiziționare fusese posibilă datorită lor. Toată biserica noastră s-a bucurat de purtarea de grijă a lui Dumnezeu pentru ea.

Cum să nu încercăm să ajutăm pe cineva care Îl slujește pe Domnul, îngrijindu-ne puțin și de confortul și siguranța acelei persoane?

Consacrați lui Dumnezeu

Un cuvânt pentru discuția pe care Pavel a avut-o în Fapte 20:24 – despre faptul că viața noastră nu înseamnă nimic pentru noi – este *consacrare.* A fi consacrat înseamnă a fi dedicat total, în întregime și irevocabil lui Dumnezeu. Aceasta este ceea ce i-a îndemnat Pavel pe creștinii din Roma să facă: „Vă îndemn, dar, fraților, pentru îndurarea lui Dumnezeu, să aduceți trupurile voastre ca o jertfă vie, sfântă, plăcută lui Dumnezeu: aceasta va fi din partea voastră o slujbă duhovnicească" (Rom. 12:1).

Ceea ce Își dorește Dumnezeu cel mai mult pentru fiecare dintre noi nu este o strângere de fonduri sau o slujire ocazională în biserică. Isus S-a predat pe Sine Însuși și a murit pentru noi, iar acum ne cere să-I predăm și noi viețile *noastre,* ca o jertfă plăcută Lui. Ce ar putea fi mai rezonabil? După ce El Și-a dat viața pentru noi pe cruce, este suficient ca noi să reacționăm oferindu-I doar o parte din timpul nostru sau din banii noștri? Nu. El vrea să-I dedicăm viețile noastre în totalitate. Genul de consacrare despre care vorbim aici trebuie să fie ceva ce alegem să facem – o decizie pe care s-o luăm conștient. Dumnezeu nu ne va forța să facem acest lucru împotriva voinței noastre. Revenind la tema războiului de la începutul acestui capitol, trebuie să știm că Dumnezeu nu ne va „înrola cu forța" în armata Sa. Piloții kamikaze japonezi au fost atât de înfricoșători și periculoși pentru că nu erau forțați să lupte; dimpotrivă, au jurat să se supună împăratului *de bună voie*.

Evanghelistul american din secolul al XIX-lea, Wilbur Chapman, a spus că a învățat de la generalul William Booth, fondatorul Armatei Salvării, că „măreția puterii unui om se măsoară prin dimensiunea dăruirii sale."[2] Dar a ne preda viețile nu este ceva ce putem realiza pe cont propriu. Firea omului nu dorește niciodată să renunțe în totalitate la drepturile sale, să se supună în întregime Domnului. Dar Isus ne poruncește tot timpul să facem lucruri ce ni se par imposibile. De exemplu, Cristos a zis: „cum v-am iubit Eu, așa să vă iubiți și voi unii pe alții" (Ioan 13:34). Oare chiar Se așteaptă să ne iubim unii pe alții cu aceeași dragoste pe care ne-a arătat-o El? Da, dar fără puterea Duhului Sfânt, o astfel de iubire este imposibilă. Iată vestea bună: așa cum *tot meritul* este în Fiul, căci numai prin El ne acceptă Dumnezeu, *toată puterea* este prin Duhul, care ne dă dorința și puterea de a asculta tot ce ne cere Dumnezeu să facem. Doar efortul uman nu este suficient.

Așa cum tu și eu nu putem să ne iubim unii pe alții cum ne-a iubit Cristos, fără ajutorul Duhului Sfânt, tot așa, nu putem strânge din dinți străduindu-ne să ne aducem trupurile „ca o jertfă vie, sfântă, plăcută lui Dumnezeu: aceasta va fi din partea voastră o slujbă duhovnicească" (Rom. 12:1). Așa cum a spus E.M. Bounds, puterea de a ne consacra nu poate fi transmisă decât de Duhul Sfânt. Trebuie să Îl rugăm pe Dumnezeu în mod continuu să ne dea harul necesar de a reuși asemenea consacrare: „Doamne, dă-mi o inimă dedicată Ție pe de-a-ntregul, orice ar fi."

Ferice de cerșetori

Gândiți-vă o clipă la acest lucru: înainte de creație, cine a existat? Dumnezeu. Tot binele care exista era în Dumnezeu. Toată dragostea care exista era în Dumnezeu. Totul trebuia să provină de la Dumnezeu, prin definiție. Apoi, au fost creați Adam și Eva. Ce au conștientizat ei prima oară? Fusese altcineva într-o situație mai bună decât ei ca să aprecieze că toate lucrurile vin de la Dumnezeu? Probabil că s-au gândit: „Noi existăm datorită Lui. Suflarea? El ne-a dat-o. Toată vegetația, toate animalele? El ni le-a dat." Cine altcineva ar fi putut să înțeleagă mai clar că tot ce îi înconjura – inclusiv viața lor – era un dar?

Planul lui Dumnezeu de mântuire prin Cristos a fost să ne readucă la conștiința originară – să vedem și să știm că totul vine de la El și că am fost creați doar ca vase pregătite pentru a fi umplute. *El* este dătătorul oricărui dar bun și desăvârșit (Iac. 1:17). Cei mai puternici creștini și cei mai maturi credincioși sunt doar cei care au primit cel mai mult de la Dumnezeu. Au învățat secretul că totul vine de la Domnul ca un dar.

Primul lucru pe care Isus li l-a spus urmașilor Săi a fost: „Ferice de cei săraci în duh, căci a lor este Împărăția cerurilor!" (Mt. 5:3). Sunt două cuvinte grecești folosite în Noul Testament pentru termenul „sărac". Unul indică pe cineva care trebuie să muncească din greu în fiecare zi doar ca să-și poată cumpăra ceva de mâncare. Celălalt e folosit pentru a descrie oameni care nu au absolut nimic. Ca să facă față zilei, trebuie să cerșească. Care dintre cele două cuvinte credeți că a fost folosit de Isus în Predica fericirilor? L-a folosit pe cel de-al doilea. Iată cum am putea să redăm această fericire: „Fericiți sunt *cerșetorii,* căci a lor este Împărăția cerurilor"! Tot ce are Dumnezeu este pus la dispoziția cerșetorilor, fiindcă sărăcia lor în duh îi face dependenți de El.

Aș vrea să fi știut acest lucru când am intrat în lucrarea pastorală. Nu este vorba despre efortul meu de a predica mai bine. Nu este vorba despre a-mi organiza mai bine munca și programul, bazându-mă pe propria-mi tărie. Are legătură cu a cere și a primi. O, cum ne distruge mândria această realitate! Cei mai mari slujitori sunt cei care au primit cel mai mult, fiindcă aceștia Îl caută în mod constant pe Dumnezeu dintr-o profundă stare de dependență de El. Nu se pot lăuda. Cum se poate lăuda cineva cu ceva pe care a fost nevoiți să îl ceară și să îl primească în dar de la Dumnezeu?

„Este întotdeauna prea devreme să renunți"

Pavel și-a continuat discursul către prezbiterii efeseni spunând că singurul lui scop a fost „să-mi sfârșesc cu bucurie calea și slujba pe care am primit-o de la Domnul Isus, ca să vestesc Evanghelia harului lui Dumnezeu" (Fapte 20:24). Este important să observăm că nu a spus că își dorește „să pornească" alergarea sau „să înceapă sarcina". Nu a spus că vrea să „continue" cursa sau „să continue" sarcina. El își dorea *să ducă la bun sfârșit* alergarea și *să împlinească* sarcina.

În viețile majorității slujitorilor vine o vreme când Satana încearcă să-i facă să renunțe înainte de a trece linia de sosire. Când aveam doar un an în lucrare, eram atât de descurajat, încât am încercat să demisionez din biserică. Am descris deja cât de slab predicam. În plus, eram într-o clădire dărăpănată, dintr-un cartier sărac. Clădirea era aproape goală în fiecare săptămână, iar colectele erau teribil de mici la fiecare slujbă. Simțeam că nu pot continua. Nu am reușit să-mi depun demisia, dar numai pentru că Domnul mi-a blocat calea cu bunătate. De două ori am încercat să fac altceva pentru a-mi întreține familia, dar în ambele cazuri Dumnezeu a anulat programările la interviuri în ultimul moment. Am primit mesajul cât se poate de tare și clar: *Este întotdeauna prea devreme să renunți.*

Nu doar în începuturile dificile suntem provocați. Unii pastori se dau bătuți în tăcere, la capătul călătoriei. Cunosc oameni care au slujit în lucrarea pastorală timp de douăzeci și cinci de ani sau chiar mai mult. Încă mai sunt în biserici, încă își primesc salariul, încă mai practică ritualurile. Dar în adâncul inimii, acolo unde contează, ei deja s-au retras. Unul dintre ei mi-a spus: „Nu mai vreau să aud despre problemele oamenilor." Mai predică această persoană? Da. Este doctrinar corect? Da. Mai pune inimă în ce face? Nu. Acest om nu mai aleargă cu adevărat în cursa vieții; el doar trage de timp.

În epistola sa către Filimon, Pavel trimite salutări „către sora Apfia și către Arhip, tovarășul nostru de luptă" (Flm. v. 2). Despre niciunul dintre ei nu aflăm mai multe detalii. Mulți comentatori cred că Apfia era soția lui Filimon și că Arhip era fiul lor. Însă știm prea bine că Arhip a avut un rol în lucrarea bisericii din Colose.

În scrisoarea sa adresată creștinilor de acolo. Pavel a scris: „Și spuneți lui Arhip: «Ia seama să împlinești bine slujba pe care ai primit-o în Domnul»" (Col. 4:17). Aceste cuvinte au fost citite în public, în biserică, împreună cu restul scrisorii. Poate a fost o mustrare blândă pentru că și-a neglijat o parte din atribuții sau un puternic cuvânt de încurajare pentru un tovarăș de luptă obosit sau descurajat. Oricum ar fi fost, Pavel îi spune lui Arhip să „împlinească" slujba pe care i-a încredințat-o Domnul. El începuse deja lucrarea aceasta, dar acum trebuia să o ducă la îndeplinire.

Acesta este un mesaj pe care îl putem împărtăși cu cei care slujesc împreună cu noi. Cu siguranță, îl putem primi ca și când ne-ar fi fost adresat personal fiecăruia dintre noi, care suntem, de asemenea, tovarăși de luptă ai lui Pavel.

Adevăratul succes

Pavel afirmă, de asemenea, că dorește „să-mi sfârșesc [...] slujba pe care am primit-o de la Domnul Isus" (Fapte 20:24). Această sarcină este o poruncă pe care Pavel a primit-o personal de la Domnul. Scriptura susține existența a ceea ce noi am putea numi voința „generală" a lui Dumnezeu: una care se aplică tuturor creștinilor, în mod egal. De exemplu, Isus ne-a spus „să vă iubiți unii pe alții" (Ioan 13:34). Acest lucru e valabil pentru toți creștinii, din toate timpurile. Apostolul a spus: „*Voia* lui Dumnezeu este sfințirea voastră: să vă feriți de curvie" (1 Tes. 4:3). Și a mai spus: „Mulțumiți lui Dumnezeu pentru toate lucrurile; căci aceasta este *voia* lui Dumnezeu, în Hristos Isus, cu privire la voi"

(1 Tes. 5:18). Fiecare credincios ar trebui să accepte aceste porunci ca fiind voia lui Dumnezeu pentru viața lor.

Dar Scriptura mai subliniază clar că *voia* lui Dumnezeu este *personală,* adică specifică pentru fiecare dintre noi, și presupune o sarcină unică ce ne-a fost încredințată și calea pe care ar trebui să o urmăm. Cu cine ar trebui să ne căsătorim? Unde ar trebui să locuim? Credincioși fiind, unde ar trebui să slujim în trupul lui Cristos? Oferta de a păstori o altă biserică vine cu adevărat de la Dumnezeu? Nimeni, în afară de Dumnezeu, nu cunoaște voia Lui cu privire la fiecare dintre noi, în mod individual. Dar, din fericire, Domnul *vrea* să cunoaștem planul Său cu privire la viața noastră. Pe măsură ce ne încredem în El, cu smerenie, El ne va călăuzi pașii (Prov. 3:5–6).

În lumina acestui aspect, care este definiția succesului? Succesul în viață nu constă în nimic mai mult decât aflarea voinței lui Dumnezeu și apoi împlinirea ei. Dacă voia lui Dumnezeu este să slujești într-un oraș mic din nordul țării, într-un oraș mare sau pe câmpul de misiune din străinătate, pentru tine, succesul va însemna să faci exact asta – indiferent de preferințele tale sau de așteptările altora, ori de ceea ce lumea consideră a fi definiția „reușitei".

Unii creștini, poate nu neapărat chemați la lucrarea publică, e posibil să aducă inimii lui Dumnezeu o bucurie mai mare decât cei aflați în funcții de conducere. Ei au descoperit planul lui Dumnezeu pentru viața lor și s-au dedicat acestuia. Asta înseamnă că un diacon sau un corist ar putea primi o răsplată mai mare decât pastorul unei biserici.

Cred că putem fi cu toții de acord că Isus Și-a trăit întreaga viața în voia perfectă a lui Dumnezeu. Dar gândiți-vă la aceasta: Ce făcea Isus la 27 de ani? Îi chema pe ucenici să Îl urmeze? Vindeca oameni? Făcea minuni? Nu. Nu făcea nimic din aceste lucruri. Dar viața Lui a fost de succes, fiindcă voia perfectă a lui Dumnezeu pentru El era să aștepte în Nazaret până când avea să vină timpul potrivit pentru a intra în lucrarea publică. De remarcat că atunci când Ioan L-a botezat pe Domnul Isus în râul

Iordan, înainte de intrarea Sa în lucrarea publică, Isus L-a auzit pe Tatăl spunând: „Acesta este Fiul Meu preaiubit în care Îmi găsesc plăcerea" (Mt. 3:17).

Prea mulți lucrători creștini au impresia că succesul nu înseamnă nimic altceva decât materialistul „vis american" – promovare, faimă, avere – iar modelul lor de succes este cineva care poartă încălțări de patru sute de dolari, trăiește extravagant și se afișează cu celebrități și politicieni. Ceea ce ei numesc „măreț" este, de fapt, un semn că s-au rătăcit.

Voia lui Dumnezeu pentru viața ta este o chestiune între tine și El. În fiecare zi poți simplu să mergi alături de Cel care te-a trimis în misiune. Apropie-te de El. Ascultă vocea Duhului. Dorința de a primi aprobarea oamenilor poate fi o capcană. În cele din urmă, aprobarea de care ai nevoie trebuie să vină de la Isus.

Ești astăzi în voia perfectă a lui Dumnezeu? Cauți să știi care este planul Lui personal pentru viața ta, un plan care exista chiar înainte să te fi născut? Te încrezi în Duhul Sfânt pentru harul de a face voia lui Dumnezeu așa cum îți este descoperită? Cea mai înaltă formă de închinare față de Dumnezeu nu are nicio legătură cu a cânta melodii de laudă sau a sta prosternat la pământ. Ceea ce-L încântă cel mai mult pe Domnul este ceea ce a fost scris cu privire la Fiul Său:

> De aceea, când intră în lume, El zice:
> „Tu n-ai voit nici jertfă, nici prinos;
> ci Mi-ai pregătit un trup;
> n-ai primit nici arderi de tot,
> nici jertfe pentru păcat.
> Atunci am zis: «Iată-Mă (în sulul cărții este scris despre Mine),
> *vin să fac voia Ta, Dumnezeule!*»" (Evr. 10:5–7)

Uneori a face voia lui Dumnezeu nu este atât de ușor. Îmi aduc aminte despre o situație cu mulți ani în urmă când, la ora zece într-o sâmbătă seara, nu aveam nicio predică pregătită pentru duminică. Orice aș fi încercat, cerurile păreau de aramă: nu îmi venea niciun cuvânt. M-am rugat: „Doamne, Te rog, ajută-mă. E ceva în mine care împiedică Duhul Tău?" Imediat, Dumnezeu mi-a adus în minte trei persoane care s-au îndepărtat de mine. Parcă un zid tăcut se ridicase între noi. Nu era vorba de vreo ceartă sau vreun conflict, era doar o senzație că ceva nu este așa cum ar trebui să fie.

Am simțit că Dumnezeu spunea:

— Sună-i și cere-le iertare.

— Poftim? Să îi sun? Acum? Nu este o oră prea târzie pentru asta? Și știi că, în cel puțin două cazuri, ei ar trebui să îmi ceară iertare.

Mândria îmi era cumva lezată la gândul că aș fi greșit.

— Vrei binecuvântarea Mea? Atunci, fă voia Mea. Îndreaptă lucrurile.

Am tras aer adânc în piept și am sunat la prima persoană. Am sperat în secret că nu va răspunde. Dar a răspuns.

— Ăă, salut, am zis eu. Sunt Jim.

— Salut! Ce mai faci?

— Bine. Ascultă, vreau să îți spun ceva. Am senzația că ceva s-ar putea să nu fie în regulă între noi. Dacă am zis sau am făcut ceva care te-a rănit ori te-a jignit, îmi pare rău. Te rog să mă ierți.

Spre surprinderea mea, el a zis:

— Sincer, așa am simțit și eu. Nu ai făcut nimic și nu trebuie să îți ceri iertare. Dar dacă eu am făcut ceva care *te*-a rănit, îți cer și eu iertare.

Ne-am rugat scurt împreună și asta a fost tot. La fel s-a întâmplat și cu celelalte două persoane.

Am simțit că mi s-a luat o povară mare de pe suflet. Și, da, am primit călăuzire și ajutor pentru a doua zi. Vă întrebați dacă mi-a fost greu să dau acele telefoane? Absolut. Dar Dumnezeu ne-a promis har pentru a-I împlini voia.

Am fost binecuvântat să călătoresc mult în viața mea, nu doar în America, ci și în multe alte țări. Sunt locuri frumoase pe acest pământ, dar dați-mi voie să vă spun despre cel mai bun loc în care ai putea sta: în centrul voii lui Dumnezeu. Vei avea parte de atacuri ale celui rău? Cu siguranță. Vei avea parte de zile grele, în care te vei izbi de munți înalți? Bineînțeles. Dar bucuria este inexprimabilă, iar pacea pe care o găsești acolo, de nedescris. Nu vom fi niciodată mai fericiți decât atunci când suntem în centrul voii lui Dumnezeu. Aceasta, dragi frați și surori în Cristos, este adevărata măsură a succesului.

Capitolul 9

Luați seama

Luați seama, dar, la voi înșivă și la toată turma peste care v-a pus Duhul Sfânt episcopi, ca să păstoriți Biserica Domnului, pe care a câștigat-o cu însuși sângele Său. Știu bine că, după plecarea mea, se vor vârî între voi lupi răpitori, care nu vor cruța turma; și se vor scula din mijlocul vostru oameni care vor învăța lucruri stricăcioase, ca să tragă pe ucenici de partea lor. De aceea vegheați [...]
Fapte 20:28–31

Oricine a zburat vreodată cu avionul a auzit „poezia". Înainte de decolare, însoțitorii de zbor se ridică și informează pasagerii despre măsurile de siguranță la bordul aeronavei. Le indică unde sunt localizate ușile de evacuare. Li se arată cum se cuplează și se decuplează centurile de siguranță. Se explică și cum se folosește vesta de salvare gonflabilă. Le spune cum funcționează masca de oxigen de urgență, cum este eliberată din compartimentul de deasupra capului lor și cum se fixează pe gură și pe nas, pentru a continua apoi să respire normal. În cele din urmă, cei din echipaj îi sfătuiesc pe pasageri să își atașeze ei mai întâi masca, înainte de a-i ajuta pe copii sau pe ceilalți pasageri. Motivul acestei ultime instrucțiuni este acela că, dacă nu reușim să ne protejăm propriile vieți, s-ar putea ca cei care depind de noi să și le piardă pe ale lor.

În mod similar, Pavel le sublinia prezbiterilor din Efes să ia seama la ei înșiși înainte de a veghea asupra turmei. El știa că Satan este șiret. Vrăjmașul nostru știe că dacă poate doborî păstorul, oile sunt ușor de risipit și devin mai vulnerabile în fața atacurilor lui. Toți creștinii sunt angrenați în război spiritual, dar diavolul atacă slujitorii creștini cu mai mare îndârjire.

El se manifestă cu atât mai perfid cu cât pastorilor le este mai dificil să împărtășească luptele lor spirituale. Se tem – și nu fără motiv – că oamenii vor fi scandalizați de ideea că pastorul lor s-ar putea confrunta cu lupte spirituale. „Poftim? Ai fost ispitit să minți? Credeam că ești un slujitor al Domnului!" Eu aveam această convingere când eram copil. Pastorii nu se certau niciodată cu soțiile lor, credeam eu; nu erau niciodată ispitiți de pofte trupești. Unii slujitori creștini acționează pe baza unei astfel de concepții și se consideră o specie aparte. Dar știm cu toții cât de greșit este un asemenea mod de gândire.

John Wesley, fondatorul metodismului, a fost unul dintre marii lideri ai secolului al XVIII-lea. Realizările lui de-a lungul vieții pentru cauza lui Cristos sunt aproape inimaginabile. Din nefericire, în ciuda sfaturilor venite din partea celor apropiați, s-a căsătorit cu o femeie care îi făcea viața un calvar, și care i-a luat chiar și documentele personale, dezvăluindu-le criticilor și adversarilor săi. În cele din urmă, el i-a scris: „Draga mea soție, nu îmi place deloc că nu mă simt în siguranță în propria mea casă ... nici măcar biroul meu și munca mea nu mai pot să spun că sunt ale mele."[1] Acesta era un om aflat sub o presiune imensă. Gândiți-vă la dezamăgirile cu care s-a confruntat și cât de ispitit a fost să nu se încreadă în Dumnezeu sau să cadă pradă mâniei.

De ce este atât de important pentru Pavel acest „luați aminte la voi înșivă" cu care îi avertizează pe liderii bisericii pe care îi iubește atât de mult? În primul rând, prin harul lui Dumnezeu, trebuie să ne evaluăm în smerenie propria noastră umblare spirituală cu Cristos. Ar trebui să ne întrebăm: „Cum îmi petrec timpul în afara bisericii? Ce fel de intimitate am eu cu Domnul?

Cât timp petrec în Cuvânt? Îl citesc doar pentru a obține resurse pentru predică? Sau meditez la el pentru hrana mea spirituală?"

Și colegii noștri din lucrarea Domnului ne pot ajuta să rămânem vigilenți cu privire la viața și lucrarea noastră. Pe lângă o comunicare deschisă cu echipa pastorală, am găsit util să cultiv relații cu lucrători din afara bisericii noastre, pe care îi respect și în care am încredere. Oameni cu care pot fi sincer când vorbesc despre provocările cărora trebuie să le fac față. Oameni care nu se vor sfii să îmi spună când simt că ceva e nelalocul lui. De-a lungul anilor, am făcut un obicei în a-i invita pe acești oameni în care am încredere să predice la biserica noastră. Îi rog să îmi spună cu onestitate ce li se pare că nu e pe placul lui Dumnezeu. Știu că nu îmi vor spune ce *vreau* să aud. Vor spune adevărul în dragoste despre ce am *nevoie* să aud.

Păstoriți păstorii

Motivul pentru care ne păzim cu atenție este ca să putem supraveghea mai bine „toată turma peste care [ne]-a pus Duhul Sfânt episcopi", ca să păstorim „Biserica Domnului, pe care a câștigat-o cu însuși sângele Său" (Fapte 20:28).

Aceasta include păstorirea echipei bisericii. Trebuie să luăm seama la cei ce lucrează alături de noi și sub autoritatea noastră. Trebuie să petrecem timp cu ei și să-i încurajăm. Am învățat asta pe propria-mi piele.

Cu mulți ani în urmă, la una dintre întâlnirile echipei noastre, l-am rugat pe unul dintre pastori să ne conducă în rugăciune. Nu a putut face asta. Nu i-au venit cuvintele. Chiar a cedat emoțional și a izbucnit în lacrimi. Ar fi trebuit să îmi dau seama că ceva era grav în neregulă. Când cineva nu poate rosti o rugăciune în public înseamnă, cel mai probabil, că ceva nu e în regulă spiritual. Dar eu nu m-am prins de asta. Nu am fost atent la semnalele de avertizare care erau acolo.

O lună mai târziu, eu și Carol am plecat în vacanță. Un prieten apropiat predicase în biserică în timp ce noi eram plecați. M-a sunat la câteva ore după slujbă și mi-a spus:

— Ar fi bine să te întorci.

— De ce? am întrebat eu. Am ajuns aici doar acum trei zile.

— Ei bine, a zis prietenul meu, pastorul tău asociat doar ce a golit contul bisericii și a fugit cu o femeie din biserică. Cei doi copii ai femeii sunt cu soțul ei. Se pare că i-a abandonat.

Am aflat prea târziu că bietul om fusese înșelat, și femeia la fel. Lăsase un bilet în care îmi spunea că Dumnezeu îi „îndemna" să înceapă o nouă etapă din viața lor! Durere și confuzie au urmat pentru familiile implicate.

Aș da orice să pot relua acea întâlnire de echipă. Poate că dacă aș fi fost mai vigilent spiritual, aș fi putut să împiedic acest dezastru. Sau poate că nu – lucrurile ajunseseră foarte departe în acel moment. Dar am aflat o lecție dureroasă despre importanța vegherii asupra stării spirituale a celor din echipă.

A fost la un moment în biserica noastră un tânăr care fusese mântuit după o viață de dependență de droguri. În cele din urmă, a devenit unul dintre ușieri în biserică. Își făcea treaba foarte bine, foarte dedicat. Ajuta la desfășurarea colectei, la număratul banilor, asigurându-se că totul decurgea bine. Am aflat ulterior că, în ciuda implicării lui foarte active, rareori venea la biserică duminica doar ca să participe la slujbă. Menținându-se „prea ocupat" pentru a mai fi receptiv în timpul slujbelor, el nu a reușit să reziste ispitei de a reveni la consumul de droguri. Odată reîntors la vechile lui obiceiuri, a făcut tot posibilul să rămână ocupat, încercând astfel să-și ascundă problemele. Unii oameni, atunci când recidivează, adoptă acest comportament de a se cufunda în activități, făcând orice numai să nu fie nevoiți să asiste la slujbă. În acest fel, pot evita ascultarea Cuvântului știind că odată cu acesta vor simți și condamnarea în inima lor.

Acum avem o politică pentru toți cei care slujesc în serviciile de duminică: oricare ar fi implicarea, ei trebuie să stea și să se închine cu adunarea la cel puțin unul din programe. Îi apreciem din toată inima pe toți cei care slujesc, dar nu pot numai să ofere în permanență, trebuie să și primească din punct de vedere spiritual.

Hrănește, îndrumă, protejează

Păstrarea vigilenței asupra turmei este o provocare, indiferent dacă este formată din zeci, sute sau mii de enoriași. Păstorii îndeplinesc trei sarcini: hrănesc turma, o îndrumă și o protejează.

Am discutat despre hrănirea turmei într-un capitol anterior, care a avut de-a face în principal cu predarea și propovăduirea întregii învățături a lui Dumnezeu. Dar nu este suficient să îi expunem pe credincioși unei predici bazată pe Biblie, doar o dată pe săptămână. Ei trebuie să primească hrană zilnică din Cuvântul lui Dumnezeu. Trebuie să-și dorească „laptele duhovnicesc și curat, pentru ca prin el să creșteți spre mântuire" (1 Pet. 2:2). Nu putem să mâncăm doar o masă copioasă duminica și apoi să mergem mai departe fără hrană pentru tot restul săptămânii. În același mod, cea mai bună predică din lume nu poate să susțină un credincios până duminica următoare. Trebuie să-i învățăm pe oameni importanța vitală a întăririi zilnice prin adevărul biblic. Acesta este un aspect critic, având în vedere că în SUA, „între anii 2019 și 2020, procentul adulților americani care declară că citesc Biblia zilnic a scăzut de la 14 la 9%, conform raportului Starea Bibliei din 2020 … publicat de Barna Group și de Societatea Biblică Americană."[2]

Darea de socoteală spirituală

Conceptul de păstorire aduce în discuție și problema dării de socoteală spirituale. Există vreun astfel de sistem sigur care să să-i mențină pe credincioși, inclusiv pe noi, pe calea dreaptă și strâmtă?

Să examinăm trăirea creștină așa cum este ea conturată în Noul Testament. Prima și cea mai importantă sarcină este aceea de a răspândi Evanghelia și de a aduce oameni în Împărăție. Atunci când se întâmplă acest lucru, Duhul Sfânt vine să locuiască în noii credincioși. În cele din urmă, numai puterea Duhului care locuiește în noi poate aduce o viață creștină victorioasă. De aceea a declarat Pavel: „Zic, dar: umblați cârmuiți de Duhul și nu împliniți poftele firii pământești" (Gal. 5:16). Firea, sau natura păcătoasă, indică faptul că Jim Cymbala poate fi despărțit de Duhul lui Dumnezeu. Dacă îi putem încuraja și ajuta pe oameni să umble cu Domnul și să se supună Duhului în fiecare zi și oră, care va fi rezultatul? „[...] dragostea, bucuria, pacea, îndelunga răbdare, bunătatea, facerea de bine, credincioșia, blândețea, înfrânarea poftelor" (Gal. 5:22–23), roade pe care le produce Duhul. Dependența de Duhul este singurul antidot pentru natura egoistă și păcătoasă. De fapt, Dumnezeu nu lucrează niciodată cu „vechiul Jim Cymbala".

Îmbunătățirea și reformarea sunt imposibile pentru acea persoană centrată pe sine. Doar trăind prin Duhul care locuiește în noi vom obține victoria. Învățătura singură, oricât de biblică ar fi, nu poate fi niciodată un înlocuitor.

Așadar, care este beneficiul „sistemelor de dare de socoteală"? Ele sunt de ajutor, dar niciodată foarte simplu de manevrat. Probabil că am avut cu toții de-a face cu oameni sinceri, prinși în capcana păcatului care îi ține captivi. Nu este așa că dacă o persoană vrea să se întoarcă în trecut și să se lase pradă poftei, niciun sistem de control uman nu o va opri? Dacă astfel de indivizi fac parte dintr-un grup de dare de socoteală, fie își vor ascunde comportamentul, fie vor minți despre el. Este atât de clar și simplu. Nu uitați de catalogul lui Pavel cu privire la faptele firii: „preacurvia, curvia, necurăția, desfrânarea, închinarea la idoli, vrăjitoria, vrăjbile, certurile, zavistiile, mâniile, neînțelegerile, dezbinările, certurile de partide, pizmele, uciderile, bețiile, îmbuibările și alte lucruri asemănătoare cu acestea" (Gal. 5:19–21). Să fim realiști. Dacă un credincios se implică în astfel de lucruri, de ce ar ezita să mintă despre ele? Nu, numai puterea Duhului Sfânt care lucrează zilnic într-o inimă umilă și credincioasă poate împiedica o persoană să se întoarcă la vechile-i căi.

Același lucru este valabil și pentru ideea că disciplina personală a unui credincios matur va produce automat o credință de neclintit în alții. Să luăm în considerare exemplul lui Isus Cristos Însuși. A chemat doisprezece bărbați ca să fie ucenicii Lui. Au trăit și au călătorit cu El mai bine de trei ani. El a fost învățătorul și maestrul suprem. Ce lecții trebuie să fi învățat de la El și ce exemplu trebuie să fi fost pentru ei! Dar toate acestea nu i-au împiedicat să Îl părăsească în noaptea în care a fost arestat. Iuda L-a trădat. Petru L-a renegat. Și toți au fugit când a fost arestat și pironit pe cruce.

Pavel avea asistenți în lucrarea sa – pe unii dintre ei, probabil, îi condusese la Domnul. Unii au călătorit împreună cu el și au beneficiat de lucrarea sa extraordinară. Timotei este un prim exemplu. A fost instalat ca lider în biserica din Efes, dar Pavel, fără îndoială, a aflat că Timotei avea probleme cu frica. A trebuit să îl mustre în 2 Timotei 1:6–7: „De aceea îți aduc aminte să înflăcărezi darul lui Dumnezeu care este în tine prin punerea mâinilor mele. Căci Dumnezeu nu ne-a dat un duh de frică, ci de putere, de dragoste și de chibzuință." Învățăturile lui Pavel din trecut și scrisoarea lui personală nu au putut să rezolve problema lui Timotei. Doar focul Duhului putea să-i ofere putere, dragoste și auto-disciplină.

Pe de altă parte, Dima, un alt colaborator, era cu Pavel când acesta a fost întemnițat la Roma timp de doi ani (Col. 4:14; Flp. 1:24). Dar mai târziu, Pavel avea să spună cu tristețe: „Căci Dima, din dragoste pentru lumea de acum, m-a părăsit și a plecat la Tesalonic" (2 Tim. 4:10). Cum ar putea cineva care a stat alături de Pavel și a călătorit cu el să renunțe la cauza lui Cristos? Este de două ori mai alarmant având în vedere că apostolul Ioan afirmă: „Nu iubiți lumea, nici lucrurile din lume. Dacă iubește cineva lumea, dragostea Tatălui nu este în el" (1 Ioan 2:15). Ce să se fi întâmplat cu Dima?

Aceste exemple ne reamintesc că religia creștinismului nu este în primul rând una a învățăturilor, așa cum este cea a mormonilor sau a Martorilor lui Iehova. Aceste doctrine nu fac decât să impună învățături eronate în mintea adepților lor. Adevăratul creștinism este despre puterea supranaturală a lui Dumnezeu, care ne eliberează și ne ține în fiecare zi. Învățăturile, predicarea și formarea de discipoli își au locul lor, dar nu-L pot substitui pe Dumnezeu Însuși.

Încurajare și sprijin

În loc să ne bazăm exclusiv pe sistemele de dare de socoteală, chiar dacă ar putea fi de ajutor, Dumnezeu ne spune „îndemnați-vă unii pe alții în fiecare zi, câtă vreme se zice: «astăzi», pentru ca niciunul din voi să nu se împietrească prin înșelăciunea păcatului" (Evr. 3:13). Totul este despre Isus poziționat în centrul vieții noastre. Pe măsură ce ne punem încrederea în El, nu vom fi dezamăgiți. *„Iar a Aceluia care poate să vă păzească de orice cădere* și să vă facă să vă înfățișați fără prihană și plini de bucurie înaintea slavei Sale, singurului Dumnezeu, Mântuitorul nostru, prin Isus Hristos, Domnul nostru, să fie slavă, măreție, putere și stăpânire, mai înainte de toți vecii, și acum și în veci. Amin" (Iuda 24–25).

Acum câțiva ani, Carol a avut un membru în cor –căruia îi voi spune André – care venise la Domnul după o viață de imoralitate sexuală, și încă se confrunta uneori cu ispite mari. André venea uneori la Carol în timpul pauzelor la repetițiile corului, și-i spunea: „Roagă-te pentru mine. Mă lupt." Era sincer cu privire la luptele lui, iar soția mea se ruga și îl încuraja. Dar seara, la final, pleca de la biserică împreună cu toți ceilalți, nevoit să înfrunte viața dură a străzilor din New York City, cu toate tentațiile și provocările lor. Dar, săptămână de săptămână, lună de lună, și, da, an după an, Dumnezeu nu numai că l-a păzit pe André, ci l-a și făcut un om matur al lui Dumnezeu. S-a căsătorit cu o femeie frumoasă și a avut o familie minunată care L-a slujit pe Domnul. În cele din urmă, nici Carol, nici eu, pastorul lui, nu l-am ajutat pe André să își țină calea; a fost harul lui Dumnezeu, pe măsură ce André s-a agățat de el în credință.

Vin vremuri grele

Pavel a spus: „Știu bine că, după plecarea mea, se vor vârî între voi lupi răpitori, care nu vor cruța turma; și se vor scula din mijlocul vostru oameni care vor învăța lucruri stricăcioase, ca să tragă pe ucenici de partea lor" (Fapte 20:29–30). Sunt câteva lecții de învățat de aici.

În primul rând, observați cuvintele „Știu bine". Pavel știa, prin descoperirea Duhului Sfânt, ce le rezerva viitorul prezbiterilor din Efes. Cu toate acestea, nu îndrăznea să presupună că poate opri desfășurarea evenimentelor sau să le „mustre" ca să dispară. Independent de voința sa, aceste momente dificile aveau să vină. Atunci când Dumnezeu vorbește despre viitor, nu aduce niciodată o perspectivă „negativă", ci, dimpotrivă, o realitate garantată a evenimentelor viitoare pe care ne pregătește să le întâmpinăm.

În Matei 24, Isus descrie ce se va întâmpla în zilele din urmă: Războaie. Foamete. Cutremure. În particular, El le-a spus ucenicilor Săi: „Atunci vă vor da să fiți chinuiți și vă vor omorî; și veți fi urâți de toate neamurile pentru Numele Meu. Atunci mulți vor cădea, se vor vinde unii pe alții și se vor urî unii pe alții. Se vor scula mulți proroci mincinoși și vor înșela pe mulți" (Mt. 24:9–11). Din nou, nu există nicio sugestie că creștinii pot refuza, pur și simplu, să primească aceste lucruri sau să le lege prin puterea numelui lui Isus. Acestea nu sunt doar posibile evenimente pentru viitorul planetei Pământ și al oamenilor ce o locuiesc, ci evenimente care, în mod garantat, se vor întâmpla. Unele situații din viața noastră pot fi schimbate total prin rugăciunea credinței. Dar trebuie să acceptăm că alte evenimente prevăzute de Dumnezeu Însuși sunt inevitabile. Nu putem decât să ne pregătim pentru ele și noi, și oamenii pe care îi păstorim. Așa cum a spus Pavel: „De aceea vegheați!" (Fapte 20:31).

A doua lecție este aceea că nu ar trebui să fim clătinați de veștile cu privire la necazurile care vin. Și ar trebui să-i învățăm și pe cei pe care îi păstorim același lucru.

> Nu te mânia pe cei răi
> și nu te uita cu jind la cei ce fac răul;
> căci sunt cosiți iute ca iarba
> și se veștejesc ca verdeața. [...]

Taci înaintea Domnului
și nădăjduiește în El.
Nu te mânia pe cel ce izbutește în umbletele lui,
pe omul care își vede împlinirea planurilor lui rele.

Lasă mânia, părăsește iuțimea;
nu te supăra, căci supărarea duce numai la rău.
Fiindcă cei răi vor fi nimiciți,
iar cei ce nădăjduiesc în Domnul vor stăpâni țara.
(Ps. 37:1–2, 7–9)

Va continua răul să se răspândească pe pământ? Vor continua oamenii să aibă succes în planurile lor rele? Bineînțeles. Dar acest lucru înseamnă că nu putem evangheliza eficient? Că nu poate exista trezire spirituală în bisericile noastre? Nu va face Dumnezeu lucruri minunate printre noi, dacă ne smerim și ne rugăm? Desigur, va face.

Scopul nostru nu este să înfrângem umanismul secular sau să încercăm să facem din America o națiune sfântă. Există doar o națiune sfântă, iar aceasta este Biserica lui Isus Cristos. Haideți să ne propunem să câștigăm suflete unul câte unul. Și să ne amintim cuvintele pe care Maria le-a spus slujitorilor la nunta din Cana: „Faceți tot ce vă va spune" (Ioan 2:5). Acum *noi* suntem slujitorii Lui; dacă ascultăm de îndrumările Sale, vom vedea din nou puterea Lui supranaturală la lucru.

Să nu uităm că vom merge curând acasă. Atunci totul se va sfârși. Niciun păcat, nici Satan, nicio durere sau moarte. Doar eternitatea cu Cristos și părtășia cu toți credincioșii dinaintea noastră. Haideți să mângâiem cu aceste cuvinte turmele noastre în mijlocul greutăților cu care se confruntă.

Lupi răpitori

În discursul său către prezbiterii din Efes, Pavel a spus că vor veni „lupi răpitori" și nu vor cruța turma. Acești lupi pe două picioare sunt mai periculoși decât orice creatură din sălbăticie, căci vor încerca să aducă doctrine false în Biserică. Surprinzător este faptul că unii vor veni „din mijlocul vostru" (Fapte 20:30)! Pericolul despre care vorbește Pavel vine de la cei care se pretind învățători creștini. Ei nu neagă direct Cuvântul lui Dumnezeu, ci mai degrabă „vor perverti adevărul" cu scopul de a-i atrage pe ucenici de partea lor. Acest pericol era atât de real încât, timp de trei ani, spunea Pavel, „n-am încetat să sfătuiesc cu lacrimi pe fiecare din voi" (Fapte 20:31). Evident, acesta era un pericol incontestabil și prezent pentru turmă.

Uneori urmăresc la televizor anumite programe care transmit emisiuni religioase. O parte din ceea ce găsesc acolo este benefic, o binecuvântare pentru mine. O predică biblică sănătoasă este întodeauna o sursă de inspirație. Dar multe din lucrurile pe care le văd sunt erezii. Mă gândesc deseori: „Câți neconvertiți se uită și cred că asta reprezintă credința creștină?" Și cum să știm că unii dintre credincioșii noștri dragi nu sunt amăgiți de acești șarlatani? Sau că nu trimit bani escrocilor care manipulează prin utilizarea unor formule speciale pentru a promova așa-numita „sămânță a credinței" care, de fapt, nu face decât să le umple propriile buzunare? Avem noi, pastorii, datoria de a-i avertiza cu privire la astfel de lucruri?

Știu că mulți dintre noi sunt reticenți să adopte o astfel de abordare. Am prefera să ne concentrăm pe predicarea Cuvântului și menținerea unui ton pozitiv. De asemenea, nu vrem să fim acuzați de „judecată". Este o abordare înțeleaptă în cele mai multe situații. Dar trebuie să fim precauți să nu cădem în ceea ce un prieten al meu numea capcana „dragostei nechibzuite agape". Aceasta apare când, în numele dragostei și al armoniei, eșuăm în a vorbi și a-i avertiza pe oameni cu privire la învățăturile cu adevărat periculoase.

Isus a spus: „Păziți-vă de prorocii mincinoși! Ei vin la voi îmbrăcați în haine de oi, dar pe dinăuntru sunt niște lupi răpitori. Îi veți cunoaște după roadele lor" (Mt. 7:15–16). Observați limbajul puternic folosit de Fiul lui Dumnezeu. El i-a numit „lupi răpitori". Mulți ar face un pas înapoi astăzi în fața unui astfel de limbaj. „Judeci! Unde ți-e dragostea? Instigi la ură!" Dar acest avertisment a venit din gura Mântuitorului Isus Cristos, care a prevăzut răul ce se apropia pentru a dăuna Bisericii Sale.

Observați avertismentul din partea lui Pavel împotriva învățătorilor falși care *răstălmăceau* adevărul. El nu se referă la *negarea* adevărului – asta ar fi mai ușor de identificat. Întodeauna este mai dificil să reperezi învățăturile denaturate. Ei nu Îl neagă pe Isus; pur și simplu vorbesc despre un altfel de Isus. Ei nu neagă Biblia; ba chiar citează din ea. Dar Satan a făcut același lucru când L-a ispitit pe Isus în pustiu. Acești lupi pervertesc Scriptura; o răstălmăcesc pentru a-i da un alt înțeles față de adevărul Evangheliei.

Turma pe care o prețuiește Dumnezeu

Așadar, care este motivul din spatele avertizării lui Pavel de a veghea asupra noastră și asupra adunării pe care o păstorim? De ce îi numește pe lupi „răpitori"? Sunt periculoși pentru că ținta lor este turma pe care Dumnezeu o prețuiește. Oile aflate sub îngrijirea noastră spirituală au fost toate câștigate „cu însuși sângele Său" (Fapte 20:28) și alcătuiesc „Biserica lui Dumnezeu" (Gal. 1:13), care a devenit posibilă prin agonia lui Cristos pe cruce. Toate sunt iubite intens de către Dumnezeu, care cunoaște fiecare detaliu al vieții lor – fiecare frică, fiecare problemă, fiecare slăbiciune. Dacă ar fi existat pe pământ doar o singură persoană, Dumnezeu tot L-ar fi trimis pe Fiul Lui să moară pentru păcatele acelui suflet. Fiecare predică și slujbă din biserică, fiecare conversație și ședință de consiliere vizează cel puțin una dintre oile pe care Dumnezeu ni le-a încredințat. Orice persoană care îi iubește pe unul dintre copiii sau nepoții mei și le arată o bunătate deosebită își găsește imediat un loc special în inima mea. Dacă dragostea noastră de părinte duce la o astfel de apreciere, cum Se simte oare Dumnezeu când ne străduim să hrănim, să îndrumăm și să protejăm turma Lui iubită? Haideți să ne dăruim pe noi înșine pentru a fi păstorii pe care Dumnezeu îi dorește.

Capitolul 10

Dezbinarea e letală

Vă îndemn, fraților, pentru Numele Domnului nostru Isus Hristos, să aveți toți același fel de vorbire, să n-aveți dezbinări între voi, ci să fiți uniți, în chip desăvârșit, într-un gând și o simțire.
1 Corinteni 1:10

În 1828, când avea nouăsprezece ani, și din nou în 1831, Abraham Lincoln a călătorit cu șlepurile pe râul Mississippi spre New Orleans. Potrivit multor relatări, ura sa de o viață față de instituția sclaviei s-a născut în urma expunerii sale directe în piața de sclavi din New Orleans în timpul acestor călătorii. Problema sclaviei a persistat în Statele Unite pe tot parcursul vieții lui Lincoln. Sudul, în mare parte, era categoric în favoarea păstrării sclaviei; cei mai mulți din Nord i se opuneau vehement.

În 1858, Lincoln a ținut celebrul său discurs „casa dezbinată", care i-a adus expunere la nivel național și, mai târziu, o nominalizare pentru a candida la alegerile prezidențiale din partea noii formațiuni politice anti-sclavie, Partidul Republican. Toate acestea au culminat cu numirea sa ca președinte și instalarea la Casa Albă. Lincoln și-a susținut cu fermitate poziția. Națiunea, a spus el, nu putea suporta să fie „jumătate în sclavie, jumătate liberă";

inevitabil „ar deveni ori una, ori alta". Și a mai adăugat: „O casă dezbinată împotriva ei însăși nu poate dăinui."[1]

Lincoln cita cuvintele lui Isus Cristos (Mc. 3:25), deși era unul dintre cei doi președinți americani fără afiliere religioasă. Contextul biblic original era că Isus vindecase oameni și alungase demoni în ziua de Sabat. Autoritățile evreiești erau indignate de acțiunile Sale și au spus: „Este stăpânit de Beelzebul; scoate dracii cu ajutorul domnului dracilor" (Mc. 3:22).

Isus ar fi putut foarte simplu să nege această acuzație. Dar știa că negarea Sa se va izbi de urechile lor incapabile să audă. Ar fi putut, deopotrivă, să profite de ocazie pentru a le explica cine era cu adevărat: Fiul lui Dumnezeu. Dar în planul lui Dumnezeu, nu venise încă momentul potrivit pentru acea declarație. În schimb, Isus a răspuns subliniind lipsa de logică a oponenților săi: „Isus i-a chemat la El și le-a zis, în pilde: «Cum poate Satana să scoată afară pe Satana? Dacă o împărăție este dezbinată împotriva ei înseși, împărăția aceea nu poate dăinui. Și dacă o casă este dezbinată împotriva ei însăși, casa aceea nu poate dăinui. Tot astfel, dacă Satana se răscoală împotriva lui însuși este dezbinat și nu poate dăinui, ci s-a isprăvit cu el»" (Mc. 3:23–26).

Cum putea Isus să fie de partea lui Satan și totuși să scoată duhurile rele? Satan nu ar putea tolera niciodată o astfel de lipsă de unitate.

Dezbinarea aduce slăbiciune

Principiul este simplu: dezbinarea aduce slăbiciune. Am văzut cu toții de nenumărate ori acest lucru, în orice context imaginabil. Dezbinarea subminează familii, unități militare, echipe sportive, puteți numi ce vreți. Orice grup care se dezbină împotriva lui însuși nu poate să rămână în picioare.

Acest principiu se aplică cu siguranță și bisericilor. O biserică ce urmărește obiective autentice din Noul Testament – creștere spirituală, evanghelizare, a fi casă de rugăciune, a onora Cuvântul lui Dumnezeu și așa mai departe – nu poate fi eficientă dacă este dezbinată împotriva ei însăși. Chiar și o subtilă tensiune și discordie vor slăbi acea comunitate de credincioși. Pastorul unei astfel de biserici se trezește într-un soi de alergare în gol, depunând eforturi mari și energie, dar făcând progrese mici. Putem posti și ne putem ruga, putem studia Biblia, putem face tot ce credem de cuviință. Dar dacă există dezbinare continuă în biserică, acea biserică se găsește într-o poziție instabilă. Este posibil să crească numeric pentru o vreme; poate fi capabilă de slujbe antrenante. Dar, în cele din urmă, o biserică dezbinată împotriva ei însăși, o echipă măcinată de tensiuni interne, nu se poate bucura niciodată de binecuvântarea completă a lui Dumnezeu și se va prăbuși, dacă nu este verificată. Acesta este motivul pentru care Pavel îndemna bisericile din Noul Testament să caute unitatea: „Vă îndemn, fraților, pentru Numele Domnului nostru Isus Hristos, să aveți toți același fel de vorbire, *să n-aveți dezbinări între voi*, ci să fiți *uniți*, în chip desăvârșit, într-un gând și o simțire" (1 Cor. 1:10).

Prea rar vedem această disponibilitate pentru unitate în bisericile noastre. Atunci când știm că avem scindări între noi, deseori privim în altă parte și ne prefacem că nu există. Sau mai rău, permitem ca unitatea noastră în Cristos să fie subordonată altor cauze sau identități din cultura contemporană.

Sfatul demonic din pandemie

Acest gen de dezbinare a devenit dureros de evident în timpul pandemiei de COVID-19. Ai fi sperat că o criză de asemenea natură și magnitudine va stârni un val de unitate printre credincioși, ne va face să punem preocuparea pentru frații și surorile noastre în Cristos înaintea oricăror considerații personale. Iar în unele locuri, chiar s-a întâmplat asta. Dar în altele, pandemia a dezvăluit mai clar decât oricând că prea mulți oameni care se declară credincioși nu se identifică în primul rând ca adevărați creștini. Sunt, înainte de orice, negri, hispanici, albi sau asiatici. Ei se identifică, în primă instanță, ca democrați sau republicani, conservatori sau progresiști.

Cunosc personal biserici care au trecut prin despărțiri și relații frânte pentru că au susținut un anumit grup politic sau o mișcare în detrimentul alteia. Știu biserici care și-au pierdut membri, după ce au cerut oamenilor să poarte măști la biserică sau din cauza faptului că le-au permis să vină la biserică fără măști. Sunt biserici peste tot în America și acum ale căror membri încă au dispute cu privire la importanța vaccinării. În spatele tuturor acestor lucruri, Satan orchestrează subtil dezbinarea în biserica lui Cristos.

În loc să convenim că nu suntem de acord cu privire la chestiuni politice și culturale, mulți așa-ziși credincioși au folosit rețelele sociale pentru a se implica în defăimarea propriilor lor frați și surori în Cristos. Ba chiar s-au aliat cu grupuri ostile, anti-creștine care contestă Cuvântul lui Dumnezeu. Cum putem împăca Scriptura cu acest realmente vitriol urât? „Prin aceasta se cunosc copiii lui Dumnezeu și copiii diavolului. Oricine nu trăiește în neprihănire nu este de la Dumnezeu; nici cine nu iubește pe fratele său. [...] Noi știm că am trecut din moarte la viață, pentru că iubim pe frați. [...] Oricine urăște pe fratele său este un ucigaș; și știți că niciun ucigaș n-are viața veșnică rămânând în el" (1 Ioan 3:10, 14–15).

Gândiți-vă la asta! Dacă nu iubim, nu iertăm și nu susținem un alt credincios, Dumnezeu spune că urâm. Nu există un stadiu intermediar al unei toleranțe mediocre sau separare intenționată pe care s-o putem numi „dragoste". Si nu corectitudinea doctrinară sau darurile Duhului vor dovedi că suntem creștini adevărați. Nicidecum. „Prin aceasta vor cunoaște toți că sunteți ucenicii Mei, dacă veți avea dragoste unii pentru alții" (Ioan 13:35).

Este acum mai clar ca niciodată că prea multe biserici sunt construite pe factori rasiali, etnici sau politici decât pe identificarea cu Isus. Credincioșii se agită și se luptă unii cu alții la fel cum fac și necreștinii. Cine crede cu adevărat că cei necredincioși dețin soluția pentru ura și prejudecata atât de răspândite în cultura și lumea noastră? Partidele politice și filosofiile conservatoare sau liberale nu pot schimba inima omului, unde sălășluiesc ura și mânia din noi. Ar trebui să promulgăm orice lege posibilă care oferă șanse egale și protecție pentru toți cetățenii. Dar mă tem că problemele naționale nu sunt boala profundă de care se îngrijorează cel mai mult Cristos.

Urmele întunecate ale rasismului

Spre rușinea noastră, la mai bine de 150 de ani de la Războiul Civil, rasismul încă este o forță puternică în America, una care molipsește multe domenii ale Bisericii lui Cristos. În America, în cea mai mare parte, bisericile de negri au rămas de negri, iar bisericile de albi, evident, de albi.

Când cartierele orașului se schimbă (în sensul în care se populează și cu familii de negri, n.ed.), bisericile albilor se mută repede în suburbii. Dacă acele suburbii se schimbă în același mod, bisericile de albi se mută și mai departe. Deseori, acest lucru s-a făcut cu scuza deplorabilă că, pentru a înregistra creștere în biserică, trebuie să ai o adunare „omogenă". Oamenii inteligenți știu că acesta este un limbaj codificat pentru rasism. E doar un alt mod de a spune că vrem să păstrăm distanța față de „ceilalți".

Problema are două fațete.

În biserica noastră au fost bine-primiți oameni din toate rasele, etniile și mediile economice. Din păcate, unii dintre membrii noștri de culoare ne-au spus că rudele și prietenii din alte biserici îi critică, spunându-le: „Nu pot să cred că mergi la o biserică unde Omul este pastorul." Această mentalitate nu este un exemplu de dragoste și unitate creștină.

Scriptura spune că cerul este populat de „o mare gloată pe care nu putea s-o numere nimeni, din orice neam, din orice seminție, din orice norod și de orice limbă, care stătea în picioare înaintea scaunului de domnie și înaintea Mielului" (Apoc. 7:9). De ce ar trimite Dumnezeu pe cineva într-un astfel de cer, pentru veșnicie, să se amestece cu acei oameni pe care i-au evitat intenționat pe pământ? Cum putem discrimina o persoană pentru care Cristos a murit, fie aceasta albă, neagră, asiatică sau orice altă rasă sau etnie? Cum pot niște „urâcioși" nepocăiți să petreacă o veșnicie cu Dumnezeu, care este dragoste perfectă?

Iată o întrebare importantă pentru pastori. Cum îndrăznim să ne ridicăm în fiecare duminică și să proclamăm Evanghelia care începe cu „fiindcă atât de mult a iubit Dumnezeu lumea", dacă nu suntem sincer îngrijorați pentru fiecare om – indiferent de rasă sau etnie – să intre în clădirea noastră și să fie iubit cu adevărat? Ce condamnare este aceasta pentru lucrare când predicatorii din toate rasele apelează la instincte primare precum mânia și prejudecata în mijlocul poporului lor!

Iată realitatea pe care alegem să o ignorăm adeseori: când Dumnezeu Se uită din ceruri, El nu vede rase și etnii, și „criterii demografice". El vede oameni. Oameni pentru care Fiul Său a murit. Oameni pe care vrea să-i mântuiască și să-i aducă în familia Sa. Iată concluzia, dragi pastori: Dacă nu vreți să primiți în bisericile voastre pe toți cei pentru care Cristos a murit, dați jos crucea de pe bisericile voastre! Vă rog! Dacă nu sunteți dispuși să primiți și să slujiți tuturor celor pentru care Isus a murit ca să-i mântuiască: persoane fără adăpost, bogați, săraci, negri, albi, hispanici, gay, heterosexuali – cum puteți pretinde că sunteți o biserică creștină? Cum puteți împăca această atitudine cu dragostea lui Dumnezeu?

Un singur Domn, o singură credință, un singur botez

Din păcate, Biserica are o istorie îndelungată nu doar în a tolera dezbinările, ci în a le și încuraja, ba chiar în a le încorpora în structurile sale fundamentale. Orice neconvertit isteț poate observa neconcordanța dintre ceea ce pretindem a fi și ceea ce suntem cu adevărat.

Apărăm autoritatea Scripturii, dar însuși Cuvântul lui Dumnezeu declară: „Este un singur trup, un singur Duh, după cum și voi ați fost chemați la o singură nădejde a chemării voastre. Este un singur Domn, o singură credință, un singur botez. Este un singur Dumnezeu și Tată al tuturor, care este mai presus de toți, care lucrează prin toți și care este în toți" (Ef. 4:4–6).

O singură credință? Un singur trup? Diferențele doctrinare și denominaționale au sfârtecat Biserica lui Cristos de secole. După Reforma Protestantă, războaiele religioase nu s-au mai dus doar între forțele protestante și cele romano-catolice, ci și între armatele luterane și cele reformate – toate pretinzând loialitate lui Cristos. Închipuiți-vă oameni persecutați și uciși în numele unei doctrine creștine mai ortodoxe! Trebuie să fi făcut îngerii să plângă.

Regretabil, mulți dintre noi suntem mai degrabă partizani ai confesiunii religioase de care aparținem decât creștini. Suntem mai arminieni, mai penticostali sau mai calviniști decât creștini nou-testamentari. Da, vor exista întotdeauna diferențe de accent doctrinar sau de stil. Dar nu ar putea acestea să coexiste într-un cadru general de dragoste și unitate? Acest ideal este la ani lumină distanță de dușmăniile, certurile, acuzațiile, bârfele și criticile pe care le vedem deseori printre credincioși. De ce să nu fim îngăduitori cu alți creștini loiali cauzei lui Cristos, chiar dacă nu fac totul exact așa cum facem noi? În schimb, ne înstrăinăm unii de alții din cauza unor chestiuni lipsite de importanță. Nu din motive ce țin de caracterul divin al lui Isus sau de mântuirea care vine doar prin credința în Cristos, ci din cauza diferențelor care ar putea fi ușor depășite de oamenii care Îl iubesc cu sinceritate pe Dumnezeu și se iubesc unii pe ceilalți.

Studiul meu asupra istoriei Bisericii mi-a arătat că, independent de diferențele denominaționale, bărbații și femeile dedicați lui Cristos și plini de Cuvânt și de Duhul Sfânt și-au lăsat mereu amprenta în lumea lor. Acest lucru poate fi dovedit prin numărul nespus de mare de oameni care, de-a lungul secolelor, I-au făcut cinste lui Cristos, chiar dacă aveau convingeri diferite în privința chestiunilor secundare. Să luăm, de exemplu, prietenia dintre Wesley și Whitefield. Wesley detesta calvinismul în care credea Whitefield, iar Whitefield nu subscria la arminianismul lui Wesley. Dar s-au iubit unul pe altul. Mai important, Dumnezeu i-a folosit pe amândoi. Așadar, susține Dumnezeu calvinismul sau arminianismul? Poate niciunul ... sau poate pe amândouă.

Este Cristos împărțit?

Am primit odată o scrisoare de la un bărbat care vizitase biserica noastră. El spunea: „Am citit cărțile tale și m-am bucurat de vizita făcută la biserica voastră duminică, dar acum mi-am pierdut toată încrederea în tine. Ai numit o femeie din cor să vină și să se roage pentru binecuvântarea colectei!" Încă nu am găsit în Biblie locul în care se spune clar că rugăciunea unei femei în biserică este împotriva dorinței inimii lui Dumnezeu. El a spus: „feciorii voștri și fetele voastre vor proroci" (Fapte 2:17), dar o femeie nu se poate ruga pentru colectă? Cu toate acestea, dacă o biserică socotește că acest lucru este important, așa să fie. Dar să criticăm o altă biserică pentru acest subiect? Mai am un exemplu. Nu am găsit niciodată un pasaj care să impună cât de des ar trebui împărtășită Cina Domnului. Unele biserici o fac săptămânal, altele, lunar, iar altele, mai rar. Sunt sigur că toate au anumite motive pentru care aleg o abordare specifică. Dar, în absența unei indicații clare în Scriptură, cum am putea să-i considerăm eretici pe cei care sunt diferiți de noi în privința aspectelor secundare? Cu oameni care mor zilnic în jurul nostru fără Cristos, disputele dintre noi sunt cel mai bun lucru pe care să ne irosim timpul?

Cineva a spus cândva: „Dacă există consens în rândul creștinilor în 95% din convingerile lor, atunci de ce se ceartă atât de mult pe celelalte cinci procente?" Chiar așa? De ce ne concentrăm pe mărunțișuri? Amintiți-vă ce a scris Pavel bisericii din Corint:

> Căci, fraților, am aflat despre voi de la ai Cloei, că între voi sunt certuri. Vreau să spun că fiecare din voi zice: „Eu sunt al lui Pavel!" – „Și eu, al lui Apolo!" – „Și eu, al lui Chifa!" – „Și eu, al lui Hristos!" – Hristos a fost împărțit? Pavel a fost răstignit pentru voi? Sau în numele lui Pavel ați fost voi botezați? (1 Cor. 1:11–13).

Pavel a spus că nu se poate adresa corintenilor ca unora care trăiesc prin Duhul, ci ca unora lumești (1 Cor. 3:1). De ce?

> În adevăr, când între voi sunt zavistii, certuri și dezbinări, nu sunteți voi lumești și nu trăiți voi în felul celorlalți oameni?

> Când unul zice: „Eu sunt al lui Pavel!", și altul: „Eu sunt al lui Apolo": nu sunteți voi oameni de lume? Cine este Pavel? Și cine este Apolo? Niște slujitori ai lui Dumnezeu, prin care ați crezut; și fiecare după puterea dată lui de Domnul. Eu am sădit, Apolo a udat, dar Dumnezeu a făcut să crească: așa că nici cel ce sădește, nici cel ce udă nu sunt nimic; ci Dumnezeu, care face să crească (1 Cor. 3:3–7).

Pentru Pavel, accentul pus pe apartenența la el sau la Apolo era un semn lumesc, nu de maturitate sau curăție doctrinară. Nu este același lucru și accentul nejustificat pus pe a fi evanghelic, reformat sau carismatic?

Ce am putea face tu și eu în legătură cu această dezbinare? Puțini suntem în măsură să facem schimbări structurale importante. Dar ne putem face partea noastră, fiind deschiși și acceptând toți creștinii născuți din nou, indiferent de biserica pe care o frecventează. Putem, de asemenea, să ne încurajăm reciproc. Cel mai sigur mod prin care Îl putem întrista pe Duhul Sfânt este să afirmăm: „Noi suntem singurii" sau „Nu suntem singurii, dar suntem speciali!"

Dezbinarea din biserica locală

Acum să vorbim despre conflictul care poate lovi un pic mai aproape de casă. Dezbinarea ucide și în bisericile locale – așa cum o face și în contextul mai amplu al trupului lui Cristos.

Ani la rând, pastorii din Statele Unite au fost mai sănătoși decât oamenii cu alte profesii. Contractau mai puține boli, aveau mai puține accidente și trăiau mai mult decât majoritatea oamenilor. Circula chiar și o glumă că pastorii vor intra ultimii în rai, pentru că trăiau mult. Dar sănătatea clericilor a început să se deterioreze în anii '60. Pastorii au început să se îngrașe, să devină stresați și să sufere de boli precum diabetul, artrita, astmul, bolile de inimă și alte afecțiuni cronice într-un ritm alarmant.[2] Sunt mulți factori care au dus la această schimbare. Dar sunt convins că factorul major este stresul cauzat de gestionarea disputelor și lipsei de unitate din propriile biserici.

Dezbinarea poate apărea oriunde: în conducerea bisericii, în echipa de închinare, în comitetul pastoral și, bineînțeles, între indivizi și în familii. Parte din motivul pentru care dezbinarea are un efect atât de devastator asupra pastorilor este că implică o confruntare cu cei care o generează, iar mulți pastori caută să evite asta! Nu vor să riște ca cei ce se află de o parte a diferendului – sau chiar de ambele părți ale acestuia – să părăsească biserica și să ia cu ei și alți oameni (împreună cu zeciuielile lor). Așa că merg ca pe coji de ouă, calcă în vârful degetelor, în jurul terenului minat și își ajustează predicile – totul pentru a se asigura că nu declanșează și alte crize. Suportă tot felul de bârfe, calomnii și discordii pentru a evita confruntarea. Desigur, ceilalți membri ai bisericii sunt conștienți de dezbinarea din jurul lor și se întreabă de ce pastorul nu ia atitudine. În realitate, cei mai mulți lideri încearcă să evite să răstoarne barca, pentru a nu afecta bugetul și a putea plăti salariile.

Dar iată dilema noastră: problemele nu dispar de la sine. Dezbinarea nu se vindecă de la sine. Dacă nu te ocupi de ea astăzi, inevitabil va trebui să te ocupi de ea mai târziu. Și, până atunci, va fi mai gravă.

Gestionând dezbinarea

Nu putem preveni total comportamentul care conduce la dezbinări în biserică, așa cum nu putem să eradicăm nici alte forme de comportament firesc. Dar sunt câteva lucruri pe care le putem face.

Putem începe prin a ne reaminti că singurul leac pentru dezbinare este ceva despre care am discutat anterior. Roada Duhului este antidotul care învinge tendințele de trufie și de egoism din noi toți. Este remarcabil faptul că lista lui Pavel cu faptele firii pământești cuprinde numeroase păcate care stau la baza dezbinării: „vrăjbile, certurile, zavistiile, mâniile, neînțelegerile, dezbinările, certurile de partide, pizmele" (Gal. 5:20–21). În schimb, roada Duhului este alcătuită din ingredientele de bază ale unității: „dragoste, bucuria, pacea, îndelunga răbdare [și] bunătatea" (Gal. 5:22). Pavel ne-a mai învățat și că adevărata unitate trebuie hrănită și protejată: „Vă sfătuiesc, dar, eu, cel întemnițat pentru Domnul, să vă purtați într-un chip vrednic de chemarea pe care ați primit-o, cu toată smerenia și blândețea, cu îndelungă răbdare; îngăduiți-vă unii pe alții în dragoste *și căutați să păstrați* unirea Duhului, prin legătura păcii" (Ef. 4:1–3).

În al doilea rând, nu ar trebui să predicăm numai împotriva dezbinării, ci și *pentru* unitate. Totuși, să avem în vedere că este bine să facem acest lucru înainte să apară dezbinarea. Dacă așteptăm până când izbucnește o criză, oamenii pot simți că încercăm să acoperim problema cu un bandaj. Este mai înțelept să predicați și să vă rugați pentru unitatea în Duh înainte să înceapă necazul.

În al treilea rând, trebuie să fim foarte vigilenți la calomnii și la bârfe. Din experiența mea, acestea sunt cele mai mari cauze vinovate de apariția dezbinării și certurilor. La fiecare câteva luni, într-o duminică, prezentăm bisericii persoanele recent acceptate ca membri noi. Când mă adresez bisericii, le amintesc mereu noilor membri: „Dacă auziți pe cineva spunând ceva necuviincios la adresa vreunui ușier, a unui corist, a unui angajat sau a altui membru al bisericii, fără ca persoana respectivă să fie de față, aveți autoritatea din partea mea de a-l opri în mijlocul propoziției și de a-i spune: «Stai puțin! Aceasta nu este soluția lui Dumnezeu la problemă. Dacă cineva te-a rănit, du-te direct la el și încearcă să rezolvi problema. Dacă nu reușești, vom aduce problema înaintea pastorului, iar el te va aduce față în față cu persoana care crezi că te-a rănit astfel încât să vă rugați să îndreptați lucrurile.»"

Se vor elimina în acest fel toate calomniile și bârfele? Nu. Dar putem spera că se vor reduce și că ne va fi mai ușor să abordăm situațiile viitoare. Cel mai important este ceea ce trebuie să facem înaintea lui Dumnezeu, de dragul Bisericii Sale.

În al patrulea rând, poți să te rogi ca Dumnezeu să pună unitatea Duhului în echipa ta. Din păcate, mulți pastori se confruntă cu dezbinări în rândul celor apropiați lor. Adesea cauza este gelozia de modă veche. „Furia este fără milă și mânia, năvalnică, dar cine poate sta împotriva geloziei?" (Prov. 27:4). Știți cum sună asta: „Eu de ce nu predic mai des?" „De ce conduce *el* închinarea?" „Efortul *meu* de ce nu a fost recunoscut public?"

O greșeală comună pe care o facem este să angajăm oameni inteligenți și talentați, fără a fi preocupați prea mult de smerenia și bunătatea acestora. Este înțelept să căutăm cei mai talentați oameni disponibili. Dar trebuie în primul rând să căutăm oameni maturi spiritual, dispuși să învețe. Aceste calități nu apar într-un CV sau într-o înregistrare. Este nevoie de rugăciune și de discernământ pentru a-i identifica.

Observați atitudinea de confruntare pe care o abordează Pavel când se raportează la oamenii ce crează dezbinare: „Vă îndemn, fraților, să vă feriți de cei ce fac dezbinări și tulburare împotriva învățăturii pe care ați primit-o. Depărtați-vă de ei. Căci astfel de oameni nu slujesc lui Hristos, Domnul nostru, ci pântecelui lor; și, prin vorbiri dulci și amăgitoare, ei înșală inimile celor lesne crezători" (Rom. 16:17–18).

Iar pe Tit l-a învățat: „După întâia și a doua mustrare, depărtează-te de cel ce aduce dezbinări, căci știm că un astfel de om este un stricat și păcătuiește, de la sine fiind osândit" (Tit 3:10–11).

Poate că, citind acest capitol, Duhul Sfânt ți-a adus aminte de anumite dezbinări dureroase din echipa ta, din biserică sau chiar din familie. Nu am o formulă ușor de urmat, dar știu că Dumnezeu te va ajuta să aduci vindecare și unitate în situația ta. Oprește-te o clipă și recunoaște că problema există. Doar Dumnezeu te poate ajuta. Roagă-L să-ți dea harul de care ai nevoie pentru a confrunta părțile implicate, în dragoste. Acest lucru necesită înțelepciune din cer, deoarece implică o operație spirituală delicată. Dumnezeu va onora eforturile tale de a restaura unitatea Duhului în legătura păcii.

Dezbinarea în biserică aduce mai mult rău cauzei lui Cristos decât secularismul și vrăjitoria la un loc. Când biserica este unită în credință și în rugăciune, nicio forță lumească sau demonică nu ne poate opri să extindem Împărăția lui Cristos.

Capitolul 11

Banii

N-am râvnit nici la argintul, nici la aurul, nici la hainele cuiva. Singuri știți că mâinile acestea au lucrat pentru trebuințele mele și ale celor ce erau cu mine.
Fapte 20:33–34

După ce Dumnezeu a eliberat poporul evreu din robia egipteană, l-a ales pe Moise să-l conducă prin pustiu timp de patruzeci de ani. Când au ajuns la hotarul de est al țării promise, Moise a ținut două predici lungi, care, în esență, alcătuiesc cartea Deuteronomul. Înainte ca Moise să părăsească scena, a vrut să le reamintească oamenilor nu doar de credincioșia lui Dumnezeu, ci și de dragostea Lui plină de gelozie pentru poporul Lui de legământ, cuprinsă în această declarație: „Dacă vei uita pe Domnul Dumnezeul tău și vei merge după alți dumnezei, dacă le vei sluji și te vei închina înaintea lor, vă spun hotărât azi că veți pieri. Veți pieri ca și neamurile pe care le-a pierdut Domnul dinaintea voastră, pentru că nu veți asculta glasul Domnului Dumnezeului vostru" (Deut. 8:19–20).

Israel nu avea voie să se închine altor dumnezei, în acest caz, idolii triburilor canaanite pe care aveau să le cucerească în curând. Acești dumnezei, care erau foarte populari și se regăseau în tot ținutul, erau Baal, Astarteea și Moloh, printre alții.

Dumnezeu nu ar fi acceptat inimi împărțite; poporul Său nu putea să se închine decât Lui. Problema nu era atât că israeliții ar fi renunțat cu totul la Iehova, ci că vor amesteca închinarea la adevăratul Dumnezeu cu elemente preluate din închinarea înaintea acestor zeități păgâne. Acest lucru se numește „sincretism".

Practica sincretismului a reprezentat o amenințare pentru Biserica creștină de-a lungul istoriei sale, deși nu neapărat din cauza influenței idolilor făcuți din lemn și din piatră. Se spune deseori că americanii se închină zeului Mamona – banilor, lucrurilor materiale și plăcerilor pe care banii le pot cumpăra. Indiferent de câtă avere am avea, niciodată nu este suficient. Isus a spus clar că închinarea la Mamona este incompatibilă cu slujirea față de El. „Nimeni nu poate sluji la doi stăpâni. Căci sau va urî pe unul și va iubi pe celălalt; sau va ține la unul și va nesocoti pe celălalt; nu puteți sluji lui Dumnezeu și lui Mamona" (Mt. 6:24).

Banii și ceea ce aduc ei au o putere seducătoare impresionantă. Apostolul Pavel ne-a avertizat pe toți când a spus: „Cei ce vor să se îmbogățească, dimpotrivă, cad în ispită, în laț și în multe pofte nesăbuite și vătămătoare, care cufundă pe oameni în prăpăd și pierzare. Căci iubirea de bani este rădăcina tuturor relelor; și unii, care au umblat după ea, au rătăcit de la credință și s-au străpuns singuri cu o mulțime de chinuri" (1 Tim. 6:9–10).

Poveștile liderilor creștini care au fost seduși de spiritul lăcomiei sunt tragice. Acești lideri încep adesea cu sinceritate în dedicarea lor față de Cristos și cu aproape nimic în buzunare. Câțiva ani mai târziu, devin umbre a ceea ce au fost cândva, fiindcă iubirea de bani le-a furat puterea și influența spirituală pentru Cristos.

Se poate întâmpla oriunde, oricând. Un pastor are succes și dezvoltă o biserică mare. Aceasta susține apoi pastorul cu generozitate. Poate că pastorul devine cunoscut în afara bisericii, susține discursuri la conferințe, scrie cărți, apare la televizor și strânge urmăritori în rețelele sociale. Nimic din toate aceste lucruri nu sunt rele în sine. În perioada vârstei mijlocii (sau mai devreme), se pot retrage. Dar rămân acolo unde sunt, delegând cea mai mare parte a lucrării lor altora, încasându-și salariul și trăind o viață bună, dar pierzând avantajele spirituale primite de la Dumnezeu, care i-a făcut o binecuvântare în anii trecuți. Unii chiar au angajat alte persoane pentru cercetare și pregătirea predicilor, pe care apoi le rostesc ca și când ar fi ale lor. Acest lucru îmi amintește de ceea ce i-a spus un vechi prieten și slujitor lui Andrew Bonar la începutul lucrării sale: „Prea puțini oameni și slujitori păstrează până la sfârșit vigoarea pe care au primit-o în duh la început."[1] Este o tragedie.

Atenție la duhul lăcomiei

A nu fi lacom era o calificare a liderilor din Biserica primară: „Adevărat este cuvântul acesta: «Dacă râvnește cineva să fie episcop, dorește un lucru bun.» Dar trebuie ca episcopul să fie fără prihană, bărbatul unei singure neveste, cumpătat, înțelept, vrednic de cinste, primitor de oaspeți, în stare să învețe pe alții. Să nu fie nici bețiv, nici bătăuș, nici doritor de câștig mârșav, ci să fie blând, nu gâlcevitor, *nu iubitor de bani*" (1 Tim. 3:1–3).

În aceeași notă, Petru i-a avertizat pe primii creștini că „între voi vor fi învățători mincinoși", care – printre altele – „au inima deprinsă la lăcomie" (2 Pet. 2:1, 14). Într-adevăr, sunt în mijlocul nostru astăzi oameni cu un geniu malefic în a stoarce bani de la oameni inocenți. Unul dintre cele mai descurajatoare momente din viața mea s-a petrecut la începutul lucrării mele creștine, într-o vreme în care poate douăzeci și cinci de persoane frecventau biserica noastră. Cei mai mulți trăiau de azi pe mâine, iar sumele de bani ce se adunau la colecta noastră erau foarte modeste. Un așa-zis evanghelist a venit în oraș, a închiriat o sală mare nu departe de biserica noastră și a organizat o serie de întâlniri. Într-o seară a predicat despre „puterea învierii" care, zicea el, ar putea să ofere și binecuvântări financiare uriașe. Problema era că trebuia să plătești bani pentru a primi binecuvântarea. A pus la dispoziție trei linii de rugăciune din care puteai alege, de cincizeci, de o sută și de cinci sute de dolari. În fața sălii era un sicriu. La un moment dat, cu un gest teatral, el a deschis capacul sicriului, de unde un tânăr subțirel a zburat, literalmente, pe deasupra scenei, susținut de niște fire de care era legat. Mi s-a spus că mulțimea a fost în delir.

Abia a doua zi am aflat că tânărul care fusese „înviat" începuse să frecventeze biserica noastră cu o lună în urmă. Iar dacă asta nu a fost suficient de rău, am mai aflat și că un alt membru mai în vârstă din biserica noastră participase la această întâlnire. El alesese linia de cinci sute de dolari; i-a dat acestui escroc cinci sute de dolari pentru o „binecuvântare"! Nu vă pot spune cât de descurajat am fost, de vreme ce colecta noastră nu ajungea nici măcar la o sută de dolari. Am recunoscut deseori că predicile mele nu erau cele mai bune în acele zile. (Și eu adormeam în timpul lor, nu doar ascultătorii.) Însă, sincer, făceam o treabă chiar atât de slabă? Un tânăr din biserica mea ajuta un escroc să înșele un alt bărbat din biserica mea cu cinci sute de dolari! Îmi venea să renunț la lucrarea pastorală chiar la început de drum.

Falsa evanghelie a prosperității

Însă situația devine și mai rea. Predicatori fără scrupule și-au dat seama că mulți oameni cad în capcana materialismului și lăcomiei americane, așa că dezvoltă un mesaj care le hrănește această lăcomie. În loc să sublinieze stilul de viață modest al lui Isus și al apostolilor, ei spun: „Crede și îmbogățește-te! De ce să conduci o Toyota la mâna a doua? Dumnezeu vrea să ai un Mercedes nou-nouț! Dacă ai doar credință … " și, desigur, dacă le trimiți darul. Mulți oameni abia așteaptă să audă un astfel de mesaj, iar mulți escroci abili sunt mai mult decât fericiți să li-l livreze. Pavel spunea: „N-am râvnit nici la argintul, nici la aurul, nici la hainele cuiva" (Fapte 20:33). Ce contrast între mesajul lui și absurditățile debitate cu regularitate pe multe canale TV cu specific religios.

Este dificil de înțeles cum pot oamenii să creadă că Biblia susține evanghelia prosperității – ideea că planul și scopul lui Dumnezeu pentru fiecare viață se referă la a fi bogat aici și acum. Cum pot credincioșii să nu vadă cuvintele clare din Scriptură? Isus a spus: „Vedeți și păziți-vă de orice fel de lăcomie de bani;

căci viața cuiva nu stă în belșugul avuției lui" (Luca 12:15). Să nu uităm nici aceste cuvinte ale lui Isus pentru biserica din Smirna: „Știu necazul tău și sărăcia ta (dar ești bogat)" (Apoc. 2:9). În ochii lui Cristos, adevărata bogăție nu se măsoară în dolari.

Desigur, la rădăcina acestei „industrii religioase" stă analfabetismul biblic al multor credincioși care nu pot distinge adevărul de minciună. Sperăm ca niciunul dintre noi nu se lase pradă acestei lăcomii înșelătoare; dar haideți să îi avertizăm pe cei pe care îi păstorim, fiindcă mulți se lasă păcăliți și nu vrem ca tocmai oilor din turma noastră să li se întâmple așa ceva.

Pierderea eternității

Când binecuvântata nădejde a creștinilor – revenirea lui Cristos și casa noastră eternă în ceruri – devine vagă sau inexistentă, mirajul banilor ca sens al siguranței noastre devine din ce în ce mai puternic. Isus a știut asta și ne-a învățat să ațintim ochii spre cer: „Nu vă strângeți comori pe pământ, unde le mănâncă moliile și rugina și unde le sapă și le fură hoții; ci strângeți-vă comori în cer, unde nu le mănâncă moliile și rugina și unde hoții nu le sapă, nici nu le fură" (Mt. 6:19–20).

Noi, ca pastori, avem mare nevoie să ne menținem privirea spre veșnicie și ar trebui să amintim adunării noastre despre adevărata bogăție eternă, ca să nu cădem pradă duhului lăcomiei care ne poate prinde pe toți. Apropo, când a fost ultima dată când ai ascultat o predică serioasă despre cer și răsplătirile sale? Pavel a spus: „Dacă numai pentru viața aceasta ne-am pus nădejdea în Hristos, atunci suntem cei mai nenorociți dintre toți oamenii!" (1 Cor. 15:19). Viața pe pământ este o fracțiune de secundă comparativ cu eternitatea în cer alături de Cristos. Doamne, deschide-ne ochii să vedem ce contează cu adevărat!

Îmi amintesc cazul unei femeie din biserica noastră care s-a născut și a crescut în Haiti. Nu Îl cunoștea pe Domnul. Crescuse într-o zonă măcinată de sărăcie și dominată de voodoo. Când și-a predat viața lui Cristos, a spus: „Doamne, voi merge oriunde vrei Tu să merg – dar nu înapoi în Haiti." Am botezat-o în cadrul unei întâlniri de rugăciune de marți seara. Îmi aduc bine aminte fiindcă în seara aceea au avut loc alegeri în țara noastră. Patru ani mai târziu, în seara următoarelor alegeri, ne-am pus mâinile peste ea, binecuvântând-o, și am trimis-o misionară în ... Haiti. Acolo a vrut Dumnezeu ca ea să meargă, și acolo s-a dus. Slujește cu credincioșie de zeci de ani, conduce o biserică și hrănește sute de copii. Eu și soția mea o iubim și o respectăm pentru cine este și pentru tot ce face ea. Poate că nu are comori pe pământ, dar cu siguranță își strânge comori în ceruri.

Iată un lucru pe care e bine să nu îl uităm: Bogăția nu este un semn al unui favor special din partea lui Dumnezeu; și nu este nici un semn al unei spiritualități superioare. Pe de altă parte, faptul că nu ești bogat nu înseamnă că nu ai credință. Mulți miliardari Îl blestemă pe Dumnezeu și chiar Îi neagă existența. Și totuși, sunt mai bogați decât ne putem imagina. Atunci ce înseamnă toate acestea? Când autorul Epistolei către evrei a spus: „Să nu fiți iubitori de bani. Mulțumiți-vă cu ce aveți" (Evr. 13:5), li se adresa atât celor bogați, cât și celor săraci. Și bogații, și săracii pot fi și lacomi, și generoși, în egală măsură. Toți trebuie să fim atenți și să ne păzim de duhul lăcomiei.

Mijloacele de trai ale slujitorului creștin

Când eu și Carol am început lucrarea, eram într-o biserică mică din Newark, New Jersey, unde primeam un salariu mic. Am renunțat la salariu când am venit la Brooklyn Tabernacle. Când am văzut că în colectă se strângeau optzeci și cinci de dolari, am știut că trebuie să mă angajez în afara bisericii pentru a ne descurca. Timp de mai bine de un an, am antrenat o echipă locală de baschet masculin, iar Carol a lucrat la cantina școlii.

Nu suntem singurii lucrători creștini care au făcut acest lucru. Pavel însuși a pus bazele acestui tipar: „Singuri știți că mâinile acestea au lucrat pentru trebuințele mele și ale celor ce erau cu mine" (Fapte 20:34). Într-adevăr, a spus deseori că își câștiga traiul singur, muncind inclusiv la confecționarea de corturi (Fapte 18:3). „Voi înșivă știți ce trebuie să faceți ca să ne urmați; căci noi n-am trăit în neorânduială între voi. N-am mâncat de pomană pâinea nimănui; ci, lucrând și ostenindu-ne, am muncit zi și noapte, ca să nu fim povară nimănui dintre voi. Nu că n-am fi avut dreptul acesta, dar am vrut să vă dăm în noi înșine o pildă vrednică de urmat", le-a spus el tesalonicenilor (2 Tes. 3:7–9).

Așadar, vedem că până și apostolul Pavel a trebuit să aibă „două joburi" uneori. Nu este un motiv de rușine. În multe situații, este singurul mod în care un lucrător se poate implica în evanghelizare și în plantarea de biserici, așa cum a făcut și Pavel. Am văzut rapoarte care revelează că o treime dintre pastorii americani au două profesii.[2] Iar în afara Statelor Unite, chiar mai mult de o treime. În urmă cu câțiva ani, biserica noastră a sponsorizat o conferință pentru pastori în Trinidad. Ni s-a spus că este mai bine să nu o desfășurăm în timpul zilei, întrucât mulți pastori nu vor putea să își ia liber de la serviciu. Ascultând acest sfat înțelept, am petrecut un timp minunat în serile conferinței la care au participat sute de pastori.

Din păcate, sloganul *urmează banii* nu se aplică doar în business și în politică. Deseori acesta este motivul pentru care bisericile sunt reticente la implicarea în proiecte evanghelistice sau în a dona către cei nevoiași. Prea multe comitete de biserici par să se concentreze exclusiv asupra aspectului financiar, având prea puțină credință că Dumnezeu va purta de grijă pentru ceea ce avem nevoie pentru a ajunge la oameni în numele lui Cristos. „Nu ne permitem asta" este o reacție obișnuită, chiar și atunci când asta înseamnă să limităm răspândirea Evangheliei dincolo de zidurile bisericii.

Din fericire, nu toată lumea are această mentalitate. Am un prieten drag care a mers în Argentina ca misionar după ce a absolvit școala biblică. Acolo, s-a îndrăgostit de fiica fondatorului unei rețele de biserici care pun accentul pe trăirea sacrificială. După nunta lor, s-au dus direct în orașul în care simțeau că Domnul Își dorea ca ei să planteze o biserică. Singura problemă era că nu aveau o casă ori o biserică pregătite pentru ei. Tot ce aveau era chemarea lui Dumnezeu și o credință profundă în Isus.

Prietenul meu a început să construiască o colibă rudimentară pe un loc viran de la marginea orașului, folosind bucăți din tot ce găsea la îndemână. Prima casă a celor doi tineri căsătoriți avea o podea murdară de pământ și nu avea nicio instalație sanitară interioară. Dar au fost oameni care s-au convertit, iar biserica s-a întemeiat pe Evanghelia lui Cristos.

Zeci de ani mai târziu, o clădire frumoasă găzduia casa adunării începută prin sacrificiul a doi oameni care aveau raiul în minte mai degrabă decât bani în buzunar. Fie ca Dumnezeu să ne dea tuturor libertate de sub stăpânirea banilor, astfel încât să putem face pași prin credință atunci când Dumnezeu ne cheamă să o facem.

Strângerea de fonduri

Noi toți, indiferent de împrejurările specifice, suntem nevoiți să strângem bani din când în când. Trebuie să facem strângerea darurilor de bună voie, colecta, fiindcă biserica are în continuare nevoie de fonduri ca să poată funcționa. Sunt facturi de plătit, lucrători și diverse activități de susținut.

Aș vrea să mă dau exemplu pentru cum să *nu* abordăm acest aspect. La începutul lucrării pastorale, văzusem deja multe abuzuri legate de strângerea de fonduri. Unii slujitori ar predica timp de cincisprezece minute, dacă ar dura colecta o oră, folosindu-se de tot felul de tertipuri și tehnici de manipulare. Așa că eu am mers prea departe în cealaltă extremă. Eram conștient că suntem în centrul orașului. Nu voiam ca oamenii să spună: „Stă cu ochii pe banii mei. Nici n-am apucat bine să mă așez, că el mi-a și băgat mâna în buzunar." Așa că am anunțat, pur și simplu, că soția mea Carol va cânta ceva în timp ce coșul pentru colectă va trece din mână în mână.

Dar m-am înșelat. Domnul a trebuit să lucreze cu mine, să îmi arate că-i nedreptățeam pe oameni pentru că nu-i învățam adevărurile biblice despre dărnicie. Trebuie să mărturisesc că încă nu sunt prea priceput în strângerea de bani. Nu cunosc nicio formulă pentru a face asta. Cu siguranță, putem face prea puțin în această direcție, periclitând bugetul bisericii și privându-i pe credincioși de binecuvântarea de a dărui. Sau putem exagera cu asta, distrăgând atenția oamenilor de la mesajul pe care îl predicăm. În aceste aspecte, avem nevoie de înțelepciune pentru a găsi echilibrul necesar: „Dacă vreunuia dintre voi îi lipsește înțelepciunea, s-o ceară de la Dumnezeu, care dă tuturor cu mână largă și fără mustrare, și ea îi va fi dată" (Iac. 1:5). Desigur, înțelepciunea nu se revarsă automat asupra fiecărui creștin, și nici măcar asupra liderilor. Dar dacă cerem cu smerenie, în credință, Dumnezeu ne-o va oferi din abundență.

Am fost invitat odată să vorbesc la o altă biserică din zonă. Întâlnirea a avut loc seara și au fost prezenți vreo douăzeci și cinci de oameni. Am transmis mesajul, iar pastorul, un bărbat care activa în biserică de mulți ani, s-a ocupat de colectă. Apoi, am ieșit amândoi să mâncăm ceva și m-a întrebat dacă am ceva de spus despre slujba de la biserică.

— Ei bine, am spus eu, ar *fi* un lucru. Are legătură cu colecta.

M-a privit uimit.

— Ce e cu colecta? m-a întrebat el.

— Când ai spus: „Știu că mulți dintre voi sunteți prea zgârciți ca să dăruiți, dar ... ", poate că nu a fost cea mai fericită exprimare.

— Ce vrei să spui? sări el.

— Oamenii erau *acolo*. Au bătut drumul. Au ajuns la biserică. Înțeleg că ai fost nemulțumit că nu au venit mai mulți oameni și că nu s-au strâns bani. Dar nu cred că insultându-i pe cei care *au fost* acolo e cel mai bun mod de a strânge bani.

Nu părea încântat de ceea ce am spus, așa că am renunțat la subiect.

Altă dată luam parte la o întâlnire – nu eram unul dintre vorbitori, doar participam – când un slujitor entuziast a sărit în sus și a strigat:

— Hei, e vremea colectei! Dumnezeu iubește pe cel ce dă cu bucurie. Așa că haideți să ne bucurăm. Toată lumea să aplaude.

Oamenii băteau din palme. A mai făcut un pic pe animatorul și apoi a zis:

— Bun. Acum vreau ca toate doamnele să paseze propria geantă doamnei aflate lângă ea. Iar voi, domnilor, înmânați-vă portofelul domnului de lângă voi. Luați din portofelul celuilalt atît cât considerați că ar trebui să ofere el.

Nu îmi venea să cred urechilor ce aud. Dacă ai fi făcut asta în Brooklyn, ei bine, ar fi putut să iasă rău. Apropo, dacă altcineva ar trebui să vă ia banii din portofel, s-ar bucura Dumnezeu cu adevărat de dar?

Am auzit chiar de biserici unde donațiile oamenilor din săptămâna anterioară sunt afișate în buletinul de informare din holul bisericii. Asta *da* presiune de grup. Alte biserici și-au făcut un obicei din a solicita copii după fluturașii de salariu, pentru ca biserica să poată verifica dacă se donează zeciuiala din venit. O altă tactică de presiune deloc subtilă.

După ce prezinți cu sinceritate nevoile cu care se confruntă biserica, nu putem doar să ne rugăm și să avem încredere că Dumnezeu Își va îndeplini promisiunea? Pavel le-a amintit credincioșilor adunării din Filipi „Dumnezeul meu să îngrijească de toate trebuințele voastre, după bogăția Sa, în slavă, în Isus Hristos" (Flp. 4:19). Trucurile și manipulările Îl întristează pe Duhul Sfânt. Și, pe termen lung, se întorc împotriva noastră. Creștinii care au discernământ se vor întreba: „Dacă se încred în Dumnezeu, de ce trebuie să mai apeleze la manipulare?" Să nu uităm că Dumnezeu rămâne credincios și ne va împlini toate nevoile.

Atenție la proiectele de construcție

Un aspect foarte important pentru pastori îl reprezintă programele de construcții. Devine periculos atunci când liderii confundă planurile lor egoiste cu voia lui Dumnezeu. Credința în ceea ce poate face Dumnezeu trebuie să meargă mână în mână cu discernământul privind voia lui Dumnezeu și alegerea momentului potrivit pentru extindere. Nu uitați că, în caz că ne înșelăm, am abuza de banii câștigați cu greu de oameni.

Am auzit de un pastor al unei biserici a cărei sală avea o capacitate de aproximativ o mie de persoane. Țineau două slujbe în fiecare duminică, iar la fiecare dintre ele participau în jur de șase sute de oameni. Într-o zi, a spus că a primit o viziune de a construi o sală mare, de 3000 de locuri, ceea ce făcea ca biserica lor să devină cea mai mare din oraș. Desigur, ar costa o avere, dar era sigur că Dumnezeu le va da toți banii necesari. Judecând după cifrele reale, era absurd să susții că biserica avea nevoie de o clădire nouă – sau măcar de un program în plus. Dar el a insistat. Cita cu consecvență din promisiunile de credință scrise în Biblie.

Curând, a apărut o problemă reală. Banii nu veneau. Oamenii nu-și luau angajamente, asa cum spera el. Acum, pastorul se afla într-o situație dificilă. A încercat să își vândă „viziunea", dar oamenii lui nu o cumpărau. Mai rău, făcuse niște angajamente financiare semnificative pentru biserică, pe care nu le putea îndeplini. Slujbele de duminică se concentrau tot mai mult pe strângerea de fonduri. Îi cicălea pe oameni în fiecare duminică să doneze mai mult. Din cauza schimbării de atmosferă, oamenii și-au arătat dezacordul și au început *să plece* din biserică. Aceasta era acum o rețetă pentru dezastru.

Așa că ce a făcut acel pastor? A recunoscut că e posibil să fi greșit? Nu. El a anunțat adunarea:

— Dacă nu vă implicați în viziunea mea, dacă nu mă veți susține în acest demers, înseamnă că nu sunt dorit aici. Voi părăsi această biserică dacă nu aveți încredere în conducerea mea.

Și așa a făcut. Și biserica? A dat faliment și, din păcate, a trebuit să-și închidă porțile.

Să nu începem o construcție nouă decât dacă suntem convinși că Dumnezeu ne îndreaptă spre asta. Și ar trebui să căutăm confirmarea celorlalți colaboratori și credincioși maturi că ne îndreptăm în direcția bună. Dacă este voia lui Cristos, Dumnezeu va satisface nevoile noastre. Dar Domnul nu a spus niciodată: „Eu sunt cardul tău Mastercard din ceruri. Cumpără tot ce vrei și Eu voi plăti nota." Amintiți-vă când Dumnezeu i-a condus pe israeliți prin deșert, ei trebuiau să urmeze norul; nu norul să-i urmeze *pe ei.* Atunci când Dumnezeu le-a spus: „Orice loc pe care-l va călca talpa piciorului vostru vi-l dau, cum am spus lui Moise" (Ios. 1:3), aceasta se aplica doar atâta timp cât ei puneau piciorul acolo unde le spunea El să se ducă.

Cunoscuta expresie *dacă tu construiești, ei vor veni* nu funcționează în bisericile creștine. Păcătoșii nu se pocăiesc și nu vin la Cristos pentru că sunt impresionați de splendoarea clădirii. Este mai bine să ne întâlnim într-un subsol și să rămânem credincioși lui Dumnezeu în predicarea Evangheliei. Ego-urile noastre ne pot aduce multe necazuri. Dar Dumnezeu onorează întotdeauna smerenia de care e nevoie pentru a te supune voii Lui.

Concluzia

În problema banilor, concluzia este că întotdeauna trebuie să căutăm călăuzire și înțelepciune la Dumnezeu. Din păcate, presiunile financiare sub care se desfășoară slujirea îi determină adesea pe pastori să se bazeze mai mult pe oameni decât pe Dumnezeu și să caute în altă parte resursele necesare. Este tentant să devenim preocupați de cei care ar putea să ajute biserica în momente dificile.

Odată, într-o perioadă în care biserica noastră avea reale dificultăți financiare, un prieten drag, un om de afaceri de succes m-a sunat să-mi spună că va aduce un oaspete la următorul program de duminică. Se întâmpla ca acel oaspete să fie un om de sute de milioane de dolari. În timpul închinării, nu am putut să nu observ că omul părea să se bucure de ce se întâmpla la biserică și cânta împreună cu adunarea. Mi-a trecut prin minte gândul că, dintr-o singură mișcare din stilou, acest frate ar putea cu ușurință să ne furnizeze tot ce aveam nevoie. Ceea ce pentru noi era o sumă uriașă de bani, pentru el era mărunțiș.

Dintr-odată am simțit cum Duhul Sfânt vorbește direct inimii mele. M-am simțit mustrat: „Te uiți la un *om*, în loc să te uiți la Mine? Uită-te înapoi la toți acești ani. Nu ți-am dat întotdeauna tot ce ai avut nevoie? Și acum te uiți la un om bogat?" Am simțit dezamăgirea Domnului în adâncul sufletului meu. Am izbucnit în lacrimi și m-am pocăit de necredința mea. Ironia sorții, darurile financiare colectate în acea slujbă au fost mai mici decât de obicei. Dar am învățat o lecție de neprețuit: nu mă voi uita niciodată la nimeni altcineva pentru acoperirea nevoilor bisericii noastre decât la Dumnezeu. La nicio organizație, la niciun donator, la niciun filantrop. Dacă Dumnezeu alege să folosească pe cineva astfel, bine. Dar voi lăsa această decizie în mâna Lui. Noi trebuie să ne uităm doar la Dumnezeu.

Așteptați-L pe Domnul

Biserica noastră nu a apelat niciodată la specialiști în strângere de fonduri, dar Dumnezeu ne-a acoperit de nenumărate ori nevoile. Îmi aduc aminte de o situație dificilă când eram, cum se spune, cu spatele la zid. Am mai împărtășit și altă dată această poveste a credincioșiei lui Dumnezeu, dar merită repetată și aici, cu speranța că va fi o încurajare și pentru alți pastori care se luptă cu probleme financiare aparent insurmontabile.

A fost o vreme când a trebuit să adăugăm un al patrulea program de biserică duminica pentru a găzdui toți oamenii care participau. Eram recunoscători că Domnul adăuga oameni la numărul nostru – în special noi convertiți la Cristos – dar această creștere însemna că cei din conducere trebuiau să se gândească la găsirea unui nou sediu pentru biserică. După multă rugăciune și consultarea cu alți lideri pe care îi respectăm și care iubesc biserica noastră, am căutat și am găsit în apropiere un teatru cu 4000 de locuri care fusese construit în 1918 în centrul cartierului Brooklyn.

Dumnezeu a purtat de grijă într-un mod miraculos și am putut cumpăra clădirea. Dar am aflat ulterior că amploarea renovărilor era uriașă, deoarece clădirea era într-o stare avansată de degradare, cu distrugeri provocate de infiltrațiile de apă și o mulțime de alte probleme. Restaurarea corespunzătoare presupunea cheltuieli de milioane de dolari. Era o sumă semnificativă, mai ales pentru o biserică din centrul orașului.

Cu toate acestea, în ciuda situației dificile, Domnul a continuat să ne ajute prin dărnicia constantă a adunării și prin donații speciale de la prieteni din toată țara. O organizație creștină ne-a abordat și s-a oferit să ne împrumute bani. După ce am căutat călăuzirea lui Dumnezeu, am acceptat împrumutul pentru a permite construcției să avanseze cât mai repede posibil. Au fost întocmite planurile și depuse apoi la departamentul Construcții și Urbanism al orașului New York, iar procesul lung de renovare a început.

Însă, nu după mult timp, într-o după-amiază de vineri, am primit un telefon tulburător de la un angajat al instituției care ne împrumutase banii. Se pare că se produsese o greșeală de calcul, iar oficialul mă avertiza cu privire la o problemă serioasă. El a spus:

— Am verificat cifrele pentru prima fază a proiectului vostru. Îmi pare rău să vă spun asta, dar, chiar și cu împrumutul nostru, încă aveți un deficit de șase milioane de dolari.

— Cum e posibil? am întrebat eu. Echipa noastră s-a întâlnit cu oamenii voștri și credeam că totul e aranjat. Ce îmi spui de fapt este că trebuie să plecăm din clădirea pe care o avem acum, dar nu ne putem muta în cea nouă din cauza deficitului. Ce am putea să facem?

— Exact asta vă spun, mi-a răspuns el. Aveți nevoie de șase milioane de dolari, altfel nu puteți termina faza aceasta a proiectului. Așa că de unde o să-i obțineți?

Nu am avut un răspuns, dar i-am amintit că atunci când organizația lui ne-a abordat și s-a oferit să ne ajute, am fost foarte serioși când am spus că noi mergem prin credință. L-am asigurat că ne vom ruga în continuare ca biserică și că ne vom încrede în Dumnezeu pentru banii necesari. Bărbatul mi-a răspuns:

— O, vă încredeți în Dumnezeu? E bine. *Dar de unde veți face rost de bani?*

Am știut că nu avea sens să continuăm discuția. I-am spus că voi fi plecat pentru aproximativ zece zile și că mă voi ocupa de problemă la întoarcere. A fost un telefon foarte descurajator, ca să nu zic mai mult.

Duminica următoare, am plecat împreună cu Carol și cu o mică echipă de misiune ca să ajutăm un grup de sute de pastori din Argentina, dintre care mulți trăiau în condiții precare, și urmau să călătorească pe distanțe lungi ca să ajungă la întâlnire. Pe lângă cheltuielile de călătorie, ne oferiserăm să suportăm și cheltuielile cu prânzul pentru toți pastorii, la finalul timpului petrecut cu ei. Dar mă întrebam: „De ce fac această călătorie pentru bieții pastori din Argentina când noi avem de strâns o sumă uriașă de bani?"

La finalul călătoriei din Argentina, gândul la cele șase milioane nu îmi dădea pace. „De unde să iau eu atâția bani? Biserica noastră n-are cum să strângă șase milioane de dolari. Ce se întâmplă dacă nu putem finaliza proiectul? Va fi o piatră de poticnire pentru cei care cred că Domnul nu a putut să ne ajute?"

Dezorientat și neliniștit, am făcut o plimbare lungă într-o după-amiază pentru a mă ruga. La început, m-am gândit la scrisorile pe care ar trebui să le trimit și la telefoanele pe care ar trebui să le dau în încercarea de a strânge fonduri. Dar nici măcar nu știam de unde să încep. În cele din urmă, am izbucnit în plâns și m-am rugat: „Doamne, Tu ne-ai călăuzit să începem acest proiect. Nu vrem decât să oferim un spațiu adecvat oamenilor pentru închinare, unde să ne închinăm și să-i putem primi pe cei care vor să vină și să asculte Evanghelia." După ore de mers și de rugăciune, am simțit că Dumnezeu îmi transmitea: „Lasă asta în seama mea. Nu te îngrijora. Ai încredere și așteaptă", părea să îmi spună. Am simțit imediat o pace adâncă.

După câteva zile, am zburat înapoi în New York City cu o cursă de noapte din Buenos Aires. M-am odihnit câteva ore acasă, apoi am mers la biserică. Pe biroul meu am găsit o mulțime de plicuri și aveam și nenumărate mesaje telefonice. Am început să deschid corespondența. În jurul prânzului, am deschis o scrisoare de la un bărbat din Chicago pe care îl întâlnisem în treacăt o dată sau de două ori. În bilet scria că Dumnezeu îi pusese în gând să ne dea un milion de dolari pentru proiectul construcției noastre. Zece minute mai târziu, am deschis o a doua scrisoare, de la directorul unei fundații, pe care nu-l întâlnisem niciodată până atunci și nici până în ziua de azi. În scrisoare el menționa că ne va face o donație de cinci milioane de dolari. Niciunul din cele două daruri nu fuseseră solicitate și totalizau exact suma de care aveam nevoie! Domnul nu ne uitase cât timp noi eram ocupați cu lucrarea Lui în America de Sud. Nu uitase nici de restul bisericii care se ruga acasă.

Domnul ne-a ajutat exact așa cum promisese. Și am învățat o lecție valoroasă. Atunci când poporul lui Dumnezeu crede și se roagă, Domnul îi va purta de grijă. Dar trebuie să învățăm să așteptăm cu inimi supuse până când vine răspunsul.

> [...] cum niciodată nu s-a pomenit, nici nu s-a auzit vorbindu-se și cum nici n-a văzut vreodată ochiul așa ceva: anume ca un alt dumnezeu afară de Tine să fi făcut asemenea lucruri pentru cei ce se încred în el (Is. 64:4).

Ce lecție de credință caută Dumnezeu să vă învețe pe voi sau biserica pe care o slujiți? Sunteți gata să vă încredeți în El având în față muntele de probleme prin care treceți astăzi? Nu uitați că Domnul nu vă va lăsa niciodată, nici nu vă va părăsi, oricât de lipsită de speranță ar putea părea situația.

> Totuși Domnul așteaptă să Se milostivească de voi și Se va scula să vă dea îndurare, căci Domnul este un Dumnezeu drept: ferice de toți cei ce nădăjduiesc în El! (Is. 30:18).

Prioritatea apostolică

„Și acum, fraților, vă încredințez în mâna lui Dumnezeu și a Cuvântului harului Său care vă poate zidi sufletește și vă poate da moștenirea împreună cu toți cei sfințiți." După ce a vorbit astfel, a îngenuncheat și s-a rugat împreună cu ei toți.
Fapte 20:32, 36

Pastorii și liderii trebuie să înțeleagă, clar și categoric, care le sunt prioritățile. Uneori suntem atât de ocupați cu sarcinile urgente încât le dăm deoparte pe cele importante. Însă, trebuie să ne concentrăm timpul și energia asupra a ceea ce trebuie făcut ferm și indiscutabil, dacă vrem să slujim oamenilor în felul în care dorește Dumnezeu. Întreruperi vor apărea și trebuie să rămânem deschiși la Duhul Sfânt, dar este înțelept să pricepem ce contează cel mai mult.

Rugăciunea și Cuvântul

Una dintre cele mai importante zile din viața Bisericii primare a avut loc cu mult timp în urmă, chiar înainte ca Saul din Tars să Îl cunoască pe Isus și să devină Apostolul Pavel. Iată cum descrie Luca acest lucru:

> În zilele acelea, când s-a înmulțit numărul ucenicilor, evreii care vorbeau grecește cârteau împotriva evreilor, pentru că văduvele lor erau trecute cu vederea la împărțirea ajutoarelor de toate zilele. Cei doisprezece au adunat mulțimea ucenicilor și au zis: „Nu este potrivit pentru noi să lăsăm Cuvântul lui Dumnezeu ca să slujim la mese. De aceea, fraților, alegeți dintre voi șapte bărbați, vorbiți de bine, plini de Duhul Sfânt și înțelepciune, pe care îi vom pune la slujba aceasta. Iar noi vom stărui necurmat în rugăciune și în propovăduirea Cuvântului" (Fapte 6:1–4).

Acela a fost un moment crucial în dezvoltarea bisericii și a apărut în urma unei probleme simple. Biserica se angajase să sprijine văduvele din mijlocul ei asigurându-le hrană. Membrii evrei ai bisericii care au adoptat limba și cultura greacă simțeau că văduvele lor nu erau tratate cu aceeași generozitate ca văduvele evreilor care păstraseră limba și cultura ebraică.

La prima vedere, pare o problemă simplă și practică, pentru care apostolii au conceput o soluție tot simplă și practică: aveau să aleagă șapte persoane de încredere pentru a se ocupa de distribuirea zilnică a hranei și pentru a se asigura că aceasta este făcută în mod corect. Mulți comentatori sunt de părere că aici a fost instituită slujba de „diacon".

Dar incidentul avea o semnificație mult mai adâncă. Observați că, din moment ce apostolii au considerat că e important să nu își neglijeze chemarea, au delegat „slujirea la mese" altora, pentru ca ei să se poată dedica în întregime „rugăciunii și propovăduirii Cuvântului". Asta a stabilit prioritatea apostolică odată pentru totdeauna. Ei au recunoscut importanța capitală a consacrării lor părtășiei cu Dumnezeu și studierii Cuvântului. Desigur, pe vremea aceea, nu existau texte ale Noului Testament. Așa că acest lucru, probabil, implica studierea scripturilor ebraice pentru a arăta cum profețiile despre Cristos fuseseră împlinite. De asemenea, împărtășeau învățăturile orale ale lui Isus, pe care le auziseră cu urechile lor. Este ceea ce se numea „învățătura apostolilor" (Fapte 2:42). Acei lideri din primul secol nu au lăsat nimic să-i distragă de la Cuvânt și rugăciune. Și care a fost rezultatul prioritizării sarcinilor de primă importanță? „Cuvântul lui Dumnezeu se răspândea tot mai mult, numărul ucenicilor se înmulțea mult în Ierusalim, și o mare mulțime de preoți veneau la credință" (Fapte 6:7).

Evanghelizarea inversă

Nu credeți că am pierdut în mare parte această prioritate în Biserica de azi? Pastorii au devenit mai degrabă directori, finanțiști, manageri în construcții, experți în marketing, vedete pe rețelele sociale – orice altceva decât slujitori ai Domnului, dedicați în primul rând rugăciunii și Cuvântului. Rezultatul este pierderea vitalității, ba chiar și a identității fundamentale a Bisericii. În multe locuri, am încetat să mai fim „lumina lumii" și „sarea pământului" (Mt. 5:13–14), cum ne-a chemat Isus să fim, iar acest lucru se reflectă în declinul moral din ce în ce mai accentuat atât în Biserică cât și în cultură.

Când viața pastorilor nu este caracterizată de studiul profund al Cuvântului și petrecerea timpului cu Dumnezeu, rezultatul este, de obicei, o evanghelizare inversă: lumea invadează și convertește Biserica, în loc ca Biserica să invadeze și să convertească lumea. Aș îndrăzni să spun că asta se întâmplă în multe biserici din America de astăzi. Nu schimbăm noi lumea; ci lumea ne schimbă pe noi. În mare parte, apelul constant de a „rămâne relevanți" înseamnă, în realitate, înlocuirea planului spiritual al lui Dumnezeu de edificare a bisericii cu idei neduhovnicești. Această tendință arată o lipsă de credință în puterea lui Dumnezeu. Unii sunt mai interesați să își sporească numărul de urmăritori pe Twitter decât să petreacă timp cu Dumnezeu.

Mulți pastori și slujitori sunt actualmente descurajați și epuizați, poate chiar gata să renunțe, pentru că și-au consumat toată energia și și-au erodat complet eficiența. Dar poate că ne consumăm inutil, fiindcă ne-am îndepărtat de prioritatea Bisericii primare – dedicarea deplină rugăciunii și Cuvântului. Nu avem rezistența pe care ar trebui să o avem, nu pentru că circumstanțele sunt prea copleșitoare, ci pentru că nu avem plinătatea harului pe care vrea Dumnezeu să ni-l ofere.

În cele mai bune circumstanțe, lucrarea creștină este dificilă. Sunt încercări, obstacole, atacuri demonice. Acest lucru a fost valabil în Biserica primară și a rămas valabil și de atunci încoace. Cei mai mari bărbați și femei ai lui Dumnezeu au fost atacați și au avut momente dificile, tensiuni și stresuri de tot felul. Dar le-au depășit. Cum? Nu datorită vreunei abilități înnăscute, ci pentru că au petrecut timp zilnic cu Dumnezeu pentru a primi har proaspăt, supranatural.

Apostolul Petru a fost, probabil, pionier în domeniul delegării grijii pentru hrănirea văduvelor, fiindcă își amintea bine ce s-a întâmplat în grădina Ghetsimani. În loc să vegheze liniștit în rugăciune așa cum îi spusese Isus, Petru a adormit. „[Isus] a zis lui Petru: «Ce, un ceas n-ați putut să vegheați împreună cu Mine! Vegheați și rugați-vă, ca să nu cădeți în ispită; duhul, în adevăr, este plin de râvnă, dar carnea este neputincioasă»" (Mt. 26:40–41). Petru era ferm hotărât să nu mai permită o repetare a acelui eșec, a acelei căderi de credință. El și ceilalți lideri își cunoșteau prioritățile: să fie cu Dumnezeu și să predice. Și apoi să o ia de la capăt.

Atunci = Acum

Este oare posibil ca acești lideri ai Bisericii primare să se fi consacrat priorităților lui Dumnezeu – rugăciunea, Cuvântul, predicarea Evangheliei – și ca binecuvântarea Domnului să fi fost asupra lor pentru că „Domnul adăuga în fiecare zi la numărul lor pe cei ce erau mântuiți" (Fapte 2:47)?

Amintiți-vă că aproape toți apostolii erau pescari de meserie și adevărate eșecuri spirituale, întrucât toți Îl părăsiseră pe Domnul în noaptea în care a fost arestat. Acum ei clădeau Biserica lui Cristos! Capacitatea lor de a face acest lucru se datora harului lui Dumnezeu, nu efortului lor propriu. Căutați în toată istoria Bisericii și nu veți găsi un bărbat sau o femeie care să fi fost folosit cu mare putere de Dumnezeu și să nu fi fost un om al rugăciunii și al Cuvântului. Erau oameni cu slăbiciuni și defecte, fără îndoială. Dar găseau putere în prezența lui Dumnezeu.

A fi cu El

Atunci când Isus Și-a chemat primii ucenici, El „S-a suit pe munte; a chemat la El pe cine a vrut, și ei au venit la El. A rânduit dintre ei doisprezece, ca să-i aibă cu Sine și să-i trimită să propovăduiască. Le-a dat și putere să vindece bolile și să scoată dracii" (Mc. 3:13–15). Observați primul lucru pe care cei doisprezece au fost chemați să îl facă. Nu să scrie o carte. Nu să ridice o clădire. Nu să strângă bani. *Nici măcar să predice.* El i-a chemat *ca să-i aibă cu Sine*. Lucrarea eficientă curge din comuniunea și din părtășia intimă cu Isus.

Părtășia intimă este mai profundă decât simpla relație. Sunt multe tipuri de relații pe care oamenii le pot avea: relații de familie, de prietenie, cunoștințe, relații romantice, relații de muncă și altele. Dar chiar și relațiile de sânge ar putea să nu conducă la părtășie intimă. La fel se întâmplă și în cazul credincioșilor. Toți credincioșii adevărați au o relație personală cu Domnul. Noi devenim membri ai familiei lui Dumnezeu. Dar suntem chemați la mai mult de atât. „Deci ce am văzut și am auzit, aceea vă vestim și vouă, ca și voi să aveți *părtășie* cu noi. Și *părtășia* noastră este cu Tatăl și cu Fiul Său, Isus Hristos. Și vă scriem aceste lucruri pentru ca bucuria voastră să fie deplină" (1 Ioan 1:3–4).

Ioan le scria credincioșilor care deja aveau o relație cu Cristos. Dar scopul său era să-i atragă în ceva mai mult – părtășia cu Cristos. Comuniunea cu Domnul este prima și cea mai mare chemare a noastră.

Sună demodat? Să nu credeți pe nimeni care subscrie la o altă abordare a lucrării de slujire care înlătură chemarea noastră primordială, aceea de a fi cu Domnul. Prioritatea supremă a primilor apostolilor încă este prioritatea numărul unu pentru tine și pentru mine: *trebuie să petrecem timp cu El.*

Principala noastră chemare

Această învățătură despre principala noastră chemare în viață mi-a fost mereu o sursă de inspirație și a condus la unul dintre cele mai prețioase momente pe care le-am trăit în lucrare.

Cu ani în urmă predam această temă la o întâlnire a pastorilor de la „Billy Graham Training Center at the Cove" din Asheville, Carolina de Nord. Sute de slujiori erau prezenți. Acolo, pe rândul din față era Will Graham, nepotul lui Billy Graham, care conduce propria sa organizație creștină de predicare. Fusese numit directorul The Cove, un centru de conferințe și de petrecere a timpului liber care este vizitat tot timpul anului de credincioși din toată țara. În timp ce vorbeam, am observat că Will își lua notițe. M-a încercat un sentiment plăcut crezând că spun ceva încurajator pentru colegul meu slujitor și frate în Cristos.

A doua zi, dădeam autografe pe una dintre cărțile mele din librăria de la The Cove, când Will a intrat grăbit și a întrerupt toată activitatea.

— Pastor Jim, să mergem!

Am refuzat, arătând spre cei care încă așteptau la coadă pentru un autograf. Dar el a insistat și le-a spus oamenilor:

— Vă va semna cartea mai târziu. Dar acum trebuie să vină cu mine!

Așa că am plecat cu el, având un sentiment de regret față de oamenii care au rămas la coadă.

Intrând în mașina lui Will, am întrebat:

— Unde mergem?

— Tatăl meu vrea să îl cunoașteți pe bunicul meu, iar bunicul este de acord, mi-a răspuns el. Ați reprezentat organizația noastră din Ottawa, Buffalo și Green Bay și cu toate acestea, nu l-ați cunoscut niciodată pe Billy Graham!

Soția mea, Carol, avusese deja privilegiul de a-l întâlni de mai multe ori. Prima dată, într-o misiune a corului Brooklyn Tabernacle, care cântase la una din sesiunile de evanghelizare susținute de Billy Graham cu ani în urmă, în Philadelphia; apoi, într-o altă zi memorabilă, în Central Park, unde s-au înregistrat recorduri de participare, acea întânire devenind cea mai mare adunare de evanghelizare din istoria Americii de Nord; și, în cele din urmă, în timpul ultimului său eveniment evanghelistic înainte de retragere, desfășurat la Flushing Meadows Corona Park din New York City, care, de asemenea, a atras sute de mii de oameni. Dar eu nu îl întânisem niciodată.

Așa că eram în mașină, îndreptându-ne spre modesta casă a lui Billy Graham. Stânjenit, i-am zis lui Will:

— Chiar nu vreau să îl deranjez pe bunicul tău.

Vorbeam despre evanghelistul de renume mondial care vizitase aproape toate țările lumii înainte de a se retrage, având un impact semnificativ asupra oamenilor, inclusiv președinți americani și lideri mondiali. Avea 96 de ani atunci. Știam că își pierduse soția și tocmai citisem undeva că se recupera în urma unei bronșite. Mă gândeam că poate nu e un moment potrivit și nu voiam să deranjez. Dar Will a insistat:

— Nu, trebuie să îl cunoști. E important.

Când am ajuns la casă, Billy Graham era așezat într-un scaun cu rotile, avea părul alb ca zăpada, și purta ochelari de soare. Am observat tuburile care îi alimentau cu oxigen plămânii bolnavi. În timp ce eram condus să-l salut, m-au cuprins emoțiile și nu mă simțeam în largul meu. Will m-a prezentat, iar Billy Graham a ridicat capul ca să mă salute:

— Bună ziua, dr. Graham, am răspuns eu. Mă bucur să vă cunosc.

Nu mai auzea bine, așa că Will s-a dus lângă el și și-a ridicat vocea.

— Bunicule Bill, pastor Cymbala ne-a reprezentat la întâlnirea pastorilor organizată de Asociația Billy Graham. A venit la The Cove și a predicat un mesaj aseară care a fost o adevărată binecuvântare pentru mine.

Dr. Graham și-a ridicat din nou capul – încă nu îi vedeam ochii din cauza ochelarilor de soare – și a întrebat:

— Despre ce a fost mesajul lui?

Will i-a spus despre ce vorbisem eu.

Ce moment ireal pentru mine! Aici era Will Graham care îi spunea bunicului său, legendarul propovăduitor al Evangheliei, despre o predică a lui Jim Cymbala, un nimeni! Când am intrat în lucrare, nu mi-ar fi trecut prin cap că un asemenea moment ar putea avea loc vreodată.

Will a continuat:

— Bunicule Bill, pastorul Jim a predicat din Marcu, de la capitolul 3, despre chemarea noastră primordială în viață. Ne-a reamintit că, prima noastră chemare, mai ales ca pastori, nu este să fim directori executivi, finanțiști sau diriginți de șantier, nici măcar predicatori sau învățători. Indiferent cât de ocupați suntem, chiar făcând lucrarea Domnului, nu trebuie să pierdem din vedere această primă chemare a noastră.

În acest moment, dr. Graham a întrebat cu voce plăpândă:

— Și care *este* această chemare?

Will i-a răspuns:

— Bunicule Bill, pastorul Jim a spus că prima noastră chemare este să fim cu Domnul. *Apoi* să ieșim să predicăm și să avem autoritate asupra duhurilor rele. Dar mai întâi trebuie *să fim* cu El. Din această părtășie și legătură cu Domnul vor curge toate celelalte. Și știi, bunicule, că am multe de făcut. Aveam nevoie să aud asta fiindcă ne putem lăsa prinși ușor într-o alergătură continuă și să ratăm să fim cu Isus.

Dintr-o dată, Billy Graham și-a ridicat capul și a spus cu glas firav:

— Nu, *eu* aveam nevoie să aud asta. Căci am 96 de ani și am nevoie să fiu cu Isus mai mult.

Când a spus asta, mi-au dat lacrimile. Am fost absolut uimit de sinceritatea și, mai ales, de smerenia sa. Vorbea Billy Graham – prim-evanghelistul secolului al XX-lea, folosit de Dumnezeu în toată lumea. Și ce a spus el? Nu a spus: „O, știu asta. Nu aveam nevoie să mi se aducă aminte". În schimb, a spus: „Nu, asta a fost pentru mine".

Nu i-am mai adresat niciun alt cuvânt dr. Graham în afară de „la revedere". Am prețuit mereu acest moment, căci mesajul meu a atins o persoană pe care o admiram cu adevărat. Dacă petrecem mai mult timp în comuniune cu Dumnezeu, nu se poate spune ce inspirație, ce direcție sau ce putere nouă de la Duhul Sfânt vom descoperi.

O trezire spirituală

Este atât o necesitate, cât și o oportunitate pentru liderii care vor urma prioritatea apostolică de a petrece timp cu Dumnezeu în rugăciune și în Cuvânt. Există o rămășiță a poporului lui Dumnezeu în toată țara, care tânjește după predicarea din întreaga Biblie și care își dorește să meargă într-o casă de rugăciune, la o slujbă călăuzită de Duhul Sfânt, de unde să poată pleca spunând: „în adevăr, Dumnezeu este în mijlocul vostru!" (1 Cor. 14:25). Cu alte cuvinte, credincioșii serioși doresc să vadă cu ochii lor o adevărată trezire spirituală.

Să ne întoarcem la momentul de dinaintea convertirii apostolului Pavel, în ziua în care s-a născut Biserica creștină. După ce Isus a înviat din morți, a petrecut patruzeci de zile făcându-Și apariția și făcându-Se nevăzut din mijlocul ucenicilor Săi. În acele momente pretrecute împreună, El le vorbea despre Împărăția lui Dumnezeu. Ucenicii erau siguri acum că El înviase din morți. Începuseră să înțeleagă semnificația morții și învierii Sale. Lumea din jurul lor, deși ostilă, avea nevoie disperată să audă mesajul, pentru a putea crede și experimenta mântuirea. Și totuși, Domnul înviat le-a spus să aștepte în Ierusalim promisiunea despre care le vorbise anterior.

> Pe când Se afla cu ei, le-a poruncit să nu se depărteze de Ierusalim, ci să aștepte acolo făgăduința Tatălui, „pe care", le-a zis El, „ați auzit-o de la Mine. Căci Ioan a botezat cu apă, dar voi, nu după multe zile, veți fi botezați cu Duhul Sfânt".
>
> [...] El le-a răspuns: „Nu este treaba voastră să știți vremurile sau soroacele; pe acestea Tatăl le-a păstrat sub stăpânirea Sa. Ci voi veți primi o putere, când Se va coborî Duhul Sfânt

peste voi, și-Mi veți fi martori în Ierusalim, în toată Iudeea, în Samaria și până la marginile pământului" (Fapte 1:4–5, 7–8).

Isus spunea că, deși ucenicii se poate să fi înțeles mesajul mântuirii, totuși aveau nevoie să primească puterea pe care numai Duhul Sfânt le-o va putea conferi când se va coborî peste ei. Aveau nevoie atât de mesajul corect, cât și de puterea lui Dumnezeu pentru a-L mărturisi eficient pe Isus.

După înălțarea lui Cristos, ucenicii s-au întors la Ierusalim, unde au folosit ca loc de întâlnire, timp de zece zile, o „cameră de sus". Probabil s-au adunat de mai multe ori pe parcursul așteptării Duhului Sfânt promis. Iată ce s-a întâmplat atunci: „În ziua Cincizecimii, erau toți împreună în același loc. Deodată, a venit din cer un sunet ca vâjâitul unui vânt puternic și a umplut toată casa unde ședeau ei. Niște limbi ca de foc au fost văzute împărțindu-se printre ei și s-au așezat câte una pe fiecare din ei. Și toți s-au umplut de Duh Sfânt și au început să vorbească în alte limbi, după cum le dădea Duhul să vorbească" (Fapte 2:1–4).

Aș vrea să extrag din acest moment memorabil al nașterii Bisericii o idee principală. Da, aproape 120 de credincioși erau adunați într-un loc. Da, s-au așezat peste fiecare dintre ei niște limbi ce păreau ca de foc. Da, toți vorbeau în alte limbi, după cum le dădea Duhul. Dar vreau să atrag atenția asupra faptului că un sunet ca al unui vânt puternic *a venit din cer*. Binecuvântarea, împlinirea promisiunii făcute de Isus, manifestările care au urmat – toate acestea s-au întâmplat fiindcă *ceva a venit din cer*. Nu a fost provocat de om. A fost ceva supranatural de la Dumnezeu. Biserica creștină nu s-a născut din efortul uman, talent sau inteligență, ci a primit impulsul de la Dumnezeu Cel Atotputernic. Predica lui Petru care a urmat și secerișul rezultat, de trei mii de convertiți, toate au început cu Dumnezeu care a trimis *ceva din cer*.

Nu putem fi toți de acord cu acest adevăr? Orice biserică din America are nevoie de o infuzie proaspătă din ceea ce a dus la nașterea Bisericii creștine de la început: *ceva din cer*

Vrem ca Dumnezeu să aprindă flacăra în inimile și în bisericile noastre – dar aceasta este o flacără pe care *El* trebuie să o aprindă, nu ceva ce eu sau tu putem fabrica. Cu toate acestea, trebuie să ne facem și noi partea și să răspundem promisiuniunilor lui Dumnezeu. Ascultați ce spune în Cuvântul Său: „Apropiați-vă de Dumnezeu, și El Se va apropia de voi. Curățați-vă mâinile, păcătoșilor; curățați-vă inima, oameni cu inima împărțită!" (Iac. 4:8). Când Se va apropia El de noi cu foc sfânt și putere? Atunci când ne vom apropia noi mai întâi de El! Când vom primi ceva din cer? Când vom cere (Mt. 7:7). Nu putem revendica nicio promisiune până când refuzăm să acceptăm ceea *ce este* și căutăm în pocăință, smerenie și credință ceea *ce ar putea fi*, prin focul Duhului Sfânt arzând printre noi. Cum va arăta asta? Nu e nevoie să înțelegem sau să anticipăm. De ce să nu lăsăm totul în seama lui Dumnezeu, încrezându-ne în credincioșia Lui?

Întrebarea

Ne aflăm toți la o răscruce de drumuri și trebuie să alegem. Vrem să fim ca apostolii și ceilalți bărbați și femei din camera de sus, care au fost folosiți pentru a zidi Biserica lui Isus Cristos? Sau ne dorim o nesfârșită succesiune de tendințe trecătoare? Un alt truc, o altă „viziune" nouă, o altă manifestare nouă, înlocuită de încă una, și încă una, și încă una?

Dacă așteptăm ca Domnul să ne ajute, credeți că ne va ignora? El a fost Cel care a făcut promisiunea, și dorește să ne ofere mai mult decât putem cere sau ne putem imagina noi. Dar întrebarea pentru noi toți este: Ce vrem cu adevărat? Suntem pregătiți să așteptăm înaintea Domnului pentru a-l primi?

Epilog

Pe parcursul acestei cărți, am studiat ultimele cuvinte ale lui Pavel adresate prezbiterilor efeseni. Dar cum se reflectă toate acestea în practică – în slujirea reală pentru oameni reali? La începutul cărții Faptele apostolilor, citim că Petru și Ioan se îndreptau spre Templu ca să se roage. În mod providențial, au întâlnit un bărbat olog, printre atâția nevoiași care obișnuiau „să ceară de milă de la cei ce intrau în Templu" (Fapte 3:2). Bărbatul „era dus și pus în toate zilele la poarta Templului numită «Frumoasă»", în timp ce Petru și Ioan se îndreptau înspre același loc (Fapte 3:2).

Când bărbatul le-a cerut bani, Duhul Sfânt trebuie să-i fi descoperit lui Petru că Dumnezeu avea să facă ceva extraordinar. Dar de ce doar *acest* om și doar în ziua *aceasta* în care erau atâția oameni cu nevoi în jurul lor? Petru știa prea bine cât de necunoscute sunt căile lui Dumnezeu și că era de datoria lui să răspundă îndrumării Duhului Sfânt chiar atunci și acolo.

Lipsa de resurse financiare, deloc neobișnuită în Biserica primară, este evidențiată din răspunsul lui Petru: „Argint și aur n-am" (Fapte 3:6). Bietul cerșetor era pe cale să primească ceva mult mai valoros decât o milostenie. Petru a invocat numele puternic al lui Isus și i-a poruncit ologului: „Umblă!" Miracolul care a urmat și bucuria cu care bărbatul mergea, sărind și lăudându-L pe Dumnezeu, au atras mulțimile. Petru și-a dat seama pe loc că Dumnezeu deschisese o ușă neașteptată pentru împărtășirea mesajului Evangheliei (Fapte 3:11–26).

El a transmis mesajul cu îndrăzneală și a concluzionat ce a avut de spus cu promisiunea că „Dumnezeu, după ce a ridicat pe Robul Său Isus, L-a trimis mai întâi vouă, ca să vă binecuvânteze, întorcând pe fiecare din voi de la fărădelegile sale" (Fapte 3:26). Dragii mei, aici vorbim de adevărată îndrăzneală în predicarea Evangheliei.

Deloc surprinzător, autoritățile religioase nu au apreciat minunea tocmai înfăptuită și nici că „vesteau în Isus învierea din morți" (Fapte 4:2). Au mers mai departe, punând mâna pe Petru și pe Ioan și aruncându-i în temniță peste noapte. Încă o dată ni se aduce aminte că predicarea adevăratei Evanghelii nu atrage întotdeauna cu sine popularitate sau un onorariu consistent. Așa cum s-a întâmplat cu Petru și Ioan, poate aduce opoziție și necaz. Dar, deși Petru și Ioan au fost închiși, dușmanii lui Cristos nu au putut împiedica faptul că „mulți din cei ce auziseră cuvântarea au crezut; și numărul bărbaților credincioși s-a ridicat aproape la cinci mii" (Fapte 4:4). Uau! Un simplu mesaj al Evangheliei rostit de un fost pescar, ajutat de Duhul Sfânt, a produs o recoltă bogată. Și aceeași Evanghelie nu și-a pierdut niciodată puterea.

Dimineața, Petru și Ioan au fost târâți înaintea consiliului format din conducători evrei, bătrâni și învățători ai Legii, care i-au întrebat: „Cu ce putere sau în numele cui ați făcut voi lucrul acesta?" (Fapte 4:7). Ce s-a întâmplat mai departe ne oferă niște lecții valoroase. Fapte 4:8 consemnează că „Petru, plin de Duhul Sfânt," a răspuns cu multă îndrăzneală mai marilor împotrivitori. Care este semnificația faptului că Petru era plin de Duhul Sfânt? Cel mai probabil, exista un transfer de har special de la Dumnezeu pentru provocarea cu care se confrunta Petru. Nu putem avea și noi un câștig din această mărturie a credincioșiei lui Dumnezeu?

Petru a continuat: „Omul acesta se înfățișează înaintea voastră pe deplin sănătos în Numele lui Isus Hristos din Nazaret, pe care voi L-ați răstignit, dar pe care Dumnezeu L-a înviat din morți" (Fapte 4:10). Reacția lui Petru i-a atras amenințări din partea autorităților religioase. Dar gândiți-vă la asta: dacă apostolii ar fi promis să își reducă predicile la viețile lui Avraam și Moise, consiliul s-ar fi liniștit. Dacă s-ar fi învoit să țină o serie de predici expozitive din cartea Neemia, timp de douăsprezece săptămâni, fără să menționeze numele lui Isus, ar fi fost probabil apreciați. Ar fi primit probabil și permisiunea de a se ruga în numele Atotputernicului Dumnezeu, al marelui Eu sunt Cel Sfânt – orice alt nume, numai nu în numele lui Isus Cristos, Mântuitorul nostru!

Asta s-a întâmplat acum două mii de ani. Cu toate acestea, și astăzi numele lui Isus este o piatră de poticnire. Totuși, dacă încetăm să glorificăm, să predicăm și să ne rugăm în numele lui Isus, înseamnă că am cedat în fața aceluiași duh antihristic care s-a opus lui Petru și lui Ioan. Este descurajator că tot mai multe predici abia Îl mai menționează pe Isus. Numai El singur este imaginea exactă a Dumnezeului invizibil. Deci, de ce să nu ne concentrăm asupra Lui? Orice altă imagine a lui Dumnezeu provine de la Satan. „În nimeni altul nu este mântuire: căci nu este sub cer niciun alt Nume dat oamenilor în care trebuie să fim mântuiți" (Fapte 4:12). Numiți-l îngust sau învechit – numiți-l cum doriți – dar acesta este singurul mod prin care Dumnezeu iartă păcatele și garantează viața veșnică.

Concluzia la care au ajuns apostolii în apărarea lor evidențiază diferența dintre proclamarea plină de curaj pe care o abordau ei și predicarea precaută, pe placul oamenilor, atât de întâlnită în jurul nostru. Petru și Ioan nu s-au temut de reacția ascultătorilor lor. Ei le-au spus adevărul, în dragoste, chiar dacă i-ar fi putut costa viața.

Nu uitați că doar cu șase luni mai devreme, acești doi oameni Îl părăsiseră pe Isus în noaptea în care a fost arestat. Dar acum erau plini de îndrăzneală prin Duhul Sfânt. „Când au văzut ei [membrii consiliului] îndrăzneala lui Petru și a lui Ioan, s-au mirat, întrucât știau că erau oameni necărturari și de rând; și au priceput că fuseseră cu Isus" (Fapte 4:13). Dar ce ar fi putut spune despre ceea ce se întâmplase, de vreme ce omul care fusese olog era de față, lângă Petru și Ioan?

Observați cum necredința poate împietri inima omului. Chiar dacă mai marii religioși nu puteau nega că apostolii făcuseră „un semn vizibil", au decis că trebuie „să nu se lățească vestea aceasta mai departe în norod" (Fapte 4:16–17). Conducătorii religioși nu erau interesați de adevăr; erau preocupați doar de menținerea poziției lor de lideri, cu toate privilegiile aferente. După ce i-au avertizat pe Petru și pe Ioan „să nu mai vorbească nimănui în Numele acesta" (Fapte 4:17) și i-au amenințat, i-au lăsat să plece. Acest episod istoric a marcat prima persecuție din Biserica creștină.

Așadar, unde credeți că au mers Petru și Ioan? La Ponțiu Pilat, în sediul guvernului, pentru a protesta față de acest tratament nedrept? S-au plâns în presă despre încălcarea dreptului la închinare? Sau, mai realist, au părăsit rapid orașul cât mai curând posibil ca să evite pericolul? Nu, s-au întors unde erau adunați alți credincioși și i-a informat cu privire la toate amenințările făcute împotriva lor. Și a urmat o întâlnire de rugăciune!

Nu spusese Dumnezeu: „Cheamă-Mă în ziua necazului, și Eu te voi izbăvi" (Ps. 50:15)? Nu îi învățase Isus: „Cereți, și vi se va da" (Mt. 7:7)? Petru și Ioan au avut stabilite prioritățile corect. În acel moment nu era nevoie de o conferință biblică, un timp de laudă și închinare sau o serie de predici despre semnul fiarei. „Toate își au vremea lor, și fiecare lucru de sub ceruri își are ceasul lui" (Ecl. 3:1), dar în acel moment, singurul lucru de făcut era să se roage cu fervoare. Și așa au făcut, s-au rugat cu fervoare. „Când au auzit ei aceste lucruri, și-au ridicat glasul [tare] toți împreună către Dumnezeu" (Fapte 4:24).

Deși rugăciunea cu voce tare în mijlocul adunării se regăsește în Scriptură, în unele biserici s-a demodat iar în anumite cercuri a fost chiar interzisă. Dar a fost reacția normală din Noul Testament la circumstanțele periculoase cu care se confruntau acei credincioși din primii ani ai Bisericii. Lumea întreagă, evrei și neevrei, se uniseră împotriva lor și nu aveau asigurată nicio protecție. Doar ostilitate și amenințări. Dar în clipa în care strigătul lor unit s-a ridicat la Dumnezeu, nu au putut fi învinși.

Amintiți-vă rugăciunea lor: „Și acum, Doamne, uită-Te la amenințările lor, dă putere robilor Tăi să vestească Cuvântul Tău cu toată îndrăzneala și întinde-Ți mâna, ca să se facă tămăduiri, minuni și semne prin Numele Robului Tău celui sfânt, Isus" (Fapte 4:29–30). Observați cele două cereri făcute lui Dumnezeu:

1. Ei au cerut har divin pentru a răspândi mesajul Evangheliei lui Isus cu „mare îndrăzneală". Au înțeles prea bine cât de ușor putea intimidarea să reducă la tăcere sau să compromită mesajul ce trebuia proclamat. Chiar dacă apostolii fuseseră incredibil de curajoși în aceeași zi înaintea consiliului, știau că doar Duhul Sfânt putea să le insufle și mai departe curajul de care aveau nevoie.
2. Pe măsură ce se angajau să răspândească mesajul lui Cristos, Îi cereau lui Dumnezeu să lucreze împreună cu ei și să confirme cuvântul lor în mod supranatural, întărindu-l cu „semne și minuni", toate făcute „în Numele Robului Tău celui sfânt, Isus".

Nu ar trebui să urmăm și noi acel model de rugăciune în bisericile de azi? Nu suntem noi înconjurați de o cultură ostilă, o presă aservită și un sistem educațional care Îl respinge pe Dumnezeu și amenință să spele creierul copiilor cu ideologii împotriva a tot ce spune Dumnezeu că este drept? Cine ne poate ajuta să împărtășim cu îndrăzneală pe Isus, dacă nu Dumnezeul cerurilor? Dacă nu-și vor înălța creștinii glasul în rugăciune, cum ne putem aștepta să depășim opoziția spirituală și să călcăm cu succes pe urmele apostolilor?

Relatarea din Fapte se încheie cu: „s-a cutremurat locul unde erau adunați" (Fapte 4:31). Care a fost rezultatul? În loc să se ascundă de teamă, credincioșii au rostit Cuvântul lui Dumnezeu cu îndrăzneală. Gândiți-vă la puterea care încă este disponibilă, pe măsură ce ne dăm pe noi înșine în totalitate lui Isus Cristos. Nu este Domnul îndeajuns? Bineînțeles că este!

Noul Testament și istoria Bisericii sunt pline de nenumărate exemple de treziri spirituale, care aduc lumină în întunericul din jur și atrag mulțimile de oameni în Împărăția lui Cristos. Nicio putere de pe pământ nu ne poate opri să fim o binecuvântare, anunțând Vestea Bună despre Isus și dragostea Sa. Și pe cine folosește Dumnezeu neîncetat pentru a realiza aceasta? Oameni obișnuiți, ca tine și ca mine. Slabi și imperfecți cum suntem, dar puterea Lui este făcută desăvârșită în slăbiciunile noastre (2 Cor. 12:9).

Prietene, ține-te de chemarea pe care ai primit-o de la Dumnezeu. Bazează-te pe credincioșia Lui pentru a termina lucrarea pe care a început-o cu slujba pe care o faci și cu biserica ta. Pentru toți cei ce se încred în Cuvântul Lui, promisiunile Sale rămân aceleași. Ce e mai bun urmează să vină.

Întrebări pentru reflecție

Aceste întrebări sunt destinate persoanelor sau grupurilor care doresc să citească și să dezbată conținutul cărții. Fiecare sesiune corespunde unui capitol din carte pentru un grup de lectură, dar textul scris se poate studia și împreună cu materialul video (cartea și suportul video se vând separat). Dacă planificați să utilizați studiul video împreună cu aceste întrebări, recomandăm fiecărui participant să aloce timp citirii capitolului corespunzător sesiunii respective, înainte de întâlnirea de grup. Începeți întrevederea cu rugăciune și apoi prezentați subiectul lecției. Urmăriți împreună înregistrările video ca grup și apoi luați-vă timp să discutați mai mult despre întrebările propuse în această secțiune. Nu este nevoie să parcurgeți toate întrebările furnizate. Alegeți-le pe cele care se potrivesc cel mai bine intereselor grupului vostru și timpului de care dispuneți. Încheiați întâlnirile cu un timp de reflecție personală și cu rugăciune în grup.

Fiecare participant ar trebui să aibă un exemplar al cărții și o Biblie. Pentru a beneficia cât mai mult din experiența grupului, țineți cont de aspectele ce urmează. În primul rând, creșterea reală, ca rezultat al acestui studiu, va avea loc în cadrul grupului mic. Aici veți analiza conținutul învățăturii pentru săptămâna respectivă, veți pune întrebări și veți învăța de la alții pe măsură ce veți auzi ce face Dumnezeu în viețile lor. Din acest motiv, este important să fiți complet dedicați grupului și să participați la fiecare sesiune, astfel încât să puteți clădi încredere și relații cu ceilalți membri. Dacă alegeți să îl parcurgeți doar superficial sau dacă vă abțineți de la a participa, aveți șanse mici să găsiți ceea ce căutați în acest studiu.

În al doilea rând, nu uitați că scopul grupului vostru mic este acela de a servi drept loc unde oamenii împărtășesc, învață despre Dumnezeu și construiesc intimitate și prietenie. Din acest motiv, căutați să faceți din grupul vostru un loc sigur. Asta înseamnă să fiți sinceri cu privire la gândurile și sentimentele voastre și să ascultați cu atenție opinia celorlalți.

În al treilea rând, rezistați tentației de a îndrepta o problemă pe care cineva o poate avea sau de a-i corecta teologia, deoarece nu acesta este scopul timpului petrecut în grupul mic. De asemenea, păstrați confidențialitatea lucrurilor împărtășite în grupul vostru. Acest lucru va favoriza crearea unui nobil sentiment de apartenență la grup și va oferi un loc în care oamenii pot fi vindecați, pot fi provocați și pot crește spiritual.

Aveți în vedere că întrebările pentru discuții sunt menite să vă stimuleze gândirea, astfel încât să fiți deschiși la ceea ce Dumnezeu vrea să auziți și, de asemenea, cum să aplicați învățătura în viața voastră. Pe măsură ce parcurgeți acest studiu, fiți dispuși să ascultați ce vă vorbește Dumnezeu.

Notă: Dacă sunteți lider de grup, țineți cont de aceste recomandări.

Mărimea grupului: Deși aceste întrebări pentru discuții pot fi folosite în mod individual pentru auto-reflecție, ele sunt concepute să fie experimentate într-un cadru de grup pentru studiu biblic, de școală duminicală sau orice adunare de grup mic. Pentru a vă asigura că toată lumea are timp să participe la discuții, este recomandabil ca grupurile mai mari de opt persoane să fie împărțite în grupuri mai mici de patru până la șase persoane fiecare.

Durata: Fiecare sesiune va dura aproximativ 90 de minute. Cei ce nu au prea mult timp la dispoziție pot folosi mai puține întrebări.

Coordonare: Dacă vă propuneți să vizionați videoclipurile, atunci grupul ar trebui să aibă un coordonator care să fie responsabil cu redarea imaginilor și cu monitorizarea timpului alocat discuțiilor și activităților. Coordonatorii pot, de asemenea, să citească întrebările cu voce tare și să medieze discuțiile, îndemnând participanții să răspundă și să se asigure că toată lumea are oportunitatea să se implice.

Capitolul 1: O povestea cu două plecări

1. După părerea pastorului Cymbala, ce schimbări semnificative au fost făcute în viața bisericii, schimbări care au început să afecteze negativ umblarea cu Cristos a lui Matt și Sarah? (Ce se întâmplă aici?)
2. Cum se pot descuraja oamenii care sunt cu adevărat chemați la slujirea pastorală într-atât încât să ia în considerare plecarea din lucrare? (Descurajați, dezamăgiți, aproape înfrânți)
3. De ce sunt importante fundamentele la care să ne întoarcem atunci când ne confruntăm cu o stagnare în viața personală sau în lucrarea creștină și care sunt aceste fundamente pentru creștini? (Cine pe cine părăsește?)
4. Cum poate să devină tradiția o deviere periculoasă de la credința creștină? Dacă puteți, exemplificați cu o experiență personală. (Atenție la devieri)
5. Cum pot creștinii să integreze corect tradiția în viața lor de credință creștină? Oferiți un exemplu în care acest lucru este făcut cum trebuie. (Atenție la devieri)
6. Cum poate să fie influențată credința creștină într-un mod periculos și deviant prin respectarea ultimelor tendințe? Dacă puteți, dați un exemplu. (Atenție la devieri)
7. Cum pot creștinii să utilizeze în mod adecvat ultimele tendințe pentru credința creștină ? Furnizați un exemplu în care acest lucru poate fi făcut bine. (Atenție la devieri)
8. Din câte ați văzut, cum ar putea politica să constituie o gravă îndepărtare de credința creștină? (Atenție la devieri)

9. Explicați cum poate să devină cultura o abatere dăunătoare de la credința creștină și oferiți un exemplu personal. (Atenție la devieri)
10. De ce este esențial faptul că Pavel își începe discursul de despărțire de prezbiterii din Efes reamintindu-le de viața și comportamentul lui personal în mijlocul lor? (Faceți ce m-ați văzut pe mine făcând)

Capitolul 2: Inima lucrării creștine

1. De ce este imaginea unui „rob" o ilustrație biblică importantă pentru slujitorii creștini? (Inima lucrării creștine)
2. De ce starea spirituală a bisericii tinde să reflecte nivelul spiritual al celor din conducerea ei? Cum ar trebui să motiveze acest aspect slujitorii Evangheliei? (Conducerea este esențială)
3. De ce pot avea slujitorii încredere că Dumnezeu le va pune la dispoziție resursele cerului? Care ar trebui să fie perspectiva lor când se simt neajutorați și singuri? (Conducerea este esențială)
4. De ce este ispititor să te bazezi pe programe, și nu pe oameni în zidirea Împărăției lui Dumnezeu? (Oameni, nu programe)
5. Ce calitate caută Dumnezeu cel mai mult atunci când ridică slujitori și de ce? Cum dovedesc ucenicii acest lucru din perspectivă biblică? (Oameni, nu programe)
6. Ce definiții ale smereniei ați auzit? Ce înseamnă smerenia adevărată? (Smerenia adevărată)
7. De ce considerați că Isus este imaginea perfectă a adevăratei smerenii? Care ar trebui să fie răspunsul nostru la tendința naturală de autoelogiere? (Smerenia adevărată)
8. De ce cred oamenii că slujitorii creștini sunt echivalentul directorilor generali și financiari? De ce este greșită această imagine? (Pastorul în lacrimi)
9. De ce sunt educați slujitorii și liderii să nu se apropie prea mult de turma lor? Care este o perspectivă mai bună de relaționare cu credincioșii? (Pastorul în lacrimi)

10. Care sunt ispitele cu care te lupți ca să rămâi deschis la oportunitățile de slujire? Cum poți deveni mai smerit ca să poți fi pregătit pentru astfel de oportunități? (Povestea lui David)

Capitolul 3: Prin multe dureri, batjocuri și prigoniri

1. Ce mărturii cutremurătoare ați auzit, ați citit sau ați văzut, care confirmă pericolele slujirii Evangheliei? (Prin multe dureri, batjocuri și prigoniri)
2. De ce este semnificativă implicarea lui Pavel și a lui Isus în lucrarea creștină știind că aveau dușmani care le doreau moartea? Cum putem găsi încurajare prin mărturia lor? (Încercări grele)
3. Cum pot necazurile și prigonirile să demonstreze puterea lui Dumnezeu? De ce ne ajută ele, de fapt, în slujirea noastră? (O comoară în vase de lut)
4. De ce tindem să credem că dificultățile și opozițiile față de slujirea noastră sunt semne ale lipsei de credință? Cum pot ele să însemne tocmai contrariul din perspectivă biblică? (O comoară în vase de lut)
5. Care ați zice că sunt cele mai des întâlnite descurajări în slujirea creștină? Cum pot acestea să conducă la epuizare pastorală? (Recâștigarea chemării)
6. Cum poate Ilie să fie un exemplu pentru felul în care hrănește Dumnezeu un rob descurajat? Ce putem învăța noi pentru momentele noastre de descurajare? (Recâștigarea chemării)
7. Ce lecții a lăsat Dumnezeu pentru poporul Lui prin mana din deșert? Care sunt căile practice prin care putem trăi zi de zi în lucrarea creștină? (Înnoiți din zi în zi)
8. De ce există pericolul să rămânem blocați, fie plângând pentru ceea ce nu am făcut în trecut, fie concentrându-ne asupra a ceea ce va fi în viitor? De ce este ziua de azi un concept vital pentru lucrarea creștină? (Azi înseamnă totul)
9. În afară de tine, cine altcineva din viața și lucrarea ta ar fi afectat de incapacitatea ta de a fi hrănit spiritual? Care sunt

pașii practici pe care îi poți face pentru a fi reîncărcat *zilnic* în Domnul? (Reîncărcarea zilnică)

10. Cum poate viziunea speranței noastre creștine viitoare să motiveze viața și slujirea de astăzi? (Trăirea în viitor, trăirea în lumea invizibilă)

Capitolul 4: Nu mi-e rușine de Evanghelie

1. Arătați unde se găsește Marea Trimitere în Scriptură și ce înseamnă pentru Biserica de astăzi. (Câte o persoană pe rând)
2. De ce spune Isus că este nevoie de lucrători pentru seceriș când vorbește despre Evanghelie? Cum ar trebui să ne motiveze acest lucru în lucrare? (Priviți holdele)
3. Care este rolul credincioșilor de rând în proclamarea Evangheliei? Cum pot fi încurajați în această sarcină? (Priviți holdele)
4. Cu ce este diferită munca unui pastor de cea a unui îndrumător? Ce exemple oferă Pavel în acest sens? (Predicarea în vederea convertirii)
5. De ce este important ca în predicile din Vechiul Testament, predicatorii să Îl dezvăluie pe Cristos ascultătorilor lor? (Să învățăm din predicile din Faptele apostolilor)
6. Ce exemple vă vin în minte despre oameni ispitiți să adauge și să scoată din Evanghelia lui Isus Hristos? De ce este greșit? (Nu adăugați nimic, nu scoateți nimic)
7. Cum poate liderul unei biserici să fie mai conștient de starea spirituală a turmei sale? Ar trebui să plece de la presupunerea că oricine vine regulat la biserică este credincios? De ce da sau de ce nu? (Câmpul de misiune de duminică dimineața)
8. De ce este dificil să pregătești un mesaj care să ajungă atât la inima celor neconvertiți, cât și la inima credincioșilor, în același timp? Cum pot pastorii să puncteze lucrurile simplu pentru ambele categorii, fără să fie superficiali? (Predicarea pentru cei mântuiți?)

9. În ce mod suntem amăgiți să ne rușinăm de Evanghelie? Cum ar putea fi încurajate inimile noastre să nu ne fie rușine? (Nu mi-e rușine)

Capitolul 5: Biblia necenzurată

1. Ce adevăruri din Scriptură considerați că sunt incomod de predicat? Cum puteți lua hotărârea de a predica întreaga înțelepciune a lui Dumnezeu? („Nu m-am dat înapoi niciodată")
2. Cum poate un slujitor să proclame cu credincioșie grozăvia păcatului fără a-i trimite pe credincioși într-un carusel al nefericirii și disperării? („Nu m-am dat înapoi niciodată")
3. Cum a devenit analfabetismul biblic un cerc vicios, pe care predicatorii l-au accentuat deseori? (Predicați Cuvântul)
4. De ce este imaginea unui „ambasador" o imagine biblică importantă pentru lucrătorii creștini? Cum îi poate încuraja în fața opoziției? (Ambasadori ai lui Hristos)
5. Cunoscând faptul că Dumnezeu asistă întotdeauna la predica unui slujitor, cum ar trebui să fie încurajat acesta în proclamarea Evangheliei? (Ambasadori ai lui Hristos)
6. Cum poate să-i responsabilizeze pe slujitori în predicare imaginea unui părinte înțelept sau a unui medic bun? (Părinți înțelepți, medici buni)
7. Ce ispite îl pot împiedica pe un slujitor să fie sincer cu privire la greutățile vieții creștine? De ce este important să fie avertizați credincioșii cu privire la asta? (Mustrări și avertismente)
8. Cum poate destinul veșnic al unei persoane să motiveze predicarea unui pastor? (Neînfricarea profetică)
9. De ce nu ar trebui să ne așteptăm ca Duhul Sfânt să lucreze acolo unde Cuvântul lui Dumnezeu nu este cinstit și proclamat cu credincioșie? Duhul nu va lucra separat de Cuvântul Lui? De ce da sau de ce nu? (Neînfricarea profetică)

Capitolul 6: Cine este responsabil aici?

1. În biserică, cine răspunde de biserică și de ce?

2. Duhul Sfânt l-a îndemnat pe Pavel și lucrarea lui. Ce credeți că înseamnă a fi îndemnat de Duhul Sfânt azi și cum ai ști? (Cine este responsabil aici?)
3. În ce moduri a pătruns lumea modernă, și în special planificarea afacerilor moderne, în biserică? Este ceva pozitiv sau negativ în privința acestui aspect? Explicați. (Umblarea prin credință)
4. Cum ar arăta o biserică ce ar încerca să își urmeze chemarea, făcând acest lucru fără Duhul Sfânt? (Umblarea prin credință)
5. Bazat pe modul în care înțelegeți voi Scriptura, cum credeți că Se manifestă Duhul atunci când conduce biserica în timpul închinării? (Sfânta „dezordine")
6. Ce înseamnă să fii plin de Duhul? Cum i-ai explica unui nou convertit ce înseamnă a fi plin de Duhul? (Plini de Duhul)
7. Ce presupune să Îl „întristezi" pe Duhul Sfânt? Ce pași poate face o biserică sau un om care simte că L-a întristat pe Duhul? (Privați de Duhul)
8. Ce înțelegeți prin „a stinge" Duhul Sfânt? Cum este posibil ca până și bisericile care cred în Scriptură și urmează dreapta credință să facă greșeala de a stinge Duhul? (Privați de Duhul)
9. Ce înseamnă să pui accentul pe Cuvânt în detrimentul Duhului? Ce înseamnă să pui accentul pe Duh în detrimentul Cuvântului? (Echilibru între Cuvânt și Duh)

Capitolul 7: Predicarea prin puterea Cuvântului

1. De ce li s-a părut atât de ciudat ascultătorilor lui Pavel faptul că acesta s-a lăudat cu privire la predicarea lui fără elocvența și înțelepciunea umană? În ce fel suntem în sens rău ispitiți să ne bazăm strict pe elocința și înțelepciunea umană în predicare? (Predicarea în puterea Duhului)
2. Ce pericole prezintă autoaprecierea în predicare? Care este remediul potrivit pentru această ispită? (Predicarea în puterea Duhului)

3. Cum arată predicarea „într-o dovadă dată de Duhul și de putere?” Este posibil acest lucru în continuare și astăzi? De ce da sau de ce nu? (Predicarea în puterea Duhului)
4. Care este locul convingerii depline în predicare? Din ce cauză poate fi lipsită de rezultate predicarea elocventă, dar fără convingere? (Încredințarea deplină)
5. Ce ar trebui să facă un pastor când simte că nu reușește să miște inimile oamenilor prin predicile lui? Pe ce promisiuni ne putem baza când predicăm prin Duhul? (Duhule Sfânt, ajută-mă!)
6. Cum i-ați explica unui nou convertit ce înseamnă: „Duhul mijlocește pentru noi cu suspine negrăite” (Rom. 8:26–27)? (Rugăciunea în timpul predicării)
7. De ce există riscul să cădem pradă unei abordări mecanice și repetitive a lucrării, care nu se bazează pe Duhul Sfânt? Cum poate fi evitat acest lucru? (Rugăciunea în timpul predicării)
8. Cum s-ar putea ca predicarea să fie una profetică fără a prevesti viitorul? De ce este importantă pentru biserică? (Predicarea profetică)
9. Având în vedere importanța și locul explicit al rugăciunii în Scriptură, de ce credeți că multe biserici pot deveni letargice sau neinteresate în a se dedica rugăciunii? („Conduceți poporul Meu în rugăciune”)
10. Care sunt câțiva pași practici pe care îi puteți face pentru a încuraja rugăciunea în viața voastră și a bisericii? Ce dificultăți veți întâmpina când vă veți încuraja biserica în acest sens? (De unde să începem)

Capitolul 8: Predarea necondiționată

1. De ce disponibilitatea de a muri pentru Evanghelie are o influență atât de puternică în lucrarea unei persoane? (Predarea necondiționată)
2. Cum afectează înțelegerea scopului răscumpărării noastre viața creștinului de zi cu zi? (Sau cum ar trebui să o facă?) (Cu ochii pe veșnicie)

3. În ce moduri ar trebui să influențeze Evanghelia perspectiva noastră asupra celor părăsiți sau disprețuiți de societate? În slujirea acestora, care ar trebui să fie hotărârea credinciosului în fața împotrivirilor? (Iubindu-i pe cei părăsiți)
4. Ce înseamnă să fii „consacrat lui Dumnezeu?" Cum pot fi încurajați credincioșii obișnuiți să vadă că întreaga lor viață poate fi consacrată lui Dumnezeu? (Consacrați lui Dumnezeu)
5. Este posibil să dobândim puterea de a fi o jertfă vie pentru Dumnezeu prin propriul nostru efort? De ce da sau de ce nu? (Consacrați lui Dumnezeu)
6. Ce a vrut Isus să spună prin: „Ferice de cei săraci în duh, căci a lor este Împărăția cerurilor!"? Cum ar trebui să ne influențeze acest lucru perspectiva cu privire la viața creștină? (Ferice de cerșetori)
7. De ce este important pentru un pastor să își termine cursa, dar și să-și îndeplinească misiunea? („Este întotdeauna prea devreme să renunți")
8. Cum poate un pastor să abandoneze în secret cursa și misiunea lui, fără ca nimeni să știe despre asta? Ce i-ai spune unui pastor care ar proceda astfel? („Este întotdeauna prea devreme să renunți")
9. Ce este o chemare generală pentru credincioși spre deosebire de o chemare personală? Cum le pot cunoaște pe amândouă? (Adevăratul succes)
10. Care sunt unele păreri comune despre „succes" în ochii lumii? Cum arată adevăratul succes înaintea lui Dumnezeu? (Adevăratul succes)

Capitolul 9: Luați seama

1. De ce este turma unei biserici în pericol, dacă păstorul ei nu ia seama la sine însuși? (Luați seama)
2. Pot credincioșii să își mențină bine credința printr-o singură primire a Cuvântului doar o dată pe săptămână, duminica? De ce da sau de ce nu? (Hrănește, îndrumă, protejează)

3. Pot credincioșii să crească despărțiți de Duhul care să lucreze în ei? De ce da sau de ce nu? Cum putem să cădem în ispita de a crede că structurile bisericești de dare de socoteală ne vor împiedica să păcătuim? (Darea de socoteală spirituală)
4. Ce lecții pot învăța pastorii din exemplul lui Iuda Iscarioteanul și al lui Dima? (Darea de socoteală spirituală)
5. De ce este important ca slujitorii să recunoască dificultățile despre care Cristos a promis că vor veni la timpul lor? Cum ar trebui să reacționeze ei în fața acestei avertizări? (Vin vremuri grele)
6. Cum pot pastorii să-și încurajeze turma să fie conștientă de vremurile grele ce vor veni și să o pregătească pentru a le întâmpina? (Vin vremuri grele)
7. Ce face adesea dificilă identificarea învățătorilor mincinoși? Ar trebui ca slujitorii să-i abordeze în vreun fel? De ce da sau de ce nu? (Lupi răpitori)
8. Cum ar trebui să motiveze lucrarea slujitorilor conștientizarea faptului că Isus a răscumpărat Biserica prin propriul Său sânge? (Turma pe care o prețuiește Dumnezeu)

Capitolul 10: Dezbinarea e letală

1. De ce a fost suficient răspunsul lui Isus că Satana nu îl poate scoate pe Satana, ca o replică eficientă la acuzația autorităților evreiești că Isus ar fi posedat de demoni? (Dezbinarea e letală)
2. De ce suferă biserica atunci când este dezbinată împotriva ei însăși? (Dezbinarea aduce slăbiciune)
3. Cum pot crizele majore să dezvăluie sănătatea unității creștine a bisericii? Care sunt căile prin care credincioșii pot răspunde în dragoste deosebirilor care apar în mijlocul crizelor? (Sfatul demonic din pandemie)
4. Cum ar trebui să influențeze moartea lui Cristos pe cruce înțelegerea noastră despre cum slujim și cum relaționăm cu toți oamenii? (Urmele întunecate ale rasismului)

5. Care sunt trei sau patru moduri semnificative prin care suntem înclinați să accentuăm diferențele față de alți creștini în loc să ne concentrăm pe asemănările dintre noi? Cum putem să ne opunem acestei ispite? (Un singur Domn, o singură credință, un singur botez)
6. De ce sunt sciziunile și dezbinările considerate lumești, după părerea lui Pavel? Cum putem crește în înțelepciunea de a accepta alți credincioși care ar putea crede diferit de noi în aspecte secundare? (Este Cristos împărțit?)
7. De ce este convenabil pentru pastori să ignore dezbinările în biserica lor? Ce pericole ne pasc dacă nu ne ocupăm de ele? (Dezbinarea în biserica locală)
8. Care sunt câteva modalități practice prin care un slujitor poate să prevină proactiv dezbinarea într-o biserică? (Gestionând dezbinarea)
9. Sunteți de acord că defăimarea și bârfele sunt principalii vinovați de producerea dezbinărilor și neînțelegerilor? De ce da sau de ce nu? Cum ar trebui să gestioneze credincioșii defăimarea și bârfa? (Gestionând dezbinarea)
10. Care sunt pericolele în a ne concentra doar asupra darurilor și abilităților unei persoane atunci când căutăm lideri? Cum poate biserica să încurajeze viitorii lideri să fie smeriți și buni? (Gestionând dezbinarea)

Capitolul 11: Banii

1. De ce iubirea de bani îl poate determina pe creștin să adopte sincretismul în viața de credință? Cum devine aceasta o ispită chiar și pentru pastori? (Banii)
2. De ce credeți că așa-numitul „expert în lăcomie" este un semn evident al unui învățător fals? Care sunt câteva semne pe care le-ați observat manifestate clar la învățătorii falși? (Atenție la duhul lăcomiei)
3. Ce anume îi determină pe oameni să se lase păcăliți de evanghelia prosperității? Cum pot pastorii să își ajute turma în această problemă? (Falsa evanghelie a prosperității)

4. De ce pierderea viziunii asupra veșniciei oferă un sol fertil pentru lăcomie? Cum pot slujitorii să mențină acea viziune în viața lor și în viața bisericii? (Pierderea eternității)
5. Credeți că o persoană săracă poate fi lacomă? Credeți că o persoană bogată poate fi generoasă? De ce da sau de ce nu? (Pierderea eternității)
6. Cum oferă lucrarea lui Pavel un exemplu despre cum pastorii își pot susține uneori traiului făcând și alte slujbe? Ce beneficii pot apărea lucrând și altceva pentru a-și asigura existența? (Mijloacele de trai ale slujitorului creștin)
7. Cum ar putea slujitorii creștini să abordeze problema strângerii colectei de la credincioși fără să îi manipuleze dar și fără a manifesta lipsă de credință în acest proces? (Strângerea de fonduri)
8. De ce nu funcționează în bisericile creștine conceptul „ridicați clădirea și se va umple de la sine"? Cum pot lucrătorii creștini să își păzească inimile împotriva unei astfel de gândiri? (Atenție la proiectele de construcție)
9. Cum poate frica de presiune financiară să ne ademenească spre oameni și să Îl întristeze pe Duhul Sfânt? (Concluzia)
10. În ce fel pot deveni nevoile financiare o oportunitate de credință și încredere în Domnul? Cum pot credincioșii să-L aștepte în rugăciune pe Domnul fără să o facă doar ipotetic? (Așteptați-L pe Domnul.)

Capitolul 12: Prioritatea apostolică

1. Care credeți că sunt prioritățile uzuale ale slujitorilor, dar care s-ar putea să nu fie și priorități apostolice? Care vă tentează cel mai mult și cum le puteți învinge? (Prioritatea apostolică)
2. Care a fost impulsul ce a condus la dezvăluirea priorității apostolice pentru slujitori? De ce este textul din Fapte 6 atât de important pentru înțelegerea scopului Bisericii? (Rugăciunea și Cuvântul)

3. Ce înseamnă evanghelizarea inversă? Cum ar trebui să se protejeze slujitorul creștin pe sine și biserica sa de evanghelizarea inversă? (Evanghelizare inversă)
4. De ce este posibil ca o setare greșită a priorităților să ducă la epuizarea pastorală? Care este răspunsul la această problemă? (Evanghelizare inversă)
5. Cum putem vedea că succesul apostolilor în răspândirea Evangheliei nu s-a produs prin puterile lor? De ce ar trebui ca slujitorii de azi să ia în considerare același tipar? (Atunci = Acum)
6. Care este prioritatea numărul unu a fiecărui credincios? De ce este atât de importantă? (A fi cu El)
7. Care este principala chemare a credincioșilor și ce pași putem face pentru a îmbrățișa această chemare? (Principala noastră chemare)
8. Cum poate timpul să ne atenueze râvna pentru apropierea de Domnul? Cum poate Duhul să folosească timpul pentru a îmbunătăți comuniunea noastră cu Domnul? (Principala noastră chemare)
9. Dacă ucenicii înțeleseseră deja mesajul Evangheliei, de ce i-a trimis Isus să aștepte până în Ziua Cincizecimii ca să îl răspândească? Ce putem învăța din acest lucru în lucrarea noastră? (O trezire spirituală)
10. De ce trebuie să fie Dumnezeu cel care aprinde flacăra din inimile noastre? Ce putem face pentru a răspunde promisiunilor Sale? (O trezire spirituală)

Note

Capitolul 1:

1. Jeffrey M. Jones, „U.S. Church Membership Falls below Majority for First Time," Gallup, 29 martie2021, https://news.gallup.com/poll/341963/church-membership-falls-below-majority-first-time.aspx.
2. „Church Attendance of Americans 2021," Statista, 24 ianuarie 2022, https://www.statista.com/statistics/245491/church-attendance-of-americans/.
3. The Fuller Institute, George Barna, and Pastoral Care Inc., „Why Pastors Leave the Ministry," Shepherds Watchmen, accesat pe 1 martie 2022, https://shepherdswatchmen.com / browse-all-posts/why-pastors-leave-the-ministry/.

Capitolul 2

1. Andrew Murray, *Humility: The Journey toward Holiness*, ed. rev., New York, 1884; retip., Minneapolis, Bethany House, 2001, p. 17.

Capitolul 3

1. *Autobiography of George Müller: Or a Million and a Half in Answer to Prayer*, comp. G. Fred Bergin, Londra, Pickering and Inglis, 1929, p. 152.

Capitolul 4

1. Paul Purpura, „At Angola Prison, Short Timers Learn Trades, Coping Skills from Lifers," *Times-Picayune*, 26 noiembrie 2014, https://www.nola.com/news/crime_police/article_fe6d-2fe0-876b -5bab-97a8-b9df194693d9.html.
2. *Miracle of Hope: The Brooklyn Tabernacle Singers at the Louisiana State Penitentiary*, The Brooklyn Tabernacle, 2008, DVD.
3. „Impact of Seminaries for Maximum Security Prisoners Will be Studied by Baylor University's Institute for Studies of Religion," Baylor University, 9 octombrie 2012, https://www.baylor.edu /mediacommunications/news.php?action=story&story=123888.
4. „51% of Churchgoers Don't Know of the Great Commission," Barna, 27 martie 2018, https://www.barna.com/research/half -churchgoers-not-heard-great-commission/.
5. *Samuel Chadwick*, ed. Norman G. Dunning, Londra, Hodder and Stoughton, 1933, p. 205.

Capitolul 5

1. *Samuel Chadwick*, ed. Norman G. Dunning, Londra, Hodder and Stoughton, 1933, p. 207.

Capitolul 6

1. Parafraza lui John Owen, citat în Horatius Bonar, comp., *Words Old and New*, Londra, Nisbet, 1866, p. 196.
2. Samuel Chadwick, *The Way to Pentecost*, Bernae, IN, Light and Hope, 1937, p. 7.
3. Edward Dennett, *His Victorious Indwelling*, ed. Nick Harrison, Grand Rapids, Zondervan, 1998, p. 343.
4. „Spirit of the Living God," by Daniel Iverson, copyright © 1935 Birdwing Music (ASCAP) (adm. at CapitolCMGPublishing.com) All rights reserved. Used by permission.

Capitolul 7

1. J. I. Brice, *The Crowd for Christ*, Londra, Hodder and Stoughton, 1934, p. 113.
2. „A Promise for Us and for Our Children," predica nr 564, 10 aprilie 1864, *365 Days with Spurgeon, Vol. 2: A Unique Collection of 365 Daily Readings from Sermons Preached by Charles Haddon Spurgeon from His Metropolitan Tabernacle Pulpit*, 365 Days With Series, ed. Terence Peter Crosby, Day One Publications, 2002.
3. David Smithers, ed., *The Old Paths Magazine* 7, august 2007, p. 14, https://archive.org/details/SID26164/page/n13/mode/2up.

Capitolul 8

1. Wikipedia, s.v. „Yazidis," accesat la 15 februarie 2022, 17:41, https://en.wikipedia.org/wiki/Yazidis#By_the_Islamic_State_of _Iraq_and_the_Levant_(ISIL).
2. Wilbur Chapman in Helen K. Hosier, *William and Catherine Booth: Founders of the Salvation Army*, Heroes of the Faith series, Uhrichsville, OH, Barbour, 1999, p. 202.

Capitolul 9

1. Letter from John Wesley to Molly Wesley, 23 octombrie 1759, în *The Critic: A Literary Weekly, Critical and Eclectic, Volume 3 (January–June 1885)*, New York, Critic, 1885, p. 307.
2. David Roach, „Bible Reading Drops during Social Distancing," *Christianity Today*, 22 iulie 2020, https://www.christianityto-day. com/news/2020/july/state-of-bible-reading-coronavirus-barna-abs. html.

Capitolul 10

1. *The Collected Works of Abraham Lincoln*, ed. Roy Basler, Marion Dolores Pratt, și Lloyd A. Dunlap, vol. 2, New Brunswick, NJ, Rutgers University Press, 2008, p. 491.

2. Bob Smietana, „Pastors Face a Growing Health Crisis," Lifeway Research, 24 mai 2018, https://research.lifeway.com/2018/05/24 /many-pastors-face-a-health-crisis-a-few-simple-tips-can-help/.

Capitolul 11

1. *Andrew A. Bonar: Diary and Letters,* ed. Marjory Bonar, Londra, Hodder and Stoughton, 1894, p. 349.
2. Ed Stetzer, „Bivocational Ministry as an Evangelism Opportunity," Wheaton College Billy Graham Center, 2 noiembrie 2017, https://wheatonbillygraham.com/bivocational-ministry-as-an-evangelism-opportunity/.

Alte cărți de Jim și Carol Cymbala la editura Casa Cărții:

Credință proaspătă, de Jim Cymbala și Dean Merrill
El rămâne credincios, de Carol Cymbala și Ann Spangler
Duhul care te ridică, de Jim Cymbala și Jennifer Schumann
Putere proaspătă, de Jim Cymbala și Dean Merrill
Tare în furtună, de Jim Cymbala și Jennifer Schumann
Vânt proaspăt, foc proaspăt, de Jim Cymbala și Dean Merrill

Lista completă a cărților publicate și disponibile la Casa Cărții o găsiți pe www.ecasacartii.ro